労働関係法令と判例からみる

賃金決定の実務と法的研究

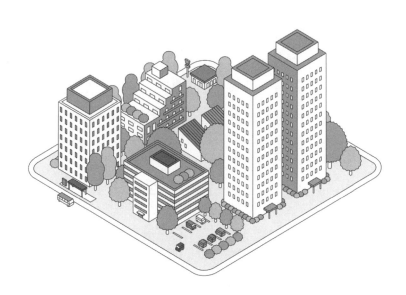

弁護士　夕

とりい書房

はじめに

　労働法の中心課題は当然のことながら「賃金」と「解雇」である。

　元々、労働法は労働者の保護を中心として、各種労働条件の保障について規定している。集団的な労働関係であっても、労働組合との紛争の大半は雇用の確保と給与・賞与・退職金であったし、基本的にその位置づけは変わらないであろう。

　ところが「賃金」は、一時期の景気の悪化した状態での雇用の確保、賃金の不払いの場面であれば労働問題の中心として雇用の確保と賃金が取り上げられてきたが、それは、一時期的な経済状況が背景にあったからであり、平素は、労働問題の中心ではなかった。とりわけ賃金は、賃金の不払いとか、賃金切り下げとかが紛争になればともかく、賃金額についての相当性が問題になったことは、おそらくなく、せいぜいあっても最低賃金に抵触するか否か、男女の昇進・昇格差別による差額賃金の請求という極めて局部的な場での問題であったに過ぎなかった。

　ところが、今、働き方改革を背景として、賃金が労働法の最も重要な問題になっている。それは、賃金の金額の問題なのである。

　労働者にとっても、最も関心があるのは、雇用の安定と賃金額であろう。

　それが、労働基準法制定後70年を経過して初めて中心の法律問題として正面から議論されることになったが、これは画期的なことなのである。

無論、賃金問題は労働法の中心的な課題として議論されていると
いっても、あくまで正社員と非正規社員との間の均等待遇、均衡待遇
といった一面的な格差是正に止まっているが、それでも賃金という労
働条件の最たる条件についての賃金格差を是正して賃金額の改訂を
図っていくというものであることの意義は大きい。

　これまでは、賃金額の設定は、企業に任され、経営コンサルタント、
賃金コンサルタントなどのコンサルタントの方達の専門課題であり、
法的な側面から弁護士が賃金額の妥当性について関与できる場がな
かったが、それが法的な土俵にのぼったということであり、画期的な
ことであって、そのこと自体は労働法を専門とする立場からは好まし
いといえる。

　本書では、以上を契機にして、賃金制度の法的側面につき広く検討
していく次第である。

外井浩志

Contents

はじめに ・・・・・・・・・・・・・・・・・・ 003

1章 賃金の法的解釈 ・・・・・・・・・ 007

2章 賞　与 ・・・・・・・・・・・・・・・ 097

3章 退職金 ・・・・・・・・・・・・・・ 137

4章 賃金の取立て・確保の措置 ・・・ 213

5章 不利益変更論 ・・・・・・・・・・ 241

6章 同一労働 同一賃金の原則 ・・・・ 255

7章 ジョブ型人事制度
　　　　・ジョブ型賃金 ・・・・・ 323

1

賃金の法的解釈

I. 賃金の基本原則

01 賃金とは何か

　賃金は、労基法上は「賃金、給料、手当、賞与その他名称の如何を問わず、労働の対償として使用者が労働者に支払うすべてのものをいう」（同法11条）と定義されている。

　名称の如何を問わないということはどういう意味かであるが、実質的に使用者が労働者に支払うのであれば、賃金であり、給与であり、報酬であり、手当等であっても、その労働の対価として支払われるものであれば、賃金となる。無論、労働契約を前提としているから、使用者の指揮命令下で労務を提供していることが大前提になるのであり、形式は請負契約、委任契約、委託契約などであっても、使用者の指揮命令下で労務を提供している関係に立ち、その対価であれば賃金になるということである。

　その他、賃金か否かについては、微妙なケースも多く、健康保険料、雇用保険料の本人負担部分を会社が代わって支払った場合には賃金になるが（通達：昭和24・6・10基収1833号）、他方で、生命保険料、自動車の保険料を会社が支払った場合には賃金にならないとされる。これは何故かというと、前者は、労働者であることにより発生する保険料であり、後者は労働者であることにより当然には発生しないという点に差異がある。賃金の定義としての労働の対償とは、直接的に労務を提供した労働時間や出来高に応じて支払われるもののみではなく、広く、労働者の生活を維持していくために使用者が雇用する労働者に支給するものであって、かつ、支給条件が明確なものをいうと解される。

02 賃金の決定

賃金はどのようにして決められるのかについては、その法源として（1）～（5）がある。

（1）労働契約

賃金の発生の根拠は、労働契約である。労働契約法3条1項は「労働契約は、労働者及び使用者が対等の立場における合意に基づいて締結し、又は変更すべきものとする」と定め、その労働契約における最重要の労働条件として賃金が定められているはずである。

しかしながら、契約において、具体的に賃金額が定められるという場合は必ずしも多くはない。労働契約の外の法源としては、労働協約、就業規則、労働慣行があるとされる。

（2）労働協約

労働者が労働組合に加入していたとすれば、賃金は、使用者と労働組合が団体交渉した結果としての労働協約によって定められることも多い。会社と労働組合とは、毎年のベースアップ、定昇につき団体交渉で協議決定し、さらに、夏・冬の賞与についても団体交渉で協議決定されることが多い。それらの結果は、事態が問題なく推移すれば、使用者と労働組合との団体交渉の結果は、書面としての労働協約として組合員に対しては、規範的効力を有することになる。なお、組合員でない場合であっても、一般的拘束力によって拡張適用されることもある。

（3）就業規則

就業規則は、使用者が作成するものではあるが、労働者の基本的な労働条件を定めるものであり、それが規範的な効力を有する。何故に、意見を聴取するとはいえ（労基法90条1項）、使用者が一方的に決める労働条件が労働者を拘束するのかという根本的な議論があるが、結論からいえば、その内容が合理的な内容であれば、たとえ使用者が一方的に決定したとしても拘束力を持つのである。

実際には、特に正規社員の場合には契約書を締結せず、仮に締結しても契約書には賃金額は記載されておらず、就業規則（ここでは賃金規程等を含む）にそれが記載されており、それが周知されていれば、また、その金額が合理的であればそれがその労働者の賃金額になるのである。以上の点は、労働契約法7条本文に定められているとおりである。即ち、「労働者及び使用者が労働契約を締結する場合において、使用者が合理的な労働条件が定められている就業規則を労働者に周知させていた場合には、労働契約の内容は、その就業規則で定める労働条件によるものとする」というものである。

（4）労働慣行

　労働条件を決めるものに、労働慣行がある。書かれていない労使慣行が何故に労働条件を定めることができるのかについては、種々説があるようであるが、労働慣行も条件によっては労働条件を定めることができるというのが判例だからである。

　判例のいう要件としては、①ある事実上の取扱いが反復継続して行われてきたこと、②労使両当事者がその取扱いに対して異議を述べないこと、③労使両当事者が、その取扱いに従わなくてはならないという規範意識のあること、である。この③の使用者側の規範意識を持つ者とは、使用者側として就業規則の作成変更権限を有する者（労働条件の決定権限を持つ）がそのような意識を持つことが必要であるとされている（🔑 **国鉄池袋・蒲田電車区事件**（東京地裁昭和63年2月24日判決、判例時報1274号133頁）等）。

　このような要件を満たす場合には、書かれていない職場の慣行が規範と認められることがある。

（5）労働協約での問題

　労働協約と就業規則の関係であるが、労基法92条1項は、「就業規則は、法令又は当該事業場について適用される労働協約に反してはならない」と定めており、労働協約に定める労働条件は、就業規則に定める労働条件を優越するとされる。

　労働協約の適用を受けるのは、原則は組合員のみであるが、一般的拘束力（労

組法 17 条「一の工場事業場に常時使用される同種の労働者の 4 分の 3 以上の数の労働者が一の労働協約の適用を受けるに至ったときは、当該事業場に使用される他の同種の労働者に関しても、当該労働協約が適用されるものとする」)により、未組織の労働者に適用されることがある。

　また、如何に、労働協約が成立しても、一部の特定の労働者に対して不利益を与えることを企図して労働協約を適用しようとする場合には、その規範的効力は及ばない。**🔥 朝日火災海上保険事件**（最高裁平成 9 年 3 月 27 日判決、判例時報 1607 号 131 頁）では、一部の組合員の退職金の支給基準率を引き下げたという事案であり、「…同協約が締結されるに至った以上の経緯、当時の被上告人会社の経営状態、同協約に定められた基準の全体としての合理性に照らせば、同協約が特定の又は一部の組合員を殊更不利益に取り扱うことを目的として締結されたなど労働組合の目的を逸脱して締結されたものとはいえず、その効力を否定すべき理由はない」とされている。他方で、**⚖ 中根製作所事件**（最高裁平成 12 年 11 月 28 日判決・労働判例 797 号 12 頁、東京高裁平成 12 年 7 月 26 日判決・労働判例 789 号 6 頁）は、労働組合の従前の手続どおりに締結されたが、組合規約違反があり、さらにその内容は 53 歳以上の従業員の基本給を 20 数％減額するという内容であり、無効とされている。

　その他、労働協約は、いわゆる有利原則の適用はなく、特定の組合員に不利益な内容でも組合員を拘束するという。即ち、労働契約、就業規則よりも労働協約の効力の方が優先するものの、その優先するのは労働者にとって有利な場合に優先するのか、それとも有利不利を問わずに優先するのかという議論があったが、現在の通説判例は労働協約が、労働者にとって有利不利を問わず優先するのであり、有利原則の適用はないといわれる。

▌03　賃金とその他のものの区別

（1）賃金と実費弁償との差異は

　使用者が労働者に支給するもののうち、そのすべてが賃金になるわけではな

く、①労働の対償として支払われるもので、②支給条件が明確であるものを「賃金」として取り扱う。

　まず、①の労働の対償であることは、労働者の地位に対応して支払われるものであることが必要である。これは直接的に提供した労働時間や出来高に対して支払われるものではなく、労働関係の対償として支払われるものを指す。例えば、家族手当や住宅手当も賃金である。

　次に、②の支給条件が明確であるとは、労働協約、就業規則、労働契約、労働慣行などで支給条件が明確になっているものを指す。

　賃金と区別しなければならないものとしては、実費弁償と福利厚生とがある。実費弁償とは本来使用者が負担するべきにもかかわらず、それを労働者が負担している場合に、使用者の方でその立替えた費用について支払いするものをいう。これは本来使用者が負担すべきものであるので、労働の対償ではなく賃金には該当しない。たとえば、出張の際のホテル代、旅費、日当やマイカーの借上料、ガソリン代等が考えられる。

（2）賃金と福利厚生の差異は

　次に、賃金と福利厚生の関係である。

　福利厚生にも2種類あり、①支給条件が不明確で任意的・恩恵的なものをいう場合と、②支給条件が明確であっても労働の対償ではないものをいう場合がある。

　①の場合としては、慶弔見舞金等でその場その場で支払われるもので、基準や、金額が予め決められていないものがあげられる。

　②の場合としては、社宅・独身寮、生命保険料・自動車保険の保険料の負担、ビジネススクールの学費の負担などは、労働の対償とはいえないものなので、福利厚生となり、賃金ではないことになる。

　なお、会社法のストック・オプション制度から得られる利益は、労働の対償ではなく、したがって賃金ではないので（通達：平成9・6・1基発412号）、福利厚生として取り扱われる。

04 賃金支払いの5原則

使用者が労働者に対して賃金を支払う方法は自由ではなく、一定のルールにしたがって支払う必要があり、5つの原則が定められている（労基法24条1項、2項）。

その原則は、①通貨払いの原則、②直接払い、③全額払いの原則、④一定期日払いの原則、⑤毎月払いの原則である。原則であるから一定の事由があれば例外は認められる。

なお、賃金は、本来、労働契約に基づいて使用者が労働者に対して支払うべきものなので賃金を支払わないということは、契約違反であり、民法上の債務不履行になり（民法415条）、それでは賃金を支払ってもらえない労働者にすると生活の糧がなく、それを法的に回復するまでに長い時間がかかってしまうことになるし、それでは十分な回復が得られないということからすると、民事的な解決方法では不十分という理由で、賃金不払いは労基法違反として刑罰を科することになっている。

したがって、①ないし⑤の支払原則に違反した場合には、例外に該当しない限り、刑事罰を課されうるということになる。なお、その場合には、一次的な捜査は労働基準監督官が行う。

（1）通貨払いの原則と例外は

通貨払いの原則とは、賃金は原則として現金で払わなくてはならないという原則である（労基法24条1項）。この現金というのは、日本に所在する事業場に労基法が適用される以上は、日本の通用貨幣で支払わなければならないという趣旨であり、たとえ外国人労働者に支払うからといって、外国の貨幣で支払ってよいということにはならない。例外としては、現物払いと口座振込払い、デジタル払いとがある。

① 現物払い

現物払いというのは、現金以外の物で賃金を支払うということである。その企業の商品や商品券、手形、小切手で支払うというのもその方法である。たと

えば、ハムを製造している会社が、給料日に賃金額の一部をハムで支払うというもので格安の値段にするという方法もある。この現物払いの場合には、労働組合との労働協約があることが要件となっている。そして、その場合はその現物1単位あたりいくらという内容が協約で定められている必要がある。ところで、問題は、労働協約によって定めなければならないということになると、多数労働組合がない企業では労働者の過半数代表者との労使協定ではだめなのかということが問題とはなり得るが、あくまで例外として現物支給を認める以上は労使協定では認められないということになる。また、労働協約の場合には、その労働組合の組合員にしか適用されないということになり、非組合員には、認められないのかというと一般的拘束力（労組法 17 条）により拡張適用される以外は認められないと解される。

② 口座振込払い

　これは通貨払いの例外というよりは、直接払いの例外ではないかとも考えられるところはあるが、通貨払いの原則として一定の要件の下に認められる。

　なお口座振込払いには銀行その他の預金貯金の口座への振込みと、証券会社の一定の要件を満たす証券総合口座への振込みとがある。

（２）口座振込払いの要件

　口座振込払いは、労基法施行規則 7 条の 2 第 1 号で認められているが、その要件は通達（平成 10・9・10 基発 530 号、平成 13・2・2 基発 54 号）で定められており、その主要な部分は以下の①〜③である。

> ① 本人の同意のあること
> ② 本人指定の本人名義の口座であること
> ③ 賃金支払日の午前 10 時頃までに払出し可能なように実施すること

　なお、デジタル払いの支払いが認められることになったために、厚生労働省は、令和 4 年 11 月 28 日付「賃金の口座振込払い等について」（基発 1128 号第 4 号。以下「新通達」という）を発出している。そこでは、かなり詳しく口座振込払い

についても要件が定められた。

① 書面又は電磁的による個々の労働者の同意

その個々の労働者の同意を取る書面等には次のi～iiiが記載されていること。

- i 口座振込み等を希望する賃金の範囲及びその金額
- ii 労働者が指定する金融機関店舗名並びに預金又は貯金の種類及び口座番号…名義人
- iii 開始希望時期

② 労使協定の締結

過半数を占める労働組合があれば当該労働組合、それがなければ過半数代表者で次のi～ivの労使協定を書面又は電磁的記録で締結すること。

- i 口座振込みの対象となる労働者の範囲
- ii 口座振込みの対象となる賃金の範囲及びその金額
- iii 取扱金融機関等
- iv 口座振込みの実施開始時期

③ 計算書の交付

使用者は、個々の労働者に対して、次のi～iiiの記載された計算書を交付すること。

- i 基本給、手当その他賃金の種類ごとにその金額
- ii 源泉徴収税額、労働者が負担すべき社会保険料額等から賃金を控除した金額がある場合には、事項ごとにその金額
- iii 口座振込み等を行った金額

④ 振込時期

口座振込みがされた賃金は、所定賃金支払日の午前10時頃までに払出し又は

払戻しが可能となっていること。

⑤ 振込機関の複数制

取扱金融機関等は、金融機関等の所在状況からして１行、１社に限定せず複数とする等労働者の便宜に十分配慮して定めること。

等が挙げられている。

そのほか、振込先の金融機関については、一つの金融機関や支店に限定することなく、複数の金融機関や支店を指定する必要がある。

通達では、

「5 取扱金融機関…は、金融機関…の所在状況からして一行…に限定せず複数とする等労働者の便宜に十分配慮して定めること」と定めている。さらに、デジタル払いをしようとする使用者に対しては、同通達で、「ただし、指定資金移動業者口座への賃金の資金移動を行おうとする場合には、預貯金口座への賃金の振込み又は証券総合口座への賃金の振込みを選択できるようにすること」とされており、支払銀行のみならず、労働者が支払方法の選択もできるように指示している。

なお、証券会社への証券総合口座の振込みがあり、これも同施行規則７条の２第２号で認められているが、この要件も通達（平成 14・4・1 基発 0401004 号）で定められており、相当に複雑である。

金融機関の口座振込払いは、使用者にとって非常に便利な支払い方法である。何故なら、現金払いは、経理課の事務社員が現金を労働者の一人ひとりの給料袋に詰め込む作業が必要である。また、現金を銀行等の金融機関から下ろして来なければならないので、その間に現金が紛失するリスクもある。一方で口座振込払いであれば、多少の手数料がかかるものの、銀行に振込み依頼すれば足りるわけであり、一定の事務手数料は支払わなければならないにせよ使用者にとっては大きなメリットといえる。金融機関にとってもその企業の従業員の多くがその金融機関に口座を設定するために大きな利益となり、その意味ではその使用者にとっても金融機関にとっても大きなメリットがある。

ところで、この口座振込払いは労働者個人の同意が必要であるものの、労働者側から濫用される可能性があるので注意しなければならない。ある企業では事業場の現金取扱機能を本社事業場に集中して、各支店、営業所には現金を取扱う機能を廃止したところ、ある従業員が、給与は現金支払いでないと認めないとして口座振込みに同意しなかったために、給料日には、その一人の社員だけのためにわざわざ本社からその社員のいる支店まで現金の給料を届けに行かなければならないということになり、大変な時間と手間を要したということである。

（3）賃金のデジタル払い

賃金の通貨払いの例外として、2023（令和5）年4月1日から新しくデジタル払いが認められたが、これは、厚生労働大臣が指定する第2種資金移動業への賃金振込み（デジタル払い）を労使協定の締結と労働者の同意を前提に認めた。但し、現金化ができないポイントや仮想通貨は対象とはならない。

このデジタル払いの要請は、銀行預金の口座開設が難しく、後払い給与が多く生活が苦しい等の外国人労働者の課題に対して対応するものといわれている。

① 要件

労基法施行規則7条の2第1項3号で要件が定められており、第2種資金移動業を営む資金移動業者で厚生労働大臣の指定を受けた者であることが前提になり、その指定資金移動業者の口座への資金移動でも可能である。

資金移動業者とは、銀行法により、銀行などの預金取扱金融機関以外の為替取引を禁止されている一方で、資金決済法により、預金取扱金融機関以外の一般事業者であっても資金移動業として金融庁の登録を受けることで為替取引をすることができるが、この為替取引業務を行う一般事業者を資金移動業者という。為替取引とは、離れた場所の間で直接に現金を送ることなく資金の受渡しを行う方法をいう。第2種資金移動業は1件当たり100万円以下の送金ができる業者をいう（第1種は100万円超の送金ができる業者、第3種は5万円以下の送金ができる業者をいう）。

なお、要件は次の「イ」から「チ」のとおりである。

イ　賃金の支払いに係る口座の…について、労働者に対して負担する為替取引に関する債務の額が百万円を超えることがないようにするための措置又は当該額が百万円を超えた場合に当該額を速やかに百万円以下とするための措置を講じていること。

ロ　破産手続開始の申立を行ったときはその他為替取引に関し負担する債務の履行が困難となったときに、口座について、労働者に対して負担する為替取引に関する債務の全額を速やかに当該労働者に弁済することを保証する仕組みを有していること。

ハ　口座について、労働者の意に反する不正な為替取引その他の当該労働者の責めに帰することができない理由で当該労働者に対して負担する為替取引に関する債務を履行することが困難となったことにより当該債務について当該労働者に損失が生じたときに、当該損失を補償する仕組みを有していること。

ニ　口座について、特段の事情がない限り、当該口座に係る資金移動が最後にあった日から少なくとも10年間は、労働者に対して負担する為替取引に関する債務を履行することができるための措置を講じていること。

ホ　口座への資金移動が1円単位でできるための措置を講じていること。

ヘ　口座への資金移動に係る額の受取について、現金自動支払機を利用する方法その他通貨による受取ができるための措置及び少なくとも毎月1回は当該方法に係る手数料その他の費用を負担することなく当該取引ができるための措置を講じていること。

ト　賃金の支払いに関する業務の実施状況及び財務状況を適時に厚生労働大臣に報告できる体制を有すること。

チ　イ～トまでに掲げるもののほか、賃金の支払いに関する業務を適正かつ確実に行うことができる技術的能力を有し、かつ、十分な社会的信用を有すること。

なお、2024（令和6）年2月21日の日経新聞では、給与のデジタル払い事業を申請した企業はPayPayやauペイメント、楽天グループ、リクルートホールディングスの4社に過ぎないということである。破綻時の安全網の審査に時間がかかるということであり、未だに認可されていないということであったが、2024（令和6）年8月9日、PayPayが認可され、ソフトバンクグループ（SBG）10社は希望する社員に対して9月分の給与を支払ったということである。

（4）ストック・オプション

ストック・オプションは賃金といえるかという問題があったが、この点は、通達（平成9年6月1日基発412号）で明確に賃金には当たらないと判断された。

1997（平成9）年の商法改正によって一般の会社でもストック・オプションは行われるようになり、会社が、使用人等に対して、自社の株式を将来において予め設定された価額で購入することができる権利を付与し、使用人がその設定された価額で購入し、それを上回る株価で売却することによって利益を得ることができるという仕組みである。更に、2001（平成13）年の商法改正によって、株式会社に対し、新株の発行又はそれに代わる自己株式の移転を義務づける新株予約権制度が設けられ、ストック・オプションは、会社法上は取締役・従業員に対する新株予約権の無償の付与という意味を持つ。

前記通達によると、「改正商法によるストック・オプション制度では、権利付与を受けた労働者が権利行使を行うか否か、また、権利行使するとした場合において、その時期や株式売却時期をいつにするかを労働者が決定することから、この制度から得られる利益は、それが発生する時期及び額ともに労働者の判断に委ねられているため、労働の対償ではなく、労働基準法第11条の賃金には当たらないものである。したがって、改正商法のストック・オプションの付与、行使等に当たり、それを就業規則等に予め定められた賃金の一部として取り扱うことは、労働基準法24条に違反するものである」とされる。

但し、賃金は労働条件の一部であるとして、上記通達は、「なお、改正商法によるストック・オプション制度から得られる利益は、労働基準法11条に規定する賃金ではないが、労働者に付与されるストック・オプションは労働条件の一部であり、また、労働者に対して当該制度を創設した場合、労働基準法第89条

第 10 号の適用を受けるものである」と述べる。

　なお、ついでながら、**♨アプライトマテリアル事件判決**（最高裁平成 17 年 1 月 25 日判決、判例時報 1886 号 18 頁）では、ストック・オプションに対する課税の点であるが、所得税法上の取り扱いとしては、一時所得ではなく、給与所得になると判断されている。

（5）直接払いの原則と例外とは

　賃金は、労働者に対して直接支払わなければならないということであり（労基法 24 条 1 項）、たとえその労働者の代理人であっても、その者に支払ったとすれば直接払いの原則に反しており、有効な支払いではないために、別途支払わなければならないことになる。それだけでなく、代理人に支払わなければ、賃金の支払いをしていないとして罰則を科されることになるので注意が必要である。

　労働者に債権者がいて、その債権者が賃金債権の譲受人であったり、その労働者の代理人として使用者に賃金の支払いを求めてきた場合には、仮に民事上の債権譲渡や委任契約が有効であったとしても、賃金の支払いとしては無効となるのであって、譲受人や代理人に支払っては直接払いの原則により認められないことになる。

（6）代理人・使者への支払い

　債権者が、その労働者の代理人となり、使用者から賃金を受けとって自己の債権と相殺して実質的に債権を回収するという方法が認められるかという点は、賃金の直接払いの原則に反して認められない。

　家族がその労働者の使者として、労働者本人の代わりに給料を受け取りに来る場合はどうかということであるが、一体となった家族であるのであれば、支払いは認められるが、それ以外は認められないと思われる。たとえば、夫が長期出張に行っていたり、病気で休んでいるので、妻や子どもが代わりに受けとりに来る場合には通常は使者に対する支払いとして有効な賃金の支払いとして認められるが、夫婦の婚姻関係が破綻しており別居しているような夫婦の場合や、独立している子どもが労働者本人に代わって受け取りに来る場合には、その夫や父

である労働者との間で利害が反している可能性があり、使者としては認められないものと思われるので、注意しなければならない。使用者としては、そのような場合は、念のために、労働者本人に直接電話するなどにより、その本人の意向を確認してから、支払った方が無難といえる。

（7）債権譲渡の譲受人や代理人からの取立て

賃金債権は譲渡しうるかという点に関しては、賃金債権も債権として民事上は有効になりうるものであり、民法467条2項に備える要件を満たせば第三者に対する対抗要件を備えることができる。即ち、債務者である使用者がそのことを承諾するか、又は、債権者である労働者から譲受人へと賃金債権を譲渡するについての通知をする場合に確定日付のある証書（内容証明郵便が普通である）によって行うことにより、それを他の者（第三者）に対する対抗要件にすることができるのである。しかし、民事上は有効になされうるとしても、労基法24条1項本文の賃金の直接払いの観点から、譲受人が単独で債務者である使用者に対して賃金債権を行使しうるかということは別の観点からの検討が必要であり、譲受人に対して使用者は支払っても有効な支払いとはいえず、もし仮に支払っても労働者が再度請求してきた場合には支払わなければならないことになるのである。

また、代理人については、たとえ有効に委任契約が締結されたとしても、使用者としては賃金を支払っても有効な支払いとはならず、後で、労働者本人が請求してきた場合には再度の支払いを義務づけられることになる。

この労働者の代理人や債権の譲受人になるのは、多くはその労働者に金銭を貸付けている貸金業者であろうかと思われるが、これらの貸金業者も、最近では、代理人として、譲受人として任意に賃金からの債権回収をしようとする者はそれほど多くはないが、絶無ではないので、支払っても賃金の有効な支払とはならず、注意しなければならない。

（8）給料ファクタリング

給料ファクタリングとは、労働者の賃金の全部または一部を、貸付金業者等の

事業者が割引いた金額で買い取り、賃金の前払いのような形で支給する取引形態をいう。この形態は、顧客となる労働者から賃金債権の一部を約４割引きで譲り受け割引後「前払い」のような形で交付し、労働者が希望した場合には賃金債権の割引前の額面額で買い戻すことができ、買い戻しを希望しない場合にはその使用者に債権譲渡の通知をすることになる。最高裁は、この給料ファクタリングについて、貸金業法と出資法に定める「貸付け」に当たると判断して、有罪が確定した（最高裁三小令和５年２月20日決定，刑集77巻２号13頁）。

　また、労基法24条の賃金の直接払いの関係でも、仮に労働者が支払い日前にその賃金を譲渡したとしても、その労働者は労基法24条により賃金の請求をすることができ、その賃金債権を取得した事業者は、使用者には支払いを求めることはできず、その労働者に買い戻させることでしか資金を回収することはできないと判断した。

（9）全額払いの原則と例外は

　賃金は、使用者が勝手に控除することはできず、全額を労働者に支払うことを原則とする。これを賃金の全額払いの原則という（労基法24条１項本文）。しかし、これにも５つの例外がある。

　例外の１は、税金、社会保険料等の使用者に源泉徴収義務が課されている場合である。法律等で源泉徴収が義務づけられているので、支払う前に控除するのは当然のことである。

　例外の２は、賃金控除協定に基づく場合である。

　例外の３は、合意相殺の場合である。

　例外の４は、給料債権の仮差押命令、差押命令、取立命令等による場合である。

　例外の５は、過払いの調整の場合である。

　これら以外は、賃金は全額支払わなければならない。よく起こるのは、労働者が会社に損害を与えて退職する場合の退職金について、会社としては、退職金から全額回収してから退職金を支払いたいと考えることが多いわけであるが、労働者本人がそれを納得している場合には合意相殺としてその債権額を控除できるものの、労働者本人が同意しない場合にそれを控除するのは一方的な相殺であり、過払相殺に該当しない限り認められない。その場合は、賃金の不払いと

して労基法24条1項違反になってしまうのである。

(10)賃金控除協定とは

　賃金の全額払いの例外として認められることに賃金控除協定による場合がある。この賃金控除協定は、使用者が労働者に対して支払う賃金のうち、一部を控除するための労使協定であり、事業場毎に締結しなければならない。ただし、労働基準監督署長への届出は不要である。

　協定の項目としてはどのような項目があるかといえば、会社からの貸付金、寮費・社宅費、旅行積立金、食堂・売店の購入代金、労働組合の組合費等が考えられるが、これらは具体的に列挙しておかなければならない。特に重要なのは会社からの貸付金で、毎月の給料や賞与から天引きして会社に対して返済することになるが、契約書でその返済方法について定めておくと共に、賃金控除協定に定めをおいておかなければならないので、2重の措置が必要であるので注意しておかなければならない。

　労働組合の組合費の控除（チェックオフという）については、組合員が労働組合を一方的に脱退して労働組合からの脱退についての承認を得ていない場合に、組合費の賃金からの控除（チェックオフ）ができるかということが問題となる。

　裁判例（ ⚖ **エッソ石油事件**（最高裁平成5年3月25日判決、労働判例650・6））は、組合員が会社に対して中止の申立てをした場合は中止すべきであると判示している。脱退した労働者本人としては、使用者に対して労働組合は脱退したので組合費を控除するなという申し入れをすることになる一方、他方で、労働組合としては、脱退を承認していないので、使用者に対してチェックオフ協定に基づいて組合費をカットするようにと申し入れをすることになろう。その場合には、労働者からの組合費控除の委任契約と労働組合からの控除した組合費の支払委託契約があると解される。労働組合の組合員の身分の可否について争いがある場合に、使用者としては労働組合と組合員の関係に介入するべきではないにしても、他方で2つの契約を遵守しなければならないということになってしまう。結論としては、労働者の方から賃金カットをしないで欲しいという要

求があれば、組合費控除の委任契約は解除されたことになるので、たとえ、労働組合との組合費の支払委託契約が存続していたとしても、労働者の意思に反して賃金から組合費を控除することはできないというべきである。

（11）会社の貸付金の賃金との相殺

　使用者である会社が、その労働者に対して住宅購入などの資金を貸付けていた場合には、その労働者の毎月の給料や賞与などからその貸付金の分割払いをしてもらうようにするのが通常である。その場合には、まず、きちんとした内容の契約をしておく必要がある。また、問題は、その契約による合意があった場合には民事上は賃金から控除することはできるが、さらに、労基法上は賃金控除協定が必要であると考えるのが行政解釈である。

　労働者が退職する場合には、退職金からの控除も必要であり、契約書や賃金控除協定にも、分割払いの期限の利益を放棄して一括払いとし、その支払いは退職金との合意相殺による旨を定めておかなければならないことになる。

　さらに、控除額に限度があるのかという問題もある。というのは、債権差押え、仮差押え、転付命令等の場合にも、その限度額は原則として債権額の4分の1であるので、合意による相殺の場合もそれが限度であるという考え方もありうるが、判例は、合意相殺の場合には原則4分の1は適用されないという立場を取っていると解される。したがって、労働者が退職する場合に貸付金を退職金で一切清算したいという場合には相当大きな貸付金額を回収することも可能である。

（12）裁判所からの債権仮差押え、債権差押え、転付命令等

　労働者に金銭を貸付けている貸金業者も任意に使用者から賃金債権の受領により貸付金の回収を図ろうとする業者はあまりいなくなった。それに、法的には合法的な方法で回収を図る方法があり、しかも、それほど時間を要しない簡易迅速な簡易裁判所に対する支払督促の申立という方法での回収が可能である。特に、貸金業者による場合には、契約書や領収書、督促状などの書証が調っているので、通常の訴訟を提起しなくとも、この支払督促の申立を行い、支払命令をもらって、債務者である労働者が異議の申出を行わなければ、簡単に執行をするこ

とが可能になるのである。

そのため債権者も、賃金債権の譲受けと直接的な取立という方法は余り採っていないのであり、合法的な方法としては、他に、賃金債権を仮差押え、または債権差押えをするか、または転付命令を得て回収する方法がある。

ただし、これらの法的な手続きを踏んで、強制執行する場合であっても賃金の全額を差押さえて回収できるのではない。その債務者である労働者については、賃金が生活の糧であり、全額を差し押さえられて回収されたのでは生活が出来なくなってしまうので、差押えの範囲については制限が課されている。その差押えの範囲は、「給料、賃金、俸給退職年金及び賞与並びにこれらの性質を有する給与にかかる債権」については、「その支払期に受けるべき給付の4分の3に相当する部分（その額が標準的な世帯の必要生計費を勘案して政令で定める額を超える時は、政令に定める額に相当する部分）は差し押さえてはならない」（民事執行法152条）となっており、その政令で定める額は毎月払いのとき33万円、毎日払いのときは1万1,000円（同法施行令2条）とされているので、通常はその4分の1に相当する部分（差押禁止である4分の3相当部分）が33万円を超えるとき（全賃金額が44万円を超えるときは、4分の1を超えてさらにその金額を超える部分が加算される）が差押えの対象となる。

この差押えの範囲については、家族手当、残業手当などの諸手当は給与に含まれるが、通勤手当は非対象であり、税金、社会保険料などの源泉徴収額は除外される。

なお、国税徴収法による差押さえの場合には、賃金等の差押え額の範囲は、手取額が納税者本人につき10万円、納税者と生計を一にしている親族1名につき4万5,000円との合計額を超える場合に限り、その超える額の8割が限度とされる。

(13)過払い相殺とは

過払い相殺とは、会社が誤って、本来支払うより多くの賃金を支払った場合に、それを翌月や翌々月などの給料と相殺して調整する事をいい、どのような場合に

過払いが発生するかといえば、使用者側の計算違いの場合や、支払計算期間の終盤に、長期の欠勤をしたり、ストライキがあったために本来であれば賃金カットすべきところ支払ってしまった場合等が考えられる。そのような賃金過払いの場合には、その直後の賃金からその過払い分を控除して調整することが認められるか、即ち、賃金の全額払いに反しないかが問題になるわけである。

　この点について裁判例は、過払いの相殺扱いは認めているものの、それは一定の限定を付けている。その要件は、まず、①相殺額が給与額に応じて相当な金額であること、②接着した時期、即ち、相当期間内に行われるべきものである。

　⚓ **福島県教組事件**（最高裁昭和 44・12・28 民集 23・12・2495）は時期が接着した時期になされ、金額が多額にわたらない場合は相殺できると判断し、次に、⚓ **水道機工事件**（東京高裁 54・9・25 労民集 30・5・929）は相殺による控除額は現在の民事執行法 152 条の趣旨により月額賃金の 4 分の 1 を限度とすると判断している。

(14)毎月払い(1か月1回以上払い)一定期日払いの原則と例外

　賃金は、毎月 1 回以上支払いをしなければならない（労基法 24 条 2 項）。しかも、不定期の支払いでは困るために、定期的な支払い（一定期日払い）が求められる。

　例えば、プロ野球選手について年俸制で 1 億円とかいわれるものの、プロ野球選手も労務を提供し報酬をもらい、しかも労働組合を結成し認められている以上は労働者として取り扱われるわけであって、年俸制であっても、毎月 1 回以上は賃金を支払わなくてはならないことになるのである。勿論、時給制や日給制で毎日支払うこともできるし、週給制で毎週支払うこともできる。

　月給制では、毎月支払わなければならないわけだが、これも不定期に金が出来たときに支払うということではなく、毎月 25 日とか、毎月末日とか定期的な支払期日を明確に決めておかなければならない。

　さらに、賃金につき期間を決めて定めるときには、予め賃金計算期間と支払日を決めておかなければならない。月給制といっても、毎月 1 日から月末までを月末の給与の対象とするか、毎月 11 日から翌月 10 日をその翌月の 25 日の給与の

対象とするかを決めておかなければならない。その決める方法は就業規則にも定めなければならない。労基法93条1項2号において、就業規則には賃金に関して、「賃金の決定、計算及び支払の方法、賃金の締切及び支払いの時期ならびに昇給に関する事項」を定めなければならないとされている。

　例外としては、「臨時に支払われる賃金、賞与その他これに準じるもの」とされ、①退職金、②賞与、③不定期の賃金がある。この不定期の賃金は、具体的には、①1箇月を超える期間の出勤成績によって支給される精勤手当、②1箇月を超える一定期間の継続勤務に対して支給される勤続手当、③1箇月を超える期間にわたる事由によって算定される奨励加給又は能率手当が挙げられている（労基法施行規則8条）。

05　賃金の種類、計算期間・支払方法の種類

（1）月例賃金と特別賃金、基準内賃金と基準外賃金とは

　賃金は、大別すると、毎月決まって支払われることになる月例賃金と、特別の事由に支払われる賞与、退職金等の特別給とがある。

　毎月決まって支払われる月例賃金のうち、基本給と諸手当からなる基準内賃金と、所定外の労働に対して支払われる基準外賃金がある。

　基準内賃金には、基本給と諸手当として、家族手当、住宅手当、地域手当、通勤手当、役職手当、技能手当、特殊勤務手当、交替手当等の各種手当がある。

　基準外賃金としては、時間外労働手当、休日労働手当、深夜労働手当、宿日直手当などがある。

（2）計算方法・支払時期による種類

　給料の支払い方法には、賃金の計算期間の問題と支払時期の問題がある。

①　賃金の計算期間による種類

　賃金の計算期間としては時給制、日給制、週給制、月給制、年俸制などの種類

がある。時給制とは1時間当たり給与はいくらであるという決め方で、日給とは1日当たり給与はいくらという決め方である。同様に1週間当たり給与はいくら、1か月当たり給与はいくら、1年当たり給与はいくらという決め方である。

② 支払時期による種類

支払いの時期は、日給制、週休制のようにその都度清算する方法か、まとめて一括で支払う方法がある。

そのため、まとめて1月ごとに支払う場合には、時給月給制、日給月給制、週給月給制等もある。この場合は、1か月1回以上払い（毎月払い）の原則があるために、2か月に1回支払うとか1年に1回支払うという定めは無効になる。

月給制には、完全月給制度と日給月給制度と月給日給制度がある。

完全月給制度とは1月月給額がいくらと決めて、欠勤や欠務があってもその部分について賃金カットをしない制度をいう。この完全月給制度の場合でも、1労働日も出勤しない場合にも1か月分丸々支給しなければならないのかという実務的な問題はあるが、就業規則（賃金規程等）に何らの定めもなければ、支払義務があることになると考える。

日給月給制は、1日単位で給与額は決められるが、支払いが月1回の支払日という制度である。欠勤や欠務についてはそもそも給与は発生しないのであるから、それらについては当然賃金のカットは行われる。

月給日給制は、1月単位で給与額は決められるが、支払日に欠勤・欠務の時間帯分についての賃金分をカットすることになる。1日や1時間が不就労であった場合にいくらカットするかにつき、あらかじめ明確な就業規則（賃金規程）に規定が定められているのが望ましい。

（3）年俸制の意義と法的な問題点

1年当たりの給与額をいくらと決める方法で、一時期、かなり流行した賃金形態であり、1年間の目標を立てて、その成果によって翌年の給与額を設定するというものである。無論、法制度があるわけではないので、種々問題はある。

① 1か月ごとの支払い

　賃金の支払いの方法は、1か月1回以上払いであるために年俸制度でも1月1回は給与の支払いが必要になるために、年俸額を12等分して月額を決めるのか、夏冬の賞与制度を設けて、例えば月額は18等分して夏一時金3か月、冬一時金3か月支払うのか、いずれにせよ明確に契約で決めておかなければならない。年俸制であったとしても、1か月1回以上払い（毎月払い）の原則があるので、1か月に1回は給与を支払わなくてはならないことになっている。そのため、年俸制であっても、通常は毎月の給料日に年俸額の12分の1か、賞与分と分けて例えば、16分の1ずつ支払う（夏冬にそれぞれ2か月分ずつ支払う場合）という方法もある。

　もともと、賞与は、通常は、予め金額が決まっているわけではなく、その会社の業績やその労働者本人の成果・成績によって金額が変動するものであり、年俸制は賞与も含めて金額が決まっているものである。勿論、年俸制を取りながら、賞与は別途査定により決まるという年俸制もないわけではないが、それでは本来の年俸制とはいえない。

② 残業代等の支払い

　年俸制であり、1年でいくらと決めた場合に、残業、休日労働、深夜労働があった場合には、残業手当、休日手当、深夜手当の支払いはないのかということが問題であるが、裁量労働制、管理監督者や高度プロフェッショナル制度適用の労働者でない限りは、年俸額で一切終わりとはいえないことになる（厳密にいうと、裁量労働制や管理監督者の場合には深夜割増分は別途支払わなければならない）。

　なお、そのために、年俸額の中に定額残業代を含む金額という定めをしているものもあるが、後述するが、判例は、少なくとも基準内賃金がいくらで基準外賃金がいくらという明確な区分がなされないと定額残業代が支払われているとは認めていない。

　その年俸対象の労働者が、1日何時間労働しても、年間1,000万円、1,500万円に限られるというのではなく、労働者である以上、労働時間は原則として1

日8時間、1週40時間を超えて労働した場合には、時間外労働であり2割5分増（場合によっては5割増し）以上の割増賃金を支払わなければならない。また、週1日の休日に労働すれば休日労働として3割5分増以上の割増賃金を支払わなくてはならない。また、深夜労働をすれば、その時間帯について2割5分増以上の割増賃金を付けなければならない。その意味では、年俸制だからどれだけ働こうが、一切、その1,000万円、1,500万円で終わりという合意は無効である。

　結局、年俸制といっても、それは1年間の所定労働時間に対応した賃金ということであり、労働基準法の適用される労働者であれば、年俸額で一切終わりというわけではなく、それ以外に時間外手当、休日労働手当、深夜手当を支払わなければならない。その計算方法であるが、あくまでその年俸額は、その労働者の所定労働時間を就労した場合の賃金と考えればよく、その所定労働時間を超えて、または所定労働日のうちの週1日は休日として、割増賃金を付けなければならない。

　厚労省の通達（平成12・3・8基収78号）では、「一般的には、年俸に時間外労働等の割増賃金が含まれていることが労働契約の内容であることが明らかであって、割増賃金相当部分と通常の労働時間に対応する賃金部分とに区分することができ、かつ、割増賃金相当部分が法定の割増賃金額以上支払われている場合は、労働基準法第37条に違反しないと解される」とし、「…年間の割増賃金相当額に対応する時間数を超えて時間外労働等を行わせ、かつ、当該時間数に対応する割増賃金が支払われていない場合は、労働基準法第37条違反となることに留意されたい。また、あらかじめ、年間の割増賃金相当額を各月均等に支払う事にしている場合において、各月ごとに支払われている割増賃金相当額が、各月の時間外労働等の時間数に基づいて計算した割増賃金額に満たない場合も、同条違反となることに留意されたい」と述べている。
　なお、年俸制であらかじめ決められた定額の賞与がある場合には、その賞与額は割増賃金を計算するための算定基礎賃金に含まなければならない。通達（平成12・3・8基収78号）は、「年俸制で毎月払いと賞与部分を合計して予め年

俸額が確定している場合の賞与部分は『賞与』には該当しない。したがって、賞与部分を含めて当該確定した年俸額を算定の基礎として割増賃金を支払う必要がある。よって、決定された年俸額の12分の1を月における所定労働時間数（月によって異なる場合には、1年間における1か月平均所定労働時間数）で除した金額を基礎額とした割増賃金の支払を要し、就業規則で定めた計算方法による支払額では不足するときは、労働基準法第37条違反として取り扱うこととする」と述べている。

（4）契約更新時の次期の賃金額の決定方法

　年俸制であり、当初の年俸制は、1年間の期間契約で、かつ、年俸額も決めるという仕組みである場合であれば、1年経過後に労使間で評価に意見の不一致があれば年俸額が決まらない以上は契約の更新もなされないおそれが生じる。仮に、1年契約でなく契約は継続するにしても年俸額は労使で意見の不一致で金額が決まらない場合にどうするのかという問題もある。そのような場合に備えて、就業規則（賃金規程等を含む）または契約書でそのような場合はどうするのか明確にしておく必要がある。労使で合意しない場合には前年度と同額にするとか、一定の範囲（例えば±10%の範囲内）で使用者が決定するとか、合意のない場合の年俸額の決め方を定めておくべきである。

（5）年俸制の場合の残業単価

　年俸制で、月額給与と賞与との分担により支給している場合に、賞与であるから、残業代の計算の基礎となる残業単価には算入する必要がないかが問題となることがある。

　この点については、「年俸制適用労働者に対する割増賃金及び平均賃金の算定について」という通達（平成12年3月8日基収78号）があり、年俸制で、あらかじめ年俸額を給与と賞与に振り分けており、賞与金額があらかじめ決まっている場合につき「…賞与として支払われている賃金は、労働基準法施行規則第21条第4号の「臨時に支払われた賃金」及び同条第5号の「1か月を超える期間ごとに支払われる賃金」のいずれにも該当しないものであるから、割増賃金の算定基礎から除外できないものである」と述べている。

また、🕊**中山書店事件**（東京地裁平成 19 年 3 月 26 日判決、労働判例 943 号
41 頁）は、「年俸額を具体的にどのように割振って支給するかについては、社員
の希望を聞き、これに応じて決定されていたと認めることができる。そうすると、
このように支給される賞与を通常の労働時間の賃金から控除することは相当で
ない」として、賞与の金額を割増賃金の基礎賃金に算入すべきだと判断した。

06　出来高給

　出来高給とは、歩合給制度ともいうが、一定期間の成果（出来高）に対して支
払われる制度であり、他の賃金制度が就労した労働時間に対して支払われるも
のであるのに対して、一種の成果主義の賃金体系ということもできる。労基法は、
出来高制の賃金体系を禁止はしておらず、同法 27 条は、「出来高払制その他請
負制で労働者を使用する労働者に対しては、使用者は、労働時間に応じた一定
額の賃金の保障をしなければならない」と定めている。しかしながら、完全歩合
給制は禁止している。

　たとえば、タクシー運転手の賃金について、料金の一定額を給与とする計算
方法については、まったく乗客がおらず、その日の売上額がほとんどない労働
日もあろうが、その場合も労働をしていることは事実なので、賃金として労働
時間に応じた金額の支払いをしなければならないことになる。労基法 27 条は、
「使用者は、労働時間に応じて一定額の賃金の保障をしなければならない」と
定めており、これを保障給という。この保障給については、通達（昭和 22・9・
13 発基 17 号、昭和 63・3・14 基発 150 号）があって、「労働者の責に基づか
ない事由によって、実収賃金が低下することを防ぐ趣旨であり、労働者に対
し、常に通常の実収賃金と余りへだたらない程度の収入が保障されるように保
障給を定めるように指導すること。なお、本条の趣旨は全額請負給に対しての
保障給のみならず一部請負給についても基本給を別として、その請負給につい
て保障すべきものであるが、賃金構成からみて固定給の部分が賃金総額の大半
（概ね 6 割程度以上）を占めている場合には、本条にいわゆる『請負給で使用す

る』場合に該当しないと解される」と述べている。

　ちなみに、条文でも「請負制」と述べてはいるが、請負契約ではなく、指揮命令下にある労務の提供にあるという労働契約であることは当然であり、一定の労務の給付結果か又は出来高に対して賃率が決められているというに過ぎない。

　なお、この出来高払いの保障給は、労働者が実際に出勤して働いた場合の保障であり、出勤しなかった時間や日についてまでの保障ではない。通達（昭和22・11・11 基発 1639 号）も「労働者が労働しない場合には、出来高払制たると否とを問わず、本条の保障給は支払う義務はない」と述べている。

　なお、タクシーやトラックの運転手については、全部又は一部が歩合給であるが、一般的には長時間の拘束で長時間労働が多いために、残業代の請求事件が増加している。歩合給であるために残業代などは発生しないと誤解している使用者が多いが、労働時間の管理は使用者の義務であるから、歩合給であったとしても労働時間の管理が免除されているわけではなく、残業代が発生しないというわけではない。

　このように出来高払いの場合にも時間外労働の問題があるが、出来高払いといえども法定労働時間を超えて労働すれば時間外労働となり、休日労働や深夜労働もあり、それぞれ割増賃金の支払いが必要となる。その場合計算するに当たっての算定基礎賃金は、労基法施行規則 19 条 1 項 6 号により、算定期間中の労働時間数を分母とし、算定期間中の請負給総額を分子とする。一部出来高給、一部固定給の場合には、固定給部分については通常の 1 月の所定労働時間を分母として固定給を分子として計算し、それに出来高給部分の計算をしたものを足すことになる（労基法施行規則 19 条 1 項 7 号）。

II. 賃金カットについて

01　ノーワークノーペイの原則とは

　賃金は、労働の対価として、労働者が使用者の指揮命令下で労務の提供をした場合に支払われるものである。そのため、勤務時間に欠勤したり遅刻した場合には原則としてその時間帯に対する賃金は支払われないことになる。賃金の「後払いの原則」というものがある。

　民法624条1項は、「労働者は、その約した労働を終わった後でなければ、報酬を請求することはできない」、同条2項は、「期間によって定めた報酬は、その期間を経過した後に、請求することができる」と定めているが、これが賃金の後払いの原則である。その時間、日に労務を提供できなかった労働者は、後に発生するはずの賃金は発生しないことになるが、それがノーワークノーペイの原則である。

02　完全月給制とノーワークノーペイの原則とは

　労働者が、決められた所定労働日に欠勤したり、所定労働時間の一部を遅刻、早退により就労しなかった場合には、ノーワークノーペイの原則では賃金は発生しないことになるが、月給制を定める場合、たとえ欠勤があったとしても月給額からは減額しないという制度もある。それを完全月給制という。

　ところで、完全月給制を採用している会社の場合には欠勤や遅刻しても賃金を控除しないことになるが、欠勤しない労働者との間での公平の問題はあるものの、当該労働者にとって有利な取り扱いであり、労基法上は問題はない。ただ

34

し、長期欠勤し、1か月以上もの間欠勤している労働者に対しても全額給与を保障することでもよいのかという実務上の問題はある。

03 ストライキ等の場合の賃金支給による経費援助になる場合とは

完全月給制をとっていた場合に、労働者側が労働組合の活動をしたり、ストライキを行った場合に賃金はカットしないという取扱いが認められるか否かという問題であるが、結論としては賃金カットをしなければならない。なぜなら、労働組合が労働組合としての情宣活動をしたり、ビラ配布の活動をしたり、さらにはストライキをする場合に賃金を保障をする場合には労働組合の運営を援助することになり、経費援助となるが、これは、支配介入の不当労働行為になるからである（労組法7条3号）。したがって、不当労働行為にならないようにその組合員である労働者の賃金はカットしなければならないのである。ただし、労働組合との団体交渉は組合活動の一環であるが、特に勤務時間中に団体交渉をする場合に賃金カットをしないことは可能である（労組法7条3号但書）。

長年の労使慣行でストライキ等の組合活動に対しても賃金カットをしない場合で、ある時、賃金カットを実施した場合に、それが支配介入の不当行為となるとした東京都地方労働委員会の命令（🌀 **読売旅行事件**（東京都労委昭和63年6月7日命令、労働判例524号60頁））があるが、これは、長年の取扱いを、早急に合意なく、また、団体交渉も十分に実施しないで行ったことに無理があったためであり、そのような手続上の問題がなければ不当労働行為にはならないと考えられる。

04 ストライキによる賃金カットと賃金二分説

ストライキ等、勤務時間中の組合活動の場合に賃金カットをするのは当然で

あるし、むしろ、使用者は賃金カットをしなければならない。ところで、一口に賃金といっても、その構成要素は様々であり、手当の趣旨もいろいろある。

　この点について、賃金カットは労働交換的部分についてはカットしうるが、生活保障部分についてはカットしえないという立場をとる判決がある（🌀**明治生命事件**（最高裁昭和 40 年 2 月 5 日判決、判例時報 399 号 51 頁）。

　ところが、これについては、反対の学説も強く、それに反するかのように見える判決もある。⚓**三菱重工業長崎造船所事件**（最高裁昭和 56 年 9 月 18 日判決、判例時報 1018 号 20 頁）である。この判決は、「ストライキ期間中の賃金削減の対象となる部分の存否及びその部分と賃金削減の対象とならない部分の区分は、当該労働協約等の定め又は労働慣行の趣旨に照らし、個別的に判断するのを相当とする」とし、労働者側の賃金の家族手当は賃金中の生活保障的部分に該当し、労働の対価としての交換的部分には該当しないので、ストライキ期間中といえども賃金削減の対象とすることができない部分であるとの賃金二分論の主張を排斥した。

05　減給の制裁の場合の規制とは

　懲戒処分の一つとして減給処分がある。懲戒処分には、譴責、減給、出勤停止、降職降格、諭旨解雇、懲戒解雇等があるが、その種類の一つである。

　減給の場合の減給の制限は、1 回の行為を処分する場合には、平均賃金の半日分が限度で、何度それらの処分が行われても、一賃金支払期の賃金の 10 分の 1 を超えてはならないと定められている（労基法 91 条）。よく間違えるのは、一回の行為について、月給額の 10 分の 1 を減額するというやり方である。一回の行為については半日分しか控除できない。たとえば、無断欠勤を一回した場合に減給の懲戒処分をする会社があり、一か月に 10 回無断欠勤をした場合には、0.5 日分× 10 ＝ 5 日分控除できそうであるが、賃金支払い期の 10 分の 1 という制限があるために、仮に 1 月に 22 日が労働日とした場合に、2.2 日分しか控除できないことになり、2.8 日分は控除できないということになる。その

控除できない分は翌月分の給与から 2.2 日分、翌々月から 0.6 日分を控除でき
るということになる。

　一度減給の懲戒処分を行い、月給から半日分を減給した後、さらに賞与から
給与を減額するという方法は可能であろうか。

　まず、賞与から減額するということは可能かという問題であるが、労働省の
通達（昭和 63 年 3 月 14 日基発 150 号）は、「制裁として賞与から減額するこ
とが明らかな場合は、賞与も賃金であり、法 91 条の減額の制裁に該当する。
したがって賞与から減額する場合も 1 回の事由については平均賃金の 2 分の
1 を超え、また、総額については、一賃金支払期における賃金、すなわち賞与
額の 10 分の 1 を超えてはならない」と述べて、賞与からも減額できることを
前提としている。

　その他、懲戒処分の大原則として二重処分の禁止がある。そのため、一度月
給から半日分を減額し、さらにその期の賞与から半日分を減額するのは二重処
分の禁止に該当するので禁止される。しかしながら、懲戒処分に該当するよう
な行為をしたこと自体を、その期の賞与で正当に評価して低く査定した結果、
賞与を少なくするということはもちろん許される。それは懲戒処分になった
こと自体で減額するということではなく、あくまで、そのような行為をしたこ
とを含めて全体の勤務状況を他の労働者と同様に評価した結果、低く評価でき
るという意味である。懲戒処分されたこと自体で賞与から減額をすることは
二重処分の禁止にならないように避けなければならない。

III. 賃金に関する労基法の原則

01 前借金相殺の禁止とは

　労基法17条には、「使用者は、前借金その他労働することを条件とする前貸の債権と相殺してはならない」と前借金相殺の禁止を定めている。かつては、芸娼妓契約がこの前借金相殺契約として公序良俗に反して無効と判断されたが、今は、外国人労働者の問題、在学中における青田刈りと称する育英金の支給の問題がある。

　昭和の終わりから平成にかけて日本経済は大変なバブル景気に潤っていたが、その際、主として東南アジアからの外国人労働者がどんどん日本に金を稼ぎに入国しており、不法就労としての問題になったが、その不法就労外国人労働者の斡旋業者がその外国人を日本企業に紹介する際、海外渡航費用やアパートの敷金・礼金を貸付けており、それを給料と相殺してその外国人労働者を手渡さないような事態が発生していた。無論、そのような行為は前借金相殺の禁止に該当して許されない。

　同様に、新人の採用をするに当たって在学中に給付する育英金や契約金を渡して、入社した後に賃金から相殺控除することは前借金相殺になり禁止される。

02 強制貯金の禁止とは

　強制的に社内預金をさせることは禁止されているし、更に社内預金をするときには、所定の労使協定（貯蓄管理協定）を締結して、所轄労働基準監督署長に届けなければ、社内貯金をすることはできないが（労基法18条1項、2項）、給与の一部を控除してそれを社内貯金にするという意味で、賃金全額払いの原則

の例外としても問題となりうる。

　まず、貯蓄管理協定は、当該事業場に労働者の過半数で組織する労働組合がある場合には、その労働組合、それがなければ、労働者の過半数代表者を選任して協定を定め、それを所轄労働基準監督署長に届け出なければならない（同法18条2項）。その上で、その積立額を月給額から控除する場合には、賃金控除協定を締結することが必要となる（ただし、協定の届出は不要である）。また、個別に社内預金契約を締結することが必要となる。

　社内預金には利子をつけなければならず（労基法18条4項）、現在、その下限は年利0.5％とされている。

03　賃金の非常時払い

　賃金の非常時払いとは、労働者がその本人、その家族等の出産、疾病、災害等の非常の場合の費用として賃金を請求した場合には、使用者は既往の労働に対する賃金を支払わなければならない（労基法25条）というものである。

　家族の範囲は、労働者と労働者の収入によって生計を維持する者であり、その事由は、出産、疾病、災害を受けた場合（労基法施行規則9条1号）、結婚、死亡した場合（同条2号）、やむを得ない事由により1週間以上にわたって帰郷する場合（同条3号）である。これは、あくまで既往の労働の賃金分に限られ、将来の分の前貸しまでを要求することはできない。

　なお、賞与についても、算定期間を勤務し、一定の金額が算定される場合には、いまだ支払期日が到来していないという場合でも、支払うべき金額が確定しているときは、賃金としてこの非常時払いの適用を受けることになる。

04　退職の際の賃金等金品の支払義務

　労働者が退職する場合には、使用者はその月の給料でまだ支払っていない分や、賞与で支払義務が認められる場合は賞与、退職金がある場合には退職金を

支払わなければならないが、ここでは賞与、退職金を除いて月例給与について検討してみる。

労基法23条1項は、「使用者は、労働者の死亡又は退職の場合において、権利者の請求があった場合においては、7日以内に賃金を支払い、積立金、保証金、貯蓄金その他名称の如何を問わず、労働者の権利に属する金員を返還しなければならない」と定めている。月例給与は労働者からの請求があった場合には、月給の支払日が到来していない場合でも、7日以内に支払わなければならないという趣旨である。ただし、退職金に関しては、通達（昭和26・12・27基収5483号）があり、退職金の支払期日が決められている場合については、その期日が到来してから起算するということになる。賞与について支払義務のある場合も退職金と同様に解釈すべきであろう。

次に、同条2項は、賃金又は金品等に関して争いがある場合には、「使用者は、異議ない部分を、同項の期間中に支払い、又は返還しなければならない」と定めており、争いがあれば、その部分については明確になるまで支払いを留保することができる。

05 休業手当とは

使用者の責に帰すべき事由によって労働者が休業した場合には、使用者は、その休業期間中、平均賃金の60%の休業手当を支払わなければならないものとされている（労基法26条）。

問題は、使用者の責に帰すべき事由であるが、不可抗力以外の経営障害事由を広くいうとされており、通達（昭和23・6・11基収1998号、昭和24・12・3基収3884号）によると、親会社の経営難から下請工場が資材資金を獲得できず休業した場合や原料繭の不足により休業した場合も、休業手当等の支払義務があるとされる。

なお、使用者の責に帰すべき休業に該当する場合に労基法上は休業手当を支払えばよいが、民法536条2項本文の「債権者の責に帰すべき事由によって債務を履行できなくなったときは、債務者は、反対給付を受ける権利を失わない」

という危険負担の規定により、使用者が100%支払わなければならないという場合もある。この民法536条2項本文の債権者の責に帰すべき事由は、労基法26条の使用者の責に帰すべき事由よりも狭いといわれており、その意味ではケースバイケースで、100%支払うべきか、60%でよいのかを判断していくことになる。

2020（令和2）年春から蔓延した新型コロナウイルスの影響による使用者による休業の場合の休業手当の支払義務に関しては、諸説ある。

06 出来高払いと保障給

（1）出来高制（歩合制）の適法性

労働基準法は出来高給（歩合給）を禁止していない。同法27条は、「出来高払制その他の請負制で使用する労働者については、使用者は、労働時間に応じ一定額の賃金の保障をしなければならない」と定めている。これは、出来高制（歩合制）の賃金体系を禁止するわけではないが、完全歩合給として保障給を設けない定め方が違法として禁止されるものである。すなわち、完全歩合給であれば、たとえ、長時間労働をしても、労働者の責任以外の理由によって実収の賃金が低下するおそれがあるので、その場合には、使用者は、労働時間に応じて一定額の賃金を保障しなければならないと定めているのである。

（2）タクシードライバーの賃金

よく割増賃金の支払いが問題となっているタクシー運転手の賃金には、業界ではA型賃金、B型賃金、AB型賃金があるといわれるが、簡略に紹介しよう。

A型賃金とは、一般の労働者に近い賃金体系であり、固定給としての基本給その他の手当があり、その上で歩合給（一定の売上げ高を超えた部分に発生する。（月間売上額−足切額）に歩合率を掛ける）、賞与と退職金がある。固定給があるので、安定しており、ドライバーとしては生活は安定はするが、歩合が低く

なるために、多くの営業収入を得ても給与に反映される額が少ないので、金を稼ごうという運転手にとっては魅力に欠けることになる。

B型賃金とは、完全歩合給となっており、勤続給や年功給もない。賞与や退職金もない。運転手の給与体系としては最もわかりやすい。金を稼ぎたいという運転手には望ましいといえるが、十分な売上がでないときには、給与は少なくなり、安定性に欠けることになる。

AB型賃金は、A型とB型の中間形態であり、固定給（基本給＋その他の手当）と歩合給と年2、3回程度の一時金が支払われる。A型賃金の安定性とB型賃金の成功報酬性との中間で双方の利点を兼ねている。月々頑張った分は賞与としてプールされ、稼ぐほど賞与は増えることになる。

（3）保障給

出来高給については、収入が低くなる場合に保障給を支給することを法は求めているが、では一体保障給をいくらにすべきかということは定めはない。その点について、通達（昭和22年9月13日発基17号、昭和63年基発150号）は、「なお、本条の趣旨は全額請負給に対しての保障給のみならず一部請負給についても基本給を別として、その請負給について保障すべきものであるが、賃金構成からみて固定給の部分が賃金総額の大半（概ね6割程度以上）を占めている場合には、本条にいわゆる『請負給で使用する』場合に該当しないと解される」とする。

なお、この保障給は、労働者が実際に出勤して働いた場合の保障であり、出勤しなかった時間や日についてまでの生活保障を意味するものではない。通達(昭和23年11月11日基発1639号)は、「労働者が労働しない場合には、出来高払制たると否とを問わず、本条の保障給は支払う義務はない」とする。

結局、保障給を定めるに当たっては、いくらにしなければならないという義務づけはなく、一定の保障をすればよいということになる。

07 平均賃金

（1）平均賃金の用いられる場合とは

　労基法上、解雇予告手当（20条1項）、休業手当（26条1項）、年休手当（39条7項）、休業補償、障害補償などの災害補償（76条ないし82条）の額は、「平均賃金」（12条）の額を基礎として算定される。これらの手当は、主として労働者の生活の保障のために支払われる手当であるという性質があり、そして、生活保障のために支払われるものであるとすると、基準としては、労働者がその直近において1日あたり得ている賃金により近い額を基準とすべきであるということとなり、後に述べるような算定方法で計算されることになる。なお、時間外労働、休日労働、深夜労働などに対する割増賃金は、「通常の労働時間または労働日の賃金」という、平均賃金とは異なる算定基準により計算されるもので注意をしなければならない。

（2）平均賃金の計算方法は

　平均賃金の算定については労基法12条に規定があり、「これを算定すべき事由の発生した日以前3か月間にその労働者に対し支払われた賃金の総額を、その期間の総日数で除した金額をいう」と定められている。つまり、平均賃金＝（事由発生日以前3か月間の賃金総額）÷（事由発生日以前3か月間の暦日数）ということになる。事由の発生した日とは、たとえば解雇の予告をした日や、休業日、年休付与日などが、その前日からさかのぼって3か月を計算することになる。「月末締め」というように、賃金締切日がある場合には、事由発生日の前日からではなく、直前の賃金締切日からさかのぼる（法12条2項）。

　また、雇入後3か月に満たない者については、雇入後の賃金総額と期間とによって計算をする（法12条6項）。また、平均賃金の算定にあたっては、労基法上、算定基礎から除外されるものが決まっている。除外されるのは、①臨時の賃金、②3か月を超える期間ごとに支払われる賃金、③現物給与で一定のも

のである。これらは限定列挙とされており、これ以外のものを除外することは認められていない。そして、除外される賃金かどうかは、名目でなくその実態上判断されるべきは当然である。

（3）平均賃金の算定に当たって除外される期間とは

　平均賃金の算定において、事由発生日以前3か月の賃金総額を、該当する暦の日数で割って決めるが、賃金の低い期間や全く賃金が支払われていない期間などを分母の日数に算入すると、平均賃金額が低くなり、労働者の生活保障をするという平均賃金の趣旨を害することになってしまう。

　そのため、次のような期間については、平均賃金を算定する場合の分母に含めないことが労基法12条3項に規定されている。

　その期間とは、①業務上の傷病により療養のために休業した期間、②産前産後の女性の休業期間（65条）、③使用者の責めに帰すべき事由によって休業した期間、④育児・介護休業法に基づく育児休業・介護休業をした期間、⑤試用期間、である。このように、労働者の私傷病による休業の場合には、控除される期間には含まれていない。

　また、このように試用期間は算定期間から除外されているが、試用期間中に解雇等の事由が発生した場合には試用期間中の賃金と日数とによって計算されるものとされている。

IV. 昇給

給与が上がることは労働者にとって望ましいし、就労に対するインセンティブとなる。その意味では、長期間就労した場合には、なにがしかの昇給がなされるのが労働者は無論、企業にとっても望ましい。しかし、平成の大不況、リーマンショックや直近の新型コロナ流行による活動自粛等の場合には、昇給どころか、減給、支払い停止等の対応をせざるを得ないことになり、昇給は常になされるものではない。

01 昇給は権利か

このように、労働契約、就業規則等で具体的に昇給の内容が決められていない場合には、昇給は労働者の権利ではない。就業規則にも「給与は、年1回、毎年4月に昇給する」旨の定めがあることが多いが、この場合にも具体的な金額や割合は記載されていないことから、たとえ、昇給がゼロでも使用者は就業規則に違反しているわけではなく、労働者に昇給を請求する権限があるわけではない。

しかしながら、各企業の賃金体系をみると、勤続年数が増えるごとに基本給が自動的に上がる定昇が規定されている場合がある。その場合には、就業規則（賃金規程等）に定められているわけであり、権利性があるのであって定期昇給を求める権利があることになり、何らかの事情で定期昇給をしないことは就業規則等の違反になる。その場合には、使用者は定期昇給をしないことの労働者との合意や就業規則を変更しなければならないことになる（これは就業規則の不利益変更の問題となる。第5章参照）。

02 ベアと昇給

　一時期ストップしていたが、最近復活したものにベースアップがある。毎年、企業対労働組合の間の団体交渉、労働組合がない場合には会社の裁量で賃金が上がるという仕組みがある。無論、これも法的な権利ではない。

　このベアは物価が上がったり、生産性が向上したり、労働力の需給関係等により労働力の価格を変更していこうというものであり、いわば、決められている賃金表をベースとしてその賃金表を書き換え、引き上げるというものである。いわば、労働者の事情とは別の、企業ないしは外部的な事情により賃金の大きさ（ボリューム）を変更するというものである。

　これに対して、昇給とは、労働者の労働の質（業務内容・能力・勤続年数）の向上による個人別賃金の制度運用による上昇をいう。

03 昇　給

　昇給には、定期的なものと定期的でないものがある。

　定期昇給は、一定の時期（毎年の年度の初めが多い）に労働者のほとんどが恩恵を受けるものである。あらかじめ、賃金表で勤続年数が増えるごとに賃金額が上がることを織り込んである場合と、これもその都度労使交渉や企業の裁量で決める場合とがある。非定期昇給は、昇進や昇格に伴う昇給と、その労働者の能力が高まったことを理由とする習熟昇給とがある。昇進は、係長・課長・次長・部長というように職位が上がる場合であり、その職位の向上に応じて昇給するのが通常である。昇格は、社員の資格制度（職能資格制度が多い）が向上したことによる昇給である。これに対して、同じ職位にいて、または、同じ資格にいても勤続年数に応じてその能力が高まったことを前提にしてなされるものを習熟昇給という。

　なお、毎年年度初めに労働組合が賃上げの要求をするが、この賃上げ要求には、ベア要求と昇給の要求が一体のものとして要求されることが多い。その場合にベア○％、昇給○％と内訳を設けているが、必ずしも理論的に区別されていないことが多いと思われる。

V. 最低賃金

01　最低賃金の意義と効力

　最低賃金とは、労働者に対して支払われるべき最低の額の定めのことをいう（最低賃金法4条）。賃金の決定は、使用者と労働者との自由な交渉によるのが原則であるが、これを自由に任せてしまうと、非常に低い賃金が決定されて労働者の生活が不安定となるおそれがある。そこで最低賃金法により、賃金の最低額の定めをすることとしている。最低賃金の定めは地域ごとに時給として計算され、毎年10月頃に改訂されるが、令和6年度は、東京では時給1,163円と定められている（次頁以下全国一覧参照）。

　従前は、最低賃金は時間額と日額の二本立てであったが、改正により、時間額に一本化された。

　使用者は、労働者に対して、最低賃金額以上の賃金を支払う義務を負う。最低賃金額に達しない賃金を定める労働契約はその部分について無効となり、無効となった部分は、最低賃金と同様の定めをしたものとみなされる（法4条）。義務に反した使用者には、罰則の制裁がある（法40条）。

　この最低賃金には、「地域別最低賃金」と「特定最低賃金」とがある。地域別最低賃金とは、産業や職種に関係なく、都道府県内の企業で働くすべての労働者とその使用者に対して適用されるものである。これに対して、「特定最低賃金」とは、特定の産業で設定されている最低賃金のことであり、地域別最低賃金より賃金水準の高い最低賃金を定めることが必要であると認められた産業に対して設定される。

都道府県名	最低賃金時間額(円)		引上げ率(%)	発効年月日
北海道	1,010	(960)	5.2	令和6年10月1日
青　森	953	(898)	6.1	令和6年10月5日
岩　手	952	(893)	6.6	令和6年10月27日
宮　城	973	(923)	5.4	令和6年10月1日
秋　田	951	(897)	6.0	令和6年10月1日
山　形	955	(900)	6.1	令和6年10月19日
福　島	955	(900)	6.1	令和6年10月5日
茨　城	1,005	(953)	5.5	令和6年10月1日
栃　木	1,004	(954)	5.2	令和6年10月1日
群　馬	985	(935)	5.4	令和6年10月4日
埼　玉	1,078	(1,028)	4.9	令和6年10月1日
千　葉	1,076	(1,026)	4.9	令和6年10月1日
東　京	1,163	(1,113)	4.5	令和6年10月1日
神奈川	1,162	(1,112)	4.5	令和6年10月1日
新　潟	985	(931)	5.8	令和6年10月1日
富　山	998	(948)	5.3	令和6年10月1日
石　川	984	(933)	5.5	令和6年10月5日
福　井	984	(931)	5.7	令和6年10月5日
山　梨	988	(938)	5.3	令和6年10月1日
長　野	998	(948)	5.3	令和6年10月1日
岐　阜	1,001	(950)	5.4	令和6年10月1日
静　岡	1,034	(984)	5.1	令和6年10月1日
愛　知	1,077	(1,027)	4.9	令和6年10月1日
三　重	1,023	(973)	5.1	令和6年10月1日
滋　賀	1,017	(967)	5.2	令和6年10月1日
京　都	1,058	(1,008)	5.0	令和6年10月1日
大　阪	1,114	(1,064)	4.7	令和6年10月1日
兵　庫	1,052	(1,001)	5.1	令和6年10月1日

奈　良	986	(936)	5.3	令和6年10月1日
和歌山	980	(929)	5.5	令和6年10月1日
鳥　取	957	(900)	6.3	令和6年10月5日
島　根	962	(904)	6.4	令和6年10月12日
岡　山	982	(932)	5.4	令和6年10月2日
広　島	1,020	(970)	5.2	令和6年10月1日
山　口	979	(928)	5.5	令和6年10月1日
徳　島	980	(896)	9.4	令和6年11月1日
香　川	970	(918)	5.7	令和6年10月2日
愛　媛	956	(897)	6.6	令和6年10月13日
高　知	952	(897)	6.1	令和6年10月9日
福　岡	992	(941)	5.4	令和6年10月5日
佐　賀	956	(900)	6.2	令和6年10月17日
長　崎	953	(898)	6.1	令和6年10月12日
熊　本	952	(898)	6.0	令和6年10月5日
大　分	954	(899)	6.1	令和6年10月5日
宮　崎	952	(897)	6.1	令和6年10月5日
鹿児島	953	(897)	6.2	令和6年10月5日
沖　縄	952	(896)	6.3	令和6年10月9日
全国加重平均額	1,055	(1,004)	5.1	―

02　最低賃金の決定

　地域別最低賃金については、あまねく全国各地域について決定されなければならないこととされ（最低賃金法第９条第１項）、これを定めるにあたっては、地域における労働者の生計費、賃金、通常の事業の賃金支払能力を考慮するものとされている（同条第２項）。また、労働者の生計費を考慮するにあたっては、労働者が健康で文化的な最低限度の生活を営むことができるよう、生活保護に

係る施策との整合性に配慮するものとされている（同条第3項）。

　具体的に地域別最低賃金を決定するに当たっては、厚生労働大臣又は都道府県労働局長が、一定の地域ごとに、中央最低賃金審議会又は地方最低賃金審議会の調査審議を求め、その意見を聴いて決定することになる（法第10条第1項）。厚生労働大臣又は都道府県労働局長は、上記意見により難いと認めるときは、理由を付して、最低賃金審査会に再審議を求めなければならないものとされている（法同条第2項）。また、上記意見の要旨は公示され（第11条第1項）、これに対して該当地域の労使が異議申出をすることができる仕組みも設けられている（同条第2項）。

　この決定方法も、2007年の改正前は、審議会方式と労働協約拡張方式があった。審議会方式には、地域別最低賃金と産業別最低賃金があった。他方で、労働協約拡張方式は、一定の地域内の同種の労使の大部分に適用される労働協約があり、労働組合又は使用者の全部の合意により申請があったときであり、いずれも、最低賃金審議会に諮問されて検討の上、審議会が答申して労働大臣または都道府県労働局長が決定し公示するという仕組みになっていた。ところが、最低賃金法の2007年改正により、本来的な最低賃金は「地域別最低賃金」に事実上は一本化された（従前は、関係労使が、基幹的労働者を対象として、地域別最低賃金より金額水準の高い最低賃金を必要と定める場合に産業別最低賃金という制度があったが、これがなくなり、代わりに特定最低賃金が新設された）。そして、特定最低賃金は、任意の設置であり罰則もないというものであって、その役割を補足的な特別制度に後退されたことになる。なお、この特定最低賃金であるが、令和6年3月末現在で設定件数は224件、適用使用者数約85万人、適用労働者数約283万人とされている。なお、最近の動きとしては、福岡市の水道検針を担う非正規労働者の労働組合が、業務の受注企業の一部と結んでいる労働協定を、市全域に広げて待遇を改善するように求めた「地域的拡張制度」の適用申請について、福岡県は2024（令和6）年1月5日、適用を認める決定を出した。労働協定上の賃金の下限額が市全域で一律となり、給与の低い検針員の昇給につながった。これは、従然の労働協約拡張方針がなくなったので労組法18条の地域的一般的拘束力を活用して最低賃金を設定したものである。

03　最低賃金の対象となる賃金

　最低賃金の対象となる賃金は、通常の労働時間、労働日に対応する賃金に限られ、次の①〜⑥は除外される。

① 臨時に支払われる賃金（結婚手当、退職金など）

② 1か月を超える期間ごとに支払われる賃金（賞与、勤続手当等）

③ 所定労働時間を超える時間外労働に対して支払われる賃金（時間外割増賃金など）

④ 所定労働日以外の日の労働に対して支払われる賃金（休日割増賃金など）

⑤ 午後10時から午前5時までの間の労働に対して支払われる賃金のうち、通常の労働時間の賃金の計算額を超える部分（深夜割増手当など）

⑥ 精皆勤手当、通勤手当及び家族手当

04　最低賃金の計算方法

　支払われる賃金が最低賃金額以上となっているか否かを確認するためには、最低賃金の対象となる賃金額と適用される最低賃金額を以下の方法で比較することになる。

　まず、

① 時給制の場合には、単純に時給≧最低賃金額（時間額）であるか否か、

② 日給制の場合には、日給÷1日の所定労働時間≧最低賃金額（時間額）であるか否か、

③ 月給制の場合には、月給÷1か月平均所定労働時間≧最低賃金額（時間額）であるか否か、

④ 出来高制その他の請負制によって定められた賃金の場合には、出来高制その他の請負制によって計算された賃金の総額を、当該賃金計算期間に出来高払制その他の請負制によって労働した総労働時間数で割って時間当たり

の金額に換算し、これが最低賃金額（時間額）となるか否か、をそれぞれ確認することになる。

　なお、①〜④の組み合わせにより賃金が支給される方の場合、たとえば、基本給は日給制であるけれども、職務手当などの諸手当については月給制であるような場合には、基本給については②の計算式、諸手当については③の計算式を用いてそれぞれ時間額に換算した上ふたつを足して、その合計額と最低賃金額（時間額）とを比較することになる。

05　最低賃金の適用除外

　最低賃金は、原則として事業場で働く正規労働者、非正規労働者などのすべての労働者に適用される。しかしながら、心身の障害により著しく労働能力の低い者に対しても適用すると、することが適切ではない場合もあり、次の①〜④の場合には、使用者が都道府県労働局長の許可を受けることを条件に個別に最低賃金の適用除外が認められる。

---

① 精神又は身体の障害により著しく労働能力の低い者
② 試用期間中の者
③ 基礎的な技能等を内容とする認定職業訓練を受ける者
④ 次のイ〜ハのいずれかに該当する者
　　イ　所定労働時間の特に短い者
　　ロ　軽易な業務に従事する者
　　ハ　断続的労働に従事する者

VI. 割増賃金

01 割増賃金とは

　割増賃金とは、いわゆる不規則な労働に対して、その負担にこたえるために通常よりも高額の賃金を支払うものであり、労働者の重い負担に報いるとともに、使用者にそのような不規則な勤務が多くならないように経済的な負担を重くするというものである。

02 時間外労働と割増賃金は

　長時間労働による健康阻害などの弊害を避けるため、使用者は、労働者に、休憩時間を除いて、1週40時間を超えて労働させてはならず、かつ、1日8時間を超えて労働させてはならないと定められている（労基法32条）。使用者がこの基準を超えて労働者に時間外労働をさせた場合には、割増賃金を支払わなければならない（法37条1項）。具体的な割増率は、時間外労働については2割5分とされている（割増賃金令）。

　使用者は、いわゆる「36協定」（時間外労働及び休日労働協定）を事業場における過半数組合などと締結することで、法律的な限度内で、その定めに従う限り、時間外労働を行わせても、労基法違反という刑事責任を問われない。しかし、36協定があるからといって割増賃金を支払う義務を免れるということにはならない。労基法37条1項の規定は、一見、36協定が締結された場合を指しているように読めるが、それだけではなく、36協定などがない違法な時間外労働であるときにも、当然に割増賃金を支払わなければならないとされている。

03 時間外労働の1月60時間超の場合

　2008（平成20）年の労基法改正（2010（平成22）年施行）により、時間外労働が1か月について60時間を超えた場合には、その超えた時間の労働については、通常の労働時間の賃金の計算額の5割以上の率で計算された割増賃金を支払わなければならないとされた（法37条1項ただし書き）。労働力人口が減少する一方、景気が低迷して長時間労働者の割合が高どまりしているということから、長時間労働抑制のために行われた改正といえる。ただ、この規定は、当分の間、中小企業主には適用がないとされた（法138条。ようやくこの適用猶予の措置は2023（令和5）年4月1日からなくなった）。なお、通常の割増率は2割5分であるが、それよりも引き上げられた部分については、労働者の健康確保という観点から、労使協定を締結した場合は、割増賃金の支払いに代えて有給休暇の付与で代替することが可能になる（法37条3項）。

04 休日労働と割増賃金は

　労基法35条1項は、使用者は労働者に、毎週少なくとも1日の休日を与えなければならないと定めている。また同時に、1日8時間、1週40時間を法定労働時間としていることから、週休2日制を当然想定しているともいえよう。ただ、明確には週休2日制を要求しているわけではない。ところで、この労基法の1週1回の休日は労基法の求める最低限度の休日であり、法定休日といわれる。法定休日に労働させた場合には、労基法37条1項及び割増賃金令によって、3割5分の割増賃金を支払う必要がある。ただし、その休日に1日8時間を超える労働がなされた場合でも、そもそも休日には法定の労働時間はなく、所定労働時間もないことから、したがって、時間外労働もなく、割増賃金の額は3割5分増のままでよいことになる。

　これに対して、最低限度を超える法定外休日（会社休日）の場合には、1週40時間、1日8時間という法定労働時間の限度があり、それを超える場合には2割

５分増の割増賃金を支払わなければならない。

　このように法定休日か、法定外休日（会社休日）かによって取扱いが異なるため、週休２日制の場合には、就業規則などでどちらを法定休日にするかについてあらかじめ定めておくのがよい。

05　休日の振替と代休の場合

　休日の振替とは、ある休日をあらかじめ特定して別の日に振り替えることをいう。たとえば、もともと日曜日が休日とされている場合に、あらかじめその３日後の水曜日を振替休日とし、日曜日に労働させるような場合である。このとき、振替先をあらかじめ示した場合には、水曜日が休日となり、日曜日が労働日となる。そして、振り替えた後の状況が週休１日の原則に反しないのであれば、日曜日に労働しても休日労働とはならず、休日労働としての割増賃金の支払いは不要である。なお、休日振替の要件としては、事前（前日の勤務時間終了時刻まで）に、交換する両方の日を特定して労働者に周知することが必要で、法定休日の場合にはさらに４週間以内の範囲で交換しなければならない。法定外休日に労働させる場合には、労基法上の休日労働にはあたらないので、このような事前の振替手続を取る必要は、労基法上はない。会社として振替制度を定める場合には、労基法の制限はかからないので、４週間以内に振り替えなくとも、年間を通じて振り替えることができる。

　これに対して、代休とは、あらかじめ振替先を指定せずに休日に労働させ、後にこれに代わる休日を与える場合である。例えば、日曜日が休日とされている時に、あらかじめ振替先を指定せずに日曜日に労働させ、後にこれに代わる休日として水曜日を指定するような場合である。休日の変更はあらかじめされていないので、日曜日の労働は休日労働となり、３割５分の割増賃金の支払が必要となる。他方で、振り替えられた水曜日はあくまで労働日であるが、就労を免除された日ということになり、法的な性格は休暇となる。

06 深夜労働と割増賃金は

　使用者が労働者を午後10時から午前5時までの間、労働をさせた場合には、通常の労働時間の賃金の2割5分以上の率で計算した割増賃金を支払わなければならないとされている。深夜は本来、人間は睡眠による休息を取るべき時間帯であることから、健康に有害といわれる深夜の労働を制限するために割増賃金の規定が定められているわけである。また、時間外労働と深夜労働が重複した場合、休日労働と深夜労働とが重複した場合、それぞれの割増率は合算され、前者は5割以上、後者は6割以上の割増率となる。

　なお、管理監督者については、労基法41条により、時間外、休日労働に対する割増賃金の支払義務はないが、深夜割増については適用除外とされておらず（昭和63. 3.14基発第150号）、割増賃金の支払いが必要である。これは、時間外労働や休日労働に関する規定と（労基法37条1項、割増賃金令）、深夜割増に関する規定（労基法37条3項）で定め方を分けていることからもわかるように、法は、深夜割増については長時間労働等とは別の考え方に基づき割増賃金を支払うべきとしていることによる。ちなみに新設された高度プロフェッショナル業務（労基法41条の2）については、深夜労働の割増の必要もないとされている。

07 割増賃金の計算方法

　割増賃金は、「通常の労働時間の賃金」または「通常の労働日の賃金」に割増率を乗じて計算される（労基法37条）。「通常の労働時間の賃金」等については、規則19条で、以下のように計算方法が決まっている。

① 時間により定められた賃金については、その金額。
② 日により定められた賃金については、その金額を1日の所定労働時間数（日により異なる場合は平均時間）で割った賃金。
③ 週により定められた賃金については、その金額を1週の所定労働時間数

（週により異なる場合には平均時間）で割った金額。

④ 月により定められた賃金については、その金額を1月の所定労働時間数
（月により異なる場合は平均時間）で割った金額。

　これらに時間数をかけ、割増率を乗じれば割増賃金の総額が計算されること
になる。

　なお、割増賃金は、労基法上その算定基礎から除外されるものが限定列挙さ
れている。それ以外の手当等は算入しなければならない。

　除外されるのは、以下のとおりである（労基法施行規則21条）。

---

a　家族手当

b　通勤手当

c　別居手当

d　子女教育手当

e　住宅手当

f　臨時の賃金

g　1か月を超える期間ごとに支払われる賃金

　これらが除かれるのは、労働時間と関係なく個人的事情に応じて支払われて
いるもの、計算技術上割増賃金に算入しにくいことが理由となっている。

　除外賃金にあたるかは、必ずしもa～gの名称によらなくとも実質的にa～g
の各手当等といえるかどうかで判断される。年俸制で、その中にあらかじめ確
定した額で、夏期・冬期賞与が組み込まれている場合には、割増賃金計算から
除外されている臨時の賃金には当たらず、割増賃金の算定基礎に組み入れなけ
ればならないことになる。

　「在宅勤務手当」については、この除外賃金に該当しないのかが問題となった。
というのは、コロナ流行のため在宅勤務等のテレワーク勤務を行った場合に、「在
宅勤務手当」として支給されることが多くなったが、これまでの取り扱いでは
在宅勤務手当も除外賃金に該当せず、算定基礎に入れることになっていた。と

ころが、厚生労働省は、令和6年4月5日付「割増賃金の算定におけるいわゆる在宅勤務手当の取扱いについて」(令6・4・5基発0405第6号)を発出した。その通達の内容は以下のとおりである。

1 在宅勤務手当

いわゆる在宅勤務手当については、労働基準法関係法令上の定めはなく、企業においては様々な実態がみられるが、一般的には法第37条第5項及び則第21条に規定する賃金に該当しないと考えられるため、当該手当が法11条に規定する賃金に該当する場合には、割増賃金の基礎となる賃金に算入されることとなることと原則を述べ、他方で、一方、各企業において支給される在宅勤務手当が、以下の2及び3に照らして、事業経営のために必要な実費を弁償するものとして支給されていると整理される場合には、当該在宅勤務手当については法11条に規定する賃金に該当せず、割増賃金の基礎となる賃金への算入は要しないこと

2 実費弁償の考え方

在宅勤務手当が、事業経営のために必要な実費を弁償するものとして支給されていると整理されるためには、当該在宅勤務手当は、労働者が実際に負担した費用のうち業務のために使用した金額を特定し、当該金額を精算するものであることが外形上明らかであること

このため、就業規則等で実費弁償の計算方法が明示される必要があり、かつ、当該計算方法は在宅勤務の実態(勤務時間等)を踏まえた合理的・客観的な計算方法である必要があること

このことから、例えば、従業員が在宅勤務に通常必要な費用として使用しなかった場合でも、その金銭を企業に返還する必要がないもの(例えば、企業が従業員に対して毎月5,000円渡切りで支給するもの)等は、実費弁償に該当せず、賃金に該当し、割増賃金の基礎に算入すべきものとなること

3 実費弁償の計算方法

在宅勤務手当のうち、実費弁償に当たり得るものとしては、事務用品等の購入費用、通信費(電話料金、インターネット接続に係る通信料)、電気料金、レンタ

ルオフィスの利用料金などが考えられるところ、これらが事業経営のために必要な実費を弁償するものとして支給されていると整理されるため必要な「在宅勤務の実態（勤務時間等）を踏まえた合理的・客観的な計算方法」としては、以下の方法が考えられること（以下略）

4　その他

　既に割増賃金の基礎に算入している在宅勤務手当（実費弁償に該当するもの）を２及び３に照らして割増賃金の基礎に算入しないこととする場合、労働者に支払われる割増賃金額が減少することとなり、労働条件の不利益変更に当たると考えられるため、法令等で定められた手続等を遵守し、労使間で事前に十分な話し合い等を行うことが必要であることに留意すること

　要は、在宅勤務手当が実費弁償の実態を持っている場合には、賃金ではないから、割増賃金の計算の算定基礎に入れる必要はないというものである。

08　出来高払いと割増賃金

　出来高払いとは、工場作業員やタクシーの運転手が製造などした仕事の量や売り上げ額などに応じて一定の比率で賃金を支払う仕組みのことをいう。

　出来高払いの割増賃金については、労働基準法施行規則19条1項6号に規定がある。計算方法は、その賃金算定期間（賃金締切日がある場合には、賃金締切期間）において出来高払い制その他の請負制によって計算された「賃金の総額」を当該賃金算定期間における「総労働時間数」で除した額、ということになる。出来高払いの場合、賃金は、労働時間に対して支払われるというより、出来上がった仕事に対して支払われるので、仕事に対する賃金の総額を、所定労働時間ではなく、総労働時間で割った額が時間当たりの基礎賃金となる。

　そして通常の場合、割増率を乗じる場合には、1.25や1.35をかけるが、出来高払いの時には0.25や0.35をかけることになる。何故なら、「1」の部分については、すでに賃金総額に含まれ支払われていると考えるからである。そのた

め、単価を計算する場合にも、所定労働時間数ではなく、実際の総労働時間数で割るのである。ちなみに、完全歩合給制度は労基法上禁止されている。労基法27条は、出来高払制その他の請負制で使用する労働者については、使用者は、労働時間に応じて一定額の賃金の保障をしなければならないと定めている。これは労働者の責めに基づかない事由により、各月においてあまりにも実収入が減ってしまうというような事態を避けるためのものであり、保障給の額を算定するにあたっても、その点を考慮して算定すべきである。

　なお、後述するとおり、現在タクシー運転手の賃金と残業代の問題が、訴訟で数多く争われているが、多くは定額残業代の問題とされているが、その特殊性は、基本歩合給制度が採られており、A型賃金、B型賃金、AB型賃金といわれているものがあるので紹介する。

（1）A型賃金

　A型賃金というのは、固定給と歩合給と賞与より構成されている賃金形態である。i 固定給は、基本給とその他の手当で構成され、ii 歩合給は一定の売上を超えた分に対して発生するものであり、iii 賞与は毎月の売上額から一定割合を賞与として積み上げるものである。固定給は通常は変動しない場合が殆どであるが、タクシー会社によっては、1か月の売上のノルマを下回ると固定給部分が減額されるものもある。

　A型賃金のメリットは、固定給がしっかりと存在していることから、安定しているということである。

　他方で、A型賃金の問題点としては歩合給部分が少なくなるために、そのタクシードライバーが売上が上がらなかった場合にはもらえる給料は少なくなってしまう。

（2）B型賃金

　B型賃金は、完全歩合給型の賃金である。頑張れば頑張るだけ稼げるという意味ではこの形態を希望するタクシー運転手が多い。

　B型賃金のメリットとしては、給与形態の中では最も分かりやすく、月間売上高

×歩合率という計算で給料が決定される。経験豊富のタクシードライバーにとっては、一番稼ぎやすい賃金形態である。また、タクシー会社にとっても売上の上がらない場合に給料を多めに支払う必要がなく、その分リスクは少ないといえる。

他方、デメリットとしては、給与が売上の多寡に直結するために、安定性がないということができる。

（3）AB型賃金

AB型賃金とは、固定給（基本給＋その他の手当）と歩合給（一定の売上を超えた分に発生するもの）と賞与からなり、売上の内の一定割合を年2～3回の賞与として支給する。

AB型賃金のメリットとしては、A型賃金の安定性というメリットと、B型賃金の成功報酬といえる性格のメリットを併せ持っているといえる。また、月々頑張った分は、賞与として支払われるので、賞与の金額も上がる。また、同じ年収の場合には社会保険料はB型賃金よりも安くなる。

他方、デメリットとしては、AB型と一言でいっても、A型に近いのか、B型に近いのか、タクシー会社毎に違いがあり、一概に判断することはできない。

09 サービス残業とは

サービス残業とは、賃金不払い残業、すなわち、所定労働時間外に労働時間の一部又は全部に対して所定の賃金又は割増賃金を支払うことなく、労働を行わせることであり、これは労基法に違反するとしている（厚労省の定義）。このように、厚労省の定義によれば、所定労働時間外であれば、サービス残業に当たるということになるが、所定労働時間外であっても法定労働時間に達するまでの労働（いわゆる法内残業）については、賃金請求権を放棄することが可能なのでサービス残業には当たらないとする考え方もあるが、法内残業について真の意思で賃金請求権を放棄したと認められない限り、そのような認定は安易にするべきではないであろう。いずれにせよ、サービス残業としてその請求をする以上は、その法内残業部分についてその請求権を放棄したという主張は期待できないであろう。

いずれにしても、1週40時間、1日8時間という法定労働時間部分について
は、労基法37条で割増賃金支払義務が使用者に課せられており、この規定は強
行法規であるので、たとえ労使合意の上で、割増賃金を支払わない旨を合意し
たとしてもその合意は無効である。

10 管理監督者と割増賃金

　労基法41条2号は、管理監督者については労働時間、休憩、休日に関する規
制を適用しないと定めている。管理監督者は、経営者と一体的地位・立場にあ
り、配下の労働者の労働条件を決定し、労務管理を行う者であって、職務内容や
勤務態様が時間管理になじまないとされているためである。

　割増賃金については、時間外、休日については適用が除外されるが、深夜割増
賃金の規定は除外されない。したがって、深夜割増については会社に支払義務
がある。この点は、🐝ことぶき事件上告審（最高裁平成21年12月18日判決、
労働判例1000号5頁）では、「労基法41条は、同法第4章、第6章及び第6章の
2で定める労働時間、休憩及び休日に関する規定は、同条各号の一に該当する労
働者については適用しないとし、これに該当する労働者として、同条2号は管理
監督者等を、同条1号は同法別表第1第6号（林業を除く）又は第7号に掲げる
事業に従事する者を定めている。一方、同法第6章の中の規定であって年少者
に係る深夜業の規制について定める61条をみると、同条4項は、上記各事業に
ついては同条1項ないし3項の深夜業の規制に関する規定を適用しない旨別途
規定している。こうした定めは、同法41条にいう「労働時間、休憩及び休日に関
する規定」には、深夜業の規制に関する規定は含まれていないことを前提とする
ものと解される。以上によれば、労基法41条2号の規定によって同法37条3項
の適用が除外されることなく、管理監督者に該当する労働者は同条に基づく深夜
割増賃金を請求することができるものと解するのが相当である」と述べている。

　管理監督者とは、部長、工場長等労働条件の決定その他労務管理につき経
営者と一体的立場にある者をいうとされている（昭和22.9.13基発17号、昭和
63.3.14基発150号）。通達によれば、管理監督者の範囲を定めるにあたっては、

62

企業の職位や資格等の形式にとらわれるべきでなく、職務内容、責任と権限、勤務態様に着目するおそれがあること、また、賃金等の待遇面についても留意すべきこと、が定められている。近年、いわゆる「名ばかり管理職」が判例上も問題となり、そのことから、多店舗化する小売業等における判断基準として、厚労省はさらなる通達を出している。

有名な 🏃 **日本マクドナルド事件**（東京地裁平成20年1月28日判決・判例時報1998号149頁）は、外食チェーン店の店長が長時間労働で過労となり健康を害したとして残業代の請求と健康を害したことによる損害賠償請求をしたという事件で、判決はその店長の管理監督者性を認めずに「原告が監督者に当たるといえるためには、店長の名称だけではなく、実質的に以上の法の趣旨を充足するような立場にあると認められるものでなければならず、実質的には、①職務の内容、権限及び責任に照らし、労務管理を含め、企業全体の事業経営に関する重要事項にどのように関与しているか、②給与（基本給、役職手当等）及び一時金において、管理監督者にふさわしい待遇がされているか否かなどの諸点から判断すべきであるといえる」と述べ、管理監督者であることを認めなかった。

それを受けた厚労省の前記通達によれば、職務内容、責任と権限については、採用権限、解雇権限、人事考課の権限、労働時間管理の権限があるか等、また、勤務態様については、遅刻早退等に関する不利益な取り扱いがされるか、労働時間に関する裁量があるか、部下の勤務態様と相違があるか等、さらに、賃金等の待遇に関しては、基本給や役職手当等の優遇措置があるか否か、支払われた賃金の総額、時間単価などによって判断すべきとされている。

11 いわゆる定額残業手当の効力

毎月の月給は固定された額のものとして定め、そのうち時間外労働分を含むものとしたり、月何時間分の時間外労働分として、あるいは額自体を固定して定額制の残業代を支払うものとしたりするのが、いわゆる定額残業手当である。その定額には2種類あり、定額の手当の名目で支払う場合と、基本給の一部とし

て支給する場合とがある。

　このような手当が有効なものとするには、明白に、当該月給のうち、何時間分の時間外労働を含むのか、あるいは、金額にしていくらの部分が時間外労働にあたるのかということを定めて労働者に示すことが必要であり、そして、実際に労働時間を把握管理し、実労働時間が固定残業代を超える場合には、その超過分を加算して支給するという事も必要である。このような定額残業手当が生まれたのには次のような背景事情がある。

（1）定額残業代の生まれてきた背景事情

　何時から定額残業代という仕組みが考案されたのかについては無論明白な根拠はないが、元労働省監督課中央労働基準監察監督官中川恒彦氏の論考によると、1987（昭和62）年の労基法改正により、労基法38条の2（事業場外労働の時間外みなし）の規定が創設されたからではないかという指摘がある「定額残業代に関する裁判例の動向から見る実務上の留意点」（労務事情2024・2・1号）。

　その労基法38条の2の第1項は、「労働者が労働時間の全部又は一部について事業場外で業務に従事した場合において、労働時間を算定し難いときは所定労働時間労働したものとみなす。ただし、当該業務を遂行するためには通常所定労働時間を超えて労働することが必要となる場合においては、当該業務に関しては、厚生労働省令で定めるところにより、当該業務の遂行に通常必要とされる時間労働したものとみなす」と定められ、それまでは、事業場外労働についてすべて「通常の労働時間労働したものとみなす」と定められていた（旧労基規則22条「労働時間が出張、記事の取材その他事業場外で労働時間の全部又は一部を労働する場合で、労働時間を算定し難い場合には、通常の労働時間労働したものとみなす」）ことから、事業場外労働を行う労働者にとって、割増賃金を支払う場合があることが認められるようになった。営業社員であれば、それまでは営業手当を支払ってさえすればそれで仮に時間外労働というものがあったとしてもすべて支払い済みであるということができたわけであるが、その後は、時間外手当を支払うべき事態が発生することになったわけであり、そうなると、これまで営業社員に支払ってきた営業手当は、実質は時間外労働に対する賃金であり、それ故にその営業手当を定額残業代と説明することにしたということ

であろう。

　この点は、その改正労基法の施行直後の1988（昭和63）年10月に出された関西ソニー販売事件（後出）の判旨で述べられているところである。これは会社がセールス手当の定額の手当につき、定額残業代とすることは許されること、及び、不足分は支払わなければならないことを示している。

　たとえば、🔹**高知県観光事件判決**（最高裁平成6年6月13日判決・判例時報1502号149頁）は、賃金が固定残業代を含むものとして支払われているとしても、通常の労働時間の賃金に当たる部分と時間外深夜労働の割増賃金に当たる部分とが判別できないものであるときは、固定残業代が支払われていたとすることはできないとしている。また、🔹**テックジャパン事件**（最高裁平成24年3月8日判決・労判1060号5頁）では基本給41万円を支給し、月間総労働時間が180時間を超えた場合にはその超えた時間につき1時間当たり一定額を別途支払い、総労働時間が140時間に満たない場合には満たない時間につき一定額を控除するという定めをしていた会社について41万円のうちの通常の労働時間の賃金に当たる部分と時間外手当に当たる部分とが区別されていないこと、180時間以内で時間外労働がされても基本給が増額されていないことから、180時間以内の時間外労働部分については割増賃金を支払われたとはいえないと判断した。このように、定額残業手当については、時間外に当たる部分を基本給と明確に区分し、実際の労働時間が超過した場合は時間外として支払うことが必要である。労働契約を締結する際には、書面交付により、その点を明確に示して提示するべきこと（労基法15条）となる。通常の賃金部分と割増賃金部分とが区別できない場合は、固定残業代を支払ったものとはいえず、別途残業代を支払わなければならないことに加え、割増賃金算定の計算において、会社として固定残業代であると考えている部分も含めた賃金の総額を算定基礎額に入れて計算すべきことになり、二重の意味での是正が必要となる。

　なお、定額残業代の要件としての割増賃金部分の明確区分制につき、時間数の特定、金額の特定のいずれが必要かという問題があり、時間明示タイプと金額明示タイプがある。テックジャパン事件判決の最高裁判事であった櫻井龍子氏は時間数の特定と金額の特定の双方が必要と判断したが、一方でよいと考える。以下、定額残業代が争われた事件につき紹介する。

（2）定額残業代の判決の紹介

❄①小里機材事件

（東京地裁昭和62年1月30日判決、労働判例523号10頁）

（東京高裁昭和62年11月30日判決、労働判例523号14頁）

（最高裁昭和63年7月14日判決、労働判例523号6頁）

‥‥‥‥‥‥‥‥‥‥‥‥‥‥‥‥‥‥‥‥‥‥‥‥‥‥‥‥‥‥‥‥‥

　1月15時間の時間外労働に対する割増賃金が基本給に含まれることを合意しているとの会社の主張に対して、一審判決は、「仮に、月15時間の時間外労働に対する割増賃金を基本給に含める旨の合意がされたとしても、その基本給のうち割増賃金に当たる部分が明確に区分されて合意がされ、かつ労基法所定の計算方法による額がその額を上回るときはその差額を当該賃金の支払期に支払うことが合意されている場合にのみ、その予定割増賃金を当該月の割増賃金の一部または全部とすることができると解すべき」と判断し、控訴審判決、最高裁判決もそれを支持している。

❄②関西ソニー販売事件

（大阪地裁昭和63年10月26日判決、労働判例530号40頁）

‥‥‥‥‥‥‥‥‥‥‥‥‥‥‥‥‥‥‥‥‥‥‥‥‥‥‥‥‥‥‥‥‥

　時間外労働手当に代えて一定額を支払うという定額残業手当は、労基法所定の計算方法による金額以上の金額を支払っていれば労基法37条違反ではないが、現実の時間外労働に対する割増賃金額が定額を上回るときはその分を使用者に請求できること、労基法所定の計算方法ではなくとも結果として労基法所定の計算による割増賃金が支払われているか否かが問題となり、労基法所定の計算による割増賃金が支払われていない場合には、差額の請求権が発生すると判断したが、不払い分はないとして原告の請求を棄却した。

❄③高知観光事件

（最高裁平成6年6月13日判決、労働判例653号12頁）

‥‥‥‥‥‥‥‥‥‥‥‥‥‥‥‥‥‥‥‥‥‥‥‥‥‥‥‥‥‥‥‥‥

　歩合給制（オール歩合制で歩率は月間運賃収入の45％とされていた）のタクシー乗務員Ｘについて、「Ｘらに支給された前記の歩合給の額が、Ｘらが時間外及び深夜の労働を行った場合においても増額されるものではなく、通常の労

働時間の賃金に当たる部分と時間外及び深夜の割増賃金に当たる部分とを判別することもできないものであったことからして、この歩合給の支給によって、Xらに対して法37条の規定する時間外及び深夜の割増賃金が支払われたとすることは困難なもの」と判断して、割増賃金の支払いを命じた。

④城南タクシー事件

（徳島地裁平成8年3月29日判決、労働判例702号64頁）

　被告会社のタクシー運転手の給料はオール歩合給であった（歩率は45%、ノルマ達成しない場合は40%）が、労基署の指導で平成元年等に賃金規定を改訂したが、賃金規定上は、基本給、歩合給、時間外労働に対する割増賃金等を支給することが定められているものの、これらの賃金を算出するための計算式等を当てはめると、水揚げ高に対して一定の歩合給を支給するのと同様な結果になっていたと認定された。

　「…被告は、平成元年に賃金の計算方法を改訂するに際して、従前通りに水揚げ高に対する歩合給の支給とするため、最終的に本件歩合給となるように賃金規定の歩合給等の計算に用いる概算支給率、歩合率を定めたものというべきであって、右改訂によって、通常の労働時間の賃金にあたる部分と、時間外労働等の割増賃金に当たる部分とに判別し得るものになったともいえない。そうすると、被告が原告らに支払っている賃金は、その定める賃金規定によるも、結局、そのうちに時間外労働等に対する割増賃金が含まれているものということができず、被告は、平成元年に賃金規定が改訂されてからも、原告らの時間外労働等に対する割増賃金を支払ってこなかったものというべきである」として、差額の割増賃金と付加金の支払いが命じられた。

⑤徳島南海タクシー事件

（高松高裁平成11年7月19日判決、労働判例775号15頁）

　協定書において、「超勤深夜手当（歩合割増含）5万600円」が固定給に含まれる旨が記載されていたが、問題は、通常の労働時間の賃金に当たる部分と労基法37条の定める割増賃金に当たる部分とに判別することができるのかということであった。

「名目的に定額の割増賃金を固定給に含ませる形の賃金体系がとられているにすぎない場合に、そのことのみをもって、前記のような時間外・深夜割増賃金の計算が可能であるとし、その部分について使用者が割増賃金の支払いを免れるとすれば、労働基準法37条の趣旨を没却することとなる。したがって、右のような超勤深夜手当に係る定めは、実質的にも同条の時間外・深夜割増賃金を含める趣旨で合意されたことを要するというべきである」

「本件協定書等の賃金体系は、その内容自体、形式的な定めとは異なり、実質歩合制と考える方が自然である上、定められた超勤深夜手当は定額であるが、その算定根拠は明らかではなく、また、被控訴人らに交付された賃金明細書も歩合制であることを疑わせるものがあり、労働基準監督署の勧告等に対する控訴人の対応も控訴人自身が実質歩合制であることを認めていたとも考えられるのであって、これらを総合すると、本件協定等における超勤深夜手当が、水揚額に賃金比率を乗じた総支給額の中の多目的な内訳であるという以上に、労働基準法37条の定める時間外・深夜割増賃金の実質を有するものとはいいがたく、本件協定等において、時間外・深夜割増賃金を固定給に含める旨の実質的な合意があったと認めることはできない」と述べて、差額の割増賃金と付加金の支払いを命じた。

この判決は、労基法37条の割増賃金が支払われたという以上、形式的に通常の労働時間の賃金にあたる部分と時間外及び深夜の割増賃金に当たる部分と判別することができるだけでなく、実質的にも同条の割増賃金が支払われたといえることが必要であると判断したものということができる。

⑥創栄コンサルト事件

（大阪地裁平成14年5月17日判決、労働判例828号14頁）

（大阪高裁平成14年11月26日判決、労働判例849号157頁）

（上告不受理最高裁平成15年5月30日決定、上告棄却、不受理）

年俸制社員について、基本給に時間外割増賃金を含むとの合意をしても、「年俸制を採用することによって、直ちに時間外割増賃金等を当然支払わなく

て良いということにはならない」、「割増賃金部分が法定の額を下回っているか否かが具体的に後から計算によって確認できないような方法による賃金の支払方法は労基法37条に違反するものとして無効と解するのが相当である」と判断して、年俸社員からの残業代の請求が認められた。

⑦モルガン・スタンレー証券事件

（東京地裁平成17年10月19日判決、労働判例905号5頁）

　年俸制の労働者で、基本給だけでも183万円を超える高額の賃金の労働者で、ⅰ給与が労働時間を対象にしていないこと、ⅱ労働時間管理がなされていないこと、ⅲ高額の報酬を受けていたことから、支給される毎月の基本給の中に所定労働時間の対価と所定時間外労働の対価とが区分されることなく入っているので、労働者の保護に欠けることが無く労基法37条の制度趣旨に反することがないということで、基本給の中に所定時間外労働に対する評価が含まれている旨の合意は有効であるとの判断をして原告の請求を棄却した。

⑧大虎運輸事件

（大阪地裁平成18年6月15日判決、労働判例924号72頁）

　Y社におけるトラック運転手の給与は完全歩合給制であるが、Y社は、最低保障額が13万円であり、歩合給のうち「13万円は基本給として支給され、これを差し引いた金額に、時間外手当、休日手当、深夜手当が含まれていた」と主張した。

　「Xらに支給された歩合給の額は、Xらが時間外労働、休日労働を行った場合に特段の増額がされた形跡はなく、通常の労働時間の賃金に当たる部分と時間外労働、休日労働の割増賃金に当たる部分とを判別することは困難である。したがって、上記歩合給が時間外手当、休日手当を含んでいると解することはできない」

　「Xらは、長距離トラックの運転業務に従事しており、その具体的な業務の内容は、午後9時から10時ごろに出発し、夜間走行を続け、午前7時前後もしくは午後0時前後に目的地に到着するというものであり、ほぼ、毎回、全深夜労働に当たる午後10時から翌朝午前5時までの業務を当然に含んでいたことが認め

られる。また、Xらの給与（歩合給）は、売上を前提とし、一定の経費率から算出したものであるところ、これらの売上は、昼間の走行であっても、夜間の走行であっても変わりはないものと考えられる（むしろ、昼間の走行である場合は、労働時間が長くなる可能性がある）。そうすると、Xらの給与（歩合給）は、上記の業務形態を当然の前提として定められていたことが認められ、深夜労働についての割増賃金を含むという合意が不合理とはいえない」

　この判決は、歩合給に時間外手当、休日手当を含んでいると解することはできないが、歩合給の深夜手当を含むという合意があったと認定し、未払割増賃金の請求及び付加金の支払いが命じられた。

⚖ ⑨山本デザイン事務所事件

（東京地裁平成19年6月15日判決、労働判例944号45頁）

　コピーライターとして勤務していた社員が時間外労働、休日労働、深夜労働手当について、会社は管理職であり管理監督者として取り扱われているとしてその請求棄却を求めたが、判決は労基法41条2号の適用を否定し、その上で役付手当3万円について、時間外労働の対価としての性質を有するとして、残業代の未払い分から控除すると判示した。

⚖ ⑩ザ・ウィンザーホテルズインターナショナル事件

（札幌高裁平成24年10月19日判決、労働判例1064号37頁、一審札幌地裁平成23年5月20日判決、労働判例1031号81頁）

　一審判決は、ホテルの料理人またはパティシエとして、平成19年2月に年収624万円、月額52万0191円として契約を結んでいたが、その後、平成20年4月に年収500万円（月額基本給22万4800円、職務手当15万4,400円）として賞与年額を基本給の2か月分と値下げの合意をしたが、残業代の支払いにつき、会社は職務手当が95時間分の定額の時間外手当であると主張した。裁判所は、職務手当が95時間分の時間外手当として合意されていると解することはできず、月45時間分の通常残業の対価として合意されて支払われてきたと認定し、45時間を超えてなされた時間外労働等の支払いを命じ、付加金請求も認めた。また、控訴審も一審判決を踏襲して、控訴を棄却した。

⑪三和交通事件

（札幌地裁平成23年7月25日判決、労働判例1123号127頁）

　Y社の賃金は、賃金規定では形式的には基本給、歩合給、割増賃金の計算根拠が明確にされていたが、実質はオール歩合給であり、運転手の賃金額は、「営収×0.54（平成21年6月までは0.55）＋休業控除」の計算式で算定されていた。

　「Y社の賃金規定の定めは、その実質においていわゆる完全歩合制であって、その規定上、時間外・深夜手当や歩合給割増給を支給するものとはされているものの、結局、その増額分はY社の定めた算定方法の過程においてその効果を相殺させる結果、Y社の支給する賃金は、Xらが時間外及び深夜の労働を行った場合において、そのことによって増額されるものではなく、場合によっては歩合給が減額されることすらありえる。そうすると、その実質において法37条の趣旨を潜脱するものとして、その全体を通じて同条に違反するといわざるを得ず、Y社の賃金の支給によって、Xらに対して法37条の規定する時間外及び深夜の割増賃金が支払われたとすることは困難なものというべきである」

　その上で、「Y社の賃金規定の実質はいわゆる完全歩合制を趣旨とするものであり、…本件においては、営収に54ないし55％を乗じた支給金額を、法37条1項所定の「通常の労働時間又は労働日の賃金」に当たるものと解するのが相当である。

　以上によれば、Y社においてXらに対し、営収に54％ないし55％を乗じた金額を総労働時間で除した時間当たりの単価に、各請求にかかる時間外労働や深夜労働時間及びそれぞれこれらに対応する法令所定の割合を乗じた金額を、時間外及び深夜の労働について、法37条及び労基法施行規則19条1項6号の規定に従って計算した額の割増賃金を支払う義務があることになる」と判示した。

⑫テックジャパン事件

（最高裁平成24年3月8日判決、判例時報2160号135頁、労働判例1060号5頁）

　人材派遣会社であるY社の社員Xは基本給41万円として、1月の労働時間合計が180時間を超えた場合にはその超えた部分について定額（1時間当たり2,560円）を別途に支払い、月間総労働時間が140時間に満たない場合にはその

満たない時間につき1時間当たり一定額（1時間当たり2,020円）を控除するという合意が成立しているという事案であったが、判決は、「月額41万円の基本給について、通常の労働時間の賃金に当たる部分と同項の規定する時間外の割増賃金に当たる部分を判別することができない」ので、これでは月額41万円の支払いを受けたとしても、その支払いによって、月間180時間以内の労働時間中の時間外労働に対する割増賃金が支払われたことにはならず、月間180時間の中に含まれる時間外労働について、使用者は月額41万円の基本給とは別に割増賃金を支払う義務を負う」と判断した。

ところが、（櫻井裁判官の補足意見）では、一定時間の定額残業制をとる場合には、その旨が雇用契約上も明確にされていること、支給時に支給対象の時間外労働の時間数と残業手当額が明示されていること、さらに、この一定時間（例えば10時間）を超えて残業が行われた場合には所定支給日に別途上乗せして残業手当を支給する旨もあらかじめ合意されていることが必要と判断した。ただし、この最後の「別途追加して支払う旨の定め」は不要であり、その後の裁判例ではこの要件は採用されていない。

⚡⑬アクティリング事件

（東京地裁平成24年8月28日判決、労働判例1058号5頁）

不動産仲介会社で販売事業部の社員らが残業代を請求した事案であるが、賃金規程上は、営業手当を「時間外労働割増賃金で月30時間相当分として支給する」と規定していた。営業手当が時間外割増賃金に代替できるかどうかについて、「定額残業代の支払が許されるためには、「ⅰ実質的に見て、当該手当が時間外労働の対価としての性格を有していること（条件1）、ⅱ支給時に支給対象の時間外手当の時間数と残業手当の額が労働者に明示され、定額残業代によってまかなわれる残業時間数を超えて残業が行われた場合には別途精算する旨の合意が存在するか、すくなくともそうした取扱いが確立していること（条件2）が必要不可欠であるというべきである」とした上で、「営業手当は、営業活動に伴う経費の補充または販売事業部の従業員に対する一種のインセンティブとして支給されていたとみるのが相当であり、実質的な時間外労働の対価としての性格を有していると認めることはできない」として、営業手当は

残業代ではないと判断した。

⑭トレーダー愛事件

（京都地裁平成24年10月26日判決、労働判例1060号83頁）

　原告は、ホテルのフロント係をしていたが、ホテルが譲渡され、引き継いだ会社は月額27万円の給与を、基本給14万円、成果給13万円とし、通勤手当と宿直した場合の1回当たり3,000円の日当が支払われていた。残業代を請求したところ、会社は成果給は定額残業代として、約128時間分の残業代を支払っていると主張したが、判決は、「被告の給与体系は、時間外手当を支払わないための便法ともいえるものであって、成果給の中に基本給に相当する部分が含まれていると評価するのが相当である」として、成果給は基礎賃金に含まれるとともに、時間外手当を支払った旨の会社の主張は失当と述べた。

⑮イーライフ事件

（東京地裁平成25年2月28日判決、労働判例1074号47頁）

　会社は、営業社員については超過勤務手当に代えて精勤手当を支給すると定めるが、みなし残業合意が有効とされるためには、①当該手当が実質的に時間外労働の対価としての性格を有していること、②定額残業代として労基法所定の額が支払われているか否かを判定できるよう、その約定（合意）の中に明確な指標が存在していること、③当該定額（固定額）が労基法所定の額を下回るときは、その差額を当該賃金の支払い時期に精算するという合意が存在するか、少なくとも、そうした取扱いが確立していることが必要不可欠としたが、本件合意はその要件を満たしていないとして無効として、割増賃金の未払分と同額の付加金の支払いが命じられた。

⑯ファニメディック事件

（東京地裁平成25年7月23日判決、労働判例1080号5頁）

　会社の賃金規程には、基本給には75時間分の時間外労働と30時間分の深夜労働手当が含まれるとの規程があった。

判決は、「基本給の一定割合を時間外労働手当相当額及び深夜労働手当相当額として含む旨の規程がおかれている場合に、基本給に時間外労働手当が含まれていると認められるためには通常の労働時間の賃金に当たる部分と時間外及び深夜の割増賃金に当たる部分が判別できることが必要である」また、「会社の規程所定の時間外手当相当額が通常時間外の割増賃金のみを対象とするのか、休日時間外の割増賃金をも含むのかは判然とせず、当該賃金規程は割増賃金部分の判別が必要とされる趣旨を満たしているといい難い」と判断して、割増賃金と付加金の支払いを認めた。

　定額残業手当と基本給とは区別していても、そればかりでなく、時間外労働割増賃金、深夜労働割増賃金、休日労働割増賃金の金額との区分を規定しておくべきということになる。

⑰泉レストラン事件

（東京地裁平成26年8月26日判決、労働判例1103号86頁）

　コンビニの店長2名がコンビニ運営の会社に対し、残業代等の請求をしたが、その契約書の賃金欄には「月額250,000円」、欄外に「月俸には、金75,000円の時間外手当を含む」と記載されていた。判決は、この定額残業制につき、恒常的に発生する時間外労働の対価として合理的に定められたものとはいえないとして無効と判断され、残業代の支払い請求を認め、75,000円の控除は認められなかった。

⑱穂波事件

（岐阜地裁平成27年10月22日判決、労働判例1127号29頁）

　食事店舗の店長が管理監督者として取り扱われていたが、この取扱いは無効とされて、その店長に支払われていた管理職手当が固定残業代であるとの主張についても、83時間相当分のみなし残業手当につき、「相当な長時間労働を強いる根拠となるものであって、公序良俗に違反するといわざるを得ず、これが原告と被告との間で合意されたということはできない」と判断した。

⚖ ⑲コロワイドMD事件

（横浜地裁平成26年9月3日判決、労働判例1171号81頁）

（東京高裁平成28年1月27日判決、労働判例1171号76頁）

（最高裁平成28年7月12日判決、労働経済判例速報2296号9頁）

　料理店の料理長という業務を行っていたが、退職後に残業代の請求を行ったところ、契約書には業務手当が支払われており、それは時間外手当、深夜勤務手当、休日勤務手当、休日深夜勤務手当の代わりとして支払われていると定められ、不足がある場合には別途支払う旨も定められていた。一審判決は、業務手当については他の性質をも併有している手当ではなく、残業代の定め方として無効とはいえないと判断した。控訴審判決は業務手当が1月45時間の限度時間を超える70時間の時間外労働を目安としていても、それによって業務手当が違法になるとは認められないとして、業務手当の定額残業代性を有効と判断した。

⚖ ⑳無州事件

（東京地裁平成28年5月3日判決、労働判例1149号72頁）

　社員寮の調理師が、懲戒解雇後残業代を請求した事案であるが、入社の条件では、実働10時間、8時間相当の基本給が18万円、残業手当相当分が7万円と定められていたという事案で、他方で36協定がなく、判決は1日8時間を超える労働時間を定めた契約部分は無効と判断して、固定残業代とする7万円の手当については時間外労働等に対する支払いとしての効力を有するとはいえないとして、定額残業代としての効力を認めず、別途残業代と付加金の支払いが命じられた。

　この点は、本来支払われるべき残業代が計算できれば、金額明示のみでも差額の残業代は計算できるはずであり、定額残業代として無効とする必要はないと考える。

⚖ ㉑ドリームエクスチェンジ事件

（東京地裁平成28年12月28日判決、労働判例1161号66頁）

　会社の経理本部に所属する社員の役職手当につき、定額残業代とは認めな

かった事例であるが、判決は「主任以上の職階の者に対して支払われる役職手当の中には、主任以上の職責に対する手当の分も含まれるはずであるが、これと区別して時間外労働に対して支払われる額やこれに対応する時間外労働時間数は特に明示されていない」ことを理由に役職手当につき、部分残業代としての有効性を認めなかった。

　また、当該手当が、固定残業代としての意味を持ち、他方、管理職手当、職責に対する対価としての性格が混在する場合には、割増賃金の部分とその他の性格の部分とを区別できないことになり、明確区分性の要件に抵触し、部分残業代としての有効性が認められないという考え方もあるが、本判決はその考え方を採用した。

👟 ㉒鳥伸事件

（大阪高裁平成29年3月3日判決、労働判例1155号5頁　一審・京都地裁平成28年9月30日判決、同号12頁）

　鶏肉店の加工・販売業務に従事した労働者が退職後に残業代等の請求をした事案であるが、求人広告では、給与25万円とされ、雇用契約書では就業時間として「午前7時から午後7時30分まで」、賃金は「月給25万円―残業代含む」と記載されていた。一審判決は、「定額の手当が労働基準法37条所定の時間外等割増賃金の代替として認められるためには、少なくともその旨が労働契約内容となっており、かつ、定額の手当が通常の労働時間の賃金と明確に判別できることが必要である」とし、さらに、「もっとも、労働契約時において、給与総額のうちに何時間の割増賃金代替手当が含まれているのかが明確にされていれば、時間外等割増賃金の支給を受けずに労働する時間が明確になっており、所定労働時間に見合う金額と時間外等労働に見合う金額も間接的に算定することができることから、この点が明確にされることでも上記の趣旨は満たされると考えられる」と述べるが、本件ではその要請を満たしていないとして、本件の残業手当の支払いをもって、時間外労働割増賃金代替としての支払いと認めることはできないとして、未払割増賃金の残額、退職後の年利14.6％の遅延損害金、付加金としての上限2分の1、付加金に対する遅延損害金の支払いを命じた。

控訴審判決も、一審判決を支持し、会社の就業規則、求人広告、雇用契約書では、基本給の額と残業手当の額の区別が明確にされていたとは認められないし、労働契約時において賃金総額のうちに何時間分の割増賃金代替手当が含まれているかが明確にされていたとは認められないとして本件を残業手当の支払いをもって、時間外労働割増賃金の代替としての支払いと認めることはできないと判断した。

❷㉓ジャパンレンタカー事件
（名古屋高裁平成29年5月18日判決、労働判例1160号5頁、一審津地裁平成28年10月25日判決（同号14頁）

　自動車の貸付業、遊技場の経営等を目的とした営業所の従業員につき、種々の紛争はあるが、未払の割増賃金請求については、変形労働時間制が適用されるとの会社の主張を認めず、また、雇用契約書には6時間分の深夜割増賃金と3時間分の時間外労働賃金が含まれていることを示す固定残業代の主張につき、一審判決は、「便宜的に毎月の給与の中にあらかじめ一定時間の残業手当が算入されているものとして給与が支払われている場合は、その旨が雇用契約上も明確にされていなければならないと同時に支給時に支給対象の時間外労働の時間数と残業手当の額が労働者に明示されなければならない。さらに、算入されているとされる残業時間を超えて残業が行われた場合には当然その所定の支給日に別途上乗せして残業手当を支給する旨もあらかじめ明らかにされていなければならない」として、明確区分性の要件に欠けるうえに、支給対象の時間外労働の時間数が労働者に明示されておらず、さらに、日給額の変更がないのに雇用契約書の記載が変更されているのは「労働基準法に併せてつじつまを合わせるためだけに日給額の内訳を書き込んだものと認められ、労働者との間に雇用契約書記載の内訳どおりの合意があったとは認められない」と判断した。

　控訴審判決は、基本的に一審判決を支持するとともに、契約更新時に日給額12,000円の中に固定残業代が含まれている雇用契約書に変更したのは、労働条件の不利益変更として、その意味でも合意は無効であると判断し、その意味でも固定残業代は無効とした。

⚄㉔医療法人社団康心会事件

（最高裁平成29年7月7日、労働判例1168号49頁）

（東京高裁平成27年10月7日判決、判例時報2287号118頁）

《医師の年俸制》

医療法人Yに雇用されていた医師が、看護師らに対して叱責・怒鳴るなどした不適切な言動を理由に解雇されたため、①雇用契約上の地位の確認、②解雇後の賃金・賞与等の支払い、③不法行為（雇用期間中の解雇が無効であるので就労をさせなかったこと等）に基づく損害賠償請求、④時間外労働の割増賃金、その付加金の請求をしたという事案である。そのうち、解雇については有効と判断され、①、②、③の請求は棄却されたが、④については、Y法人の時間外規程は、i 時間外手当の対象となる業務は、原則として、病院収入に直接貢献する業務又は必要不可欠な緊急業務に限ること、ii 医師の時間外勤務に対する給与は、緊急業務における実働時間を対象として、管理責任者の認定によって支給すること、iii 時間外手当の対象となる時間外勤務の対象時間は、勤務日の午後9時から翌日の午前8時30分までの間及び休日に発生する緊急業務に要した時間とすること、iv 通常業務の延長とみなされる時間外業務は、時間外手当の対象とならないこと、v 当直日直の医師に対し、別に定める当直・日直手当を支給すること、等を定めていた。

一審横浜地裁（横浜地裁平成27年4月23日判決、労働判例1168号61頁）は、時間外規程に基づき支払われる時間外労働賃金及び当直手当以外の通常の時間外労働賃金は年俸である1,700万円（月額120万1,000円）に含まれるという合意が成立しているとして、その合意は有効であると判断した。

控訴審判決も、「本件雇用契約及び本件時間外規程に基づき、XとY法人が、本件時間外規程に基づき支払われる時間労働賃金及び当直手当以外の通常の時間外労働賃金については、年俸に含まれる旨を合意したものであり、上記合意に係る本件雇用契約及び本件時間外規程は有効と認めるのが相当である」と判断した。

《上告審》

この点、最高裁は、従前の判例の考え方にのっとり、次の判断をして、控訴審判決を取消し、差し戻した。

「…前記事実関係等によれば、上告人と被上告人との間においては、本件時間外規程に基づき支払われるもの以外の時間外労働等に対する割増賃金を年俸1,700万円に含める旨の合意がされていたものの、このうち時間外労働等に対する割増賃金に当たる部分は明らかにされていなかったというのである。そうすると、本件合意によっては、上告人に支払われた賃金のうち時間外労働等に対する割増賃金として支払われた金額を確定することすらできないのであり、上告人に支払われた年俸について、通常の労働時間の賃金に当たる部分と割増賃金に当たる部分とを判別することはできない」

㉕クルーガーグループ事件

（東京地裁平成30年3月16日判決、労働経済判例速報2357号3頁、判例時報1463号154頁）

NHKの受信料回収業務を受託する会社の支店長が、管理監督者としての適用を否定され、みなし残業代としての月5万円につき、就業規則で定められた営業手当（みなし残業代を含む）も明確区分及び対価性があるとはいえないから、時間外労働の対価以外の性質を含むことなどを理由に残業代への充当を否定して、残業代の請求を認めた。

㉖ビーダッシュ事件

（東京地裁平成30年5月30日判決、労働経済判例速報2360号21頁）

インターネットに関連する広告代理店業を目的とする会社で、Web制作、コンサルティング、パンフレット、カタログ等の制作、課題解決型プロモーションの企画及び制作する会社の社員で、従前は年俸制であったにもかかわらず、固定残業代を採用することとし、1か月当たり、時間外勤務40時間相当分、深夜勤務10時間相当分の固定残業代を支給すると就業規則を改正して、雇用契約書の雛形を従業員一人ひとりに送り付けて説明会を開催して改正を実施した。判決は、改正された規則は無効であるとして固定残業代制度を否定し、未

払い割増賃金と付加金の支払いを命じた。

🏃 ㉗日本ケミカル事件
（最高裁平成30年7月19日判決、労働経済判例速報2358号3頁）
....
　業務手当の支払いをもって時間外手当の全部又は一部を支払ったものとみなすことはできないとした控訴審判決を破棄差戻した。

　Y薬剤薬局会社の薬剤師Xが、月給制で基本給46万1,500円、業務手当10万1,000円となっていたが、賃金規程においては、「業務手当は、一賃金支払期において時間外労働があったとみなして、時間外手当の代わりとして支給する」とされ、採用条件確認書には、「月額給与46万1,500円」「時間外手当の取扱い年収に見込み残業代を含む」、「時間外手当は、みなし残業代を超えた場合はこの限りではない」との記載があった。

　一審判決（東京地裁立川支部平成28年3月29日判決、労働判例1186号16頁）は、面接時に業務手当が30時間分のみなし時間外手当であることを代表取締役が労働者に説明していることから、業務手当による時間外手当の支払いを適法とした。

　控訴審判決（東京高裁平成29年2月1日判決、労働判例1186号11頁）は、定額残業代を採用する場合、「ⅰ定額残業代を上回る金額の時間外手当が法律上発生した場合にその発生の事実を労働者が認識して直ちに支払いを請求できる仕組み（発生していない場合には発生していないことを労働者が認識できる仕組み）が備わっており、これらの仕組みが雇用主により誠実に実行されており、ⅱ基本給と定額残業代の金額のバランスが適切であり、ⅲその他法定の時間外手当の不払いや長時間労働による健康状態の悪化など労働者の福祉を損なう出来事の温床となる要因がない場合に限り、定額残業代の支払いを法定の時間外手当の全部又は一部の支払いとみなすことができる」と判断として、業務手当につき、業務手当が何時間分の時間外手当に当たるかがXに伝えられておらず、休憩時間中の労働時間を管理し、調査する仕組みがないためYがXの時間外労働の合計時間を測定することができないものであり、「業務手当の支払いを法定の時間外手当の全部又は一部の支払いとみなすことはできない」と判断した。

　上告審判決は、控訴審判決のⅰ～ⅲの要件を必須のものではないとした上で、

固定残業代であるという理由で適法性を否定することはできず、「雇用契約にお
いてある手当が時間外労働等に対する対価として支払われているか否かは、ⅰ
雇用契約に係る契約書等の記載内容のほか、ⅱ使用者の労働者に対する当該手
当や割増賃金に関する説明の内容、ⅲ労働者の実際の労働時間等の勤務状況な
どの事情を考慮して判断すべきである」と述べる。その上で、契約書、採用条件
確認書、賃金規程において業務手当が時間外手当に対する対価として支払われ
る旨が記載されていたことなどから、Y社の賃金体系においては、業務手当が時
間外労働等に対する対価として位置づけられていたといえるし、さらに、「Xに
支払われた業務手当は、1か月当たりの平均所定労働時間（157.3時間）を元に算
定すると、約28時間分の時間外労働に対する割増賃金に相当するものである」
と述べている。その上で、業務手当の支払いをもって時間外労働手当等の賃金の
支払いとみることもできるとして、審理し直すように原判決を破棄、差し戻しした。

　これは、その定額手当を上回る金額を労働者が認識して、直ちに支払いを請
求することができる仕組みが備わっていないなどとして、当該手当の支払いに
より労働法37条の割増賃金が支払われたということができないと判断した控訴
審の判断は違法としたものである。

㉘イヌクーザ事件

（東京高裁平成30年10月6日、労働判例1190号5頁）

（一審：東京地裁平成29年10月16日判決、1190号16頁）

　アクセサリー、靴等の企画、製造、販売等を行うY会社の社員Xは、基本給
23万円で期間の定めのない契約を締結した。Y社は、そのうち8万8,000円
は月間80時間の時間外労働に対する固定残業代が設定されていると主張した
（後に、基本給は26万円で、基本給のうち、9万9,400円が80時間に対応する
固定残業代と主張）。

　一審判決は、雇用契約書ないし年俸通知書に固定残業代が支払われているこ
とを明記し、給与明細書においても時間外労働時間数を明記し、80時間を超え
る時間外労働については、時間外割増賃金を支払っていることが認められ、基
本給のうちの通常の労働時間の賃金に当たる部分と時間外労働の割増賃金の部

分とを明確に区分しているとして、固定残業代の定めはあり有効と判断した。

　控訴審判決は、雇用契約上固定残業代の定めがあったことを否定することはできないとしたが、このような時間を恒常的に行われることを予定している場合には、公序良俗に違反するとして無効となるとし、現実にXは、「14か月間に、80時間を超えた月は5か月、うち100時間を超える月は2か月あり、また、時間外労働時間数が1か月に100時間を超えるか、2か月ないし6か月間のいずれかの期間にわたって、1か月当たり80時間を超える状況も少なからず生じていたことが認められるのであって、このような現実の勤務状況は、Xにつき上記のとおり月間80時間に近い長時間労働を恒常的に行わせることが予定されていたことを裏付けるものである」として、月間80時間相当の固定残業代の定めは公序良俗に反して無効と判断したのである。

⚒ ㉙結婚式場運営会社事件

（東京高裁平成31年3月28日判決、労働判例1204号31頁、判例時報2434号77頁）

　基本給15万円、職務手当9万4,000円、通勤手当6,000円で、職務手当が給与規程上固定残業代として設定されており、職能手当は、時間外割増、深夜割増、休日出勤割増として予め支給する手当で、法定割増の計算によって支給額を超え、差額が発生する場合は、法令の定めるところにより差額を支給すると定められていた。この職務手当9万4,000円が月87時間相当であったが、一審判決（水戸地裁土浦支部平成29年4月13日判決、判例時報2434号90頁、労働判例1204号51頁）は、

　「職能手当に成果給の性質はないものとされていたことなどによれば、職能手当は残業代の支払いに充てられるものと取り扱われており、その部分と基本給とは明確に区分することができる」

　「しかし、本件特約の職能手当9万4,000円は、被告の主張する基礎時給863円の約109時間分にも当たり、本件特約は…の勤務体系とはかけ離れたものである…。このような事情によれば、差額精算の合意は形ばかりのものにすぎず、本件特約の実態は、被告が実際にはおよそ現出し得ない長時間労働を仮定した上で残業代の支払い義務を回避し、従業員に対する労働時間の管理の責任を放棄

するための方便であり、労使の公平の見地からみて許されないと言わざるを得ない。したがって、本件特約は公序良俗に反して無効であり、原告の残業代の計算における基礎賃金は、基本給と職務手当の合計である24万4,000円と認めるべきである（すなわち、定額残業代により残業代が支払われたとは認められない）」と判断して多額の残業代の支払いを命じた。

控訴審判決は、時間外労働の限度基準を定める告示の45時間を超えるものではあるが、同告示は強行的補充効を有するものではないこと、時間外労働があった場合に発生する時間外割増賃金などとして支払う額を合意したに過ぎず、職務手当である約87時間分の法定時間外労働を義務づけるものではないことを理由に有効と判断し、わずかな額の割増賃金額の支給にとどめた。

㉚洛陽交通事件

（大阪高裁平成31年4月11日判決、労働判例1212号24頁）
・・
タクシー会社のタクシー運転手の時間外労働等の計算の方法で、改正前（A期間）と改正後（B期間）で計算方法が異なっていたが、それぞれにつき、その計算方法が適正か否かが問題となった。

A期間は、基準内賃金として本給と年金手当があり、基準外賃金には「深夜勤務手当、時間外勤務手当」、「祝日手当」、「時間外調整給」があった。このうち、「深夜勤務手当、時間外勤務手当」の項目においては、法定計算による金額が、「基準外手当Ⅰ」「基準外手当Ⅱ」の合計額を下回る場合に限って「基準外手当Ⅰ」「基準外手当Ⅱ」を支給する旨を定めていた。

B期間についても、基準内賃金として「本給」と、基準外賃金としての「時間外勤務手当及び深夜勤務手当」が定められており、このうち、「時間外勤務手当及び深夜勤務手当」については、法定計算による時間外勤務手当及び深夜勤務手当の合計額が、基準外1、基準外2、調整給、祝日手当及びその他手当等の合計額を下回るときに限り、各手当等の額を基準外賃金として支給する旨が定められていた。

問題とされたのは、A期間における賃金体系のうち「深夜勤務手当、時間外勤務手当」の項目の中で定められている「基準外手当Ⅰ」、「基準外手当Ⅱ」、B期

間における賃金体系のうち「深夜勤務手当、時間外勤務手当」の項目の中で定められている基準外1、基準外2が、それぞれ労基法37条に基づく時間外等の割増賃金の算定基礎に含まれるかということが主たる争点となった。

高裁判決は、A期間の「基準外手当I」及び「基準外手当II」は「乗務員が時間外労働等をしてそれらの支給を受けた場合に、割増賃金の性質を含む部分があるとしても、通常の労働時間の賃金に当たる部分と割増賃金に当たる部分とを判別することができない」と述べて割増賃金算定の基礎賃金になると判断した。

また、B期間の「基準外1」「基準外2」は、いずれも通常の賃金として、割増賃金の基礎となる賃金に当たると判断した。

㉛飯島企画事件

（東京地裁平成31年4月26日、労働経済判例速報2395号33頁）

一般貨物運送事業を目的とする会社に勤務しているトラック運転手の給与は、基本給と定額の時間外手当と通信手当とされ、基本給と時間外手当は明確に区別されていたが、判決に、時間外手当は時間外労働に対する対価として支払われており、時間外手当と通常の労働時間の賃金である基本給とは明確に区分されているから、時間外手当について有効な固定残業代の定めがあったものといえるとして、その定めを有効として、原告の請求を棄却した。

（3）運輸業に関する定額残業代の判決

タクシー業、トラック運送業等の乗務員に対する賃金制度は、その他の業種の賃金制度が月額基本給を主体とするものであるのに比して、当該乗務員が輸送した乗客の運賃、貨物の量、運賃等に比例した賃金制度である歩合給の制度を採用しているケースが多い。

これまで紹介した定額残業代の事件にもタクシー業・トラック業の事件は数個ある。即ち、事件番号でいうと、③（高知観光事件）、④（城南タクシー事件）、⑤（徳島南海タクシー事件）、⑪（三和交通事件）である。

③高知観光事件

オール歩合制であり、最高裁は、通常の労働時間の賃金に当たる部分と時間外等

の割増賃金に当たる部分とを判別できないとして、割増賃金の支払いを命じた。

④城南タクシー事件

　高知観光事件と同様、オール歩合制の事案であるが、歩合給は通常の労働時間に当たる部分と時間外労働等とに当たる部分と判別し得るものになったとはいえず、歩合給による賃金は、そのうちに時間外労働等に関する割増賃金が含まれているものということはできず、結局、時間外労働等に対する割増賃金を支払ってこなかったと認定された。

⑤徳島南海タクシー事件

　労使協定に基づいている超過深夜手当について、実質は歩合給であり、労基法37条の時間外・深夜割増賃金の実質を有するものとはいいがたいとして割増賃金の請求が認められた。

⑪三和交通事件（札幌高裁平成24年2月16日判決、労働判例1123号121頁）

　一審判決（札幌地裁平成23年7月25日判決、労働判例1123号127頁）は⑪で紹介した事件であるが、その控訴審判決は、次のとおりである。

　タクシー運転手が完全歩合給の場合に、時間外手当や深夜割増手当を支給していなかった場合に、その割増賃金の支払いが認められた事例であるが、一審判決は、「Y社の賃金規程の定めは、Y社において自認するようにその実質においていわゆる完全歩合制であって、その規定上、時間外・深夜手当や歩合割増給を支給するものとはされているものの、結局その増額分はY社の定めた算定方式の過程においてその効果を相殺される結果、Y社の支給する賃金は，Xらが時間外及び深夜の労働を行った場合において、そのことによって増額されるものではなく、場合によっては歩合給が減額することすらあり得る。そうすると、その実質において法37条の趣旨を潜脱するものとして、その全体を通じて同条に違反すると言わざるを得ず、Y社の賃金の支払いによって，Xらに対して法37条の規定する時間外及び深夜の割増賃金が支払われたとすることは困難である」「Y社の賃金規程の実質はいわゆる完全歩合制を趣旨とするものであり、本件においては、営収に54％ないし55％を乗じた支給金額を、法37条1項の「通

常の労働時間又は労働日の賃金」に当たるものと解するのが相当である」と述べて、時間外手当、深夜手当の支払いを命じた。

控訴審判決も、一審判決を支持して控訴を棄却した。

ここで、国際自動車事件と熊本総合運輸事件を紹介しなければならない。

♠ ㉜国際自動車事件

定額残業代の事件の中で、とりわけ問題になり、大議論になっているのが、国際自動車事件である。原告らタクシーの運転手は、歩合給の計算に当たり、計算の基礎となる「対象額A」から残業手当等を控除する旨定めている賃金規則が労基法に違反しているのかが問題になったのである。しかも、この事件は2回上告審が出ていて、それぞれ全く結論が異なっているという極めて興味深いものであるが、最高裁で2回審理して判決を出して結論が全く異なっているということは、到底判例として通用するものではないものであって、事例判決の意味しかないと思われるし、また、そもそも事案自体が極めて複雑で難解であり、到底他の同種の事例にも一般化できるような判決ではないと思われる。

その賃金制度であるが、基本給等についての計算方法も定められており、残業手当、深夜手当、公出手当(休日労働手当)の算出方法も規定されている。歩合給の仕組みは以下のとおりである。

---

①仮の歩合給を「対象額A」とする。

「対象額A」＝(所定内揚高－所定内基礎控除額) × 0.53

所定内基礎控除額は、所定労働日の1乗務の控除額(平日2万9,000円)に1か月の乗務日数を乗じた額

②残業手当

対象額 A/ 総労働時間 × 0.25 ×時間数

③歩合給

対象額A －(割増金(深夜手当、残業手当及び公出手当の合計)＋交通費)

つまり歩合給額は、対象額Aから実際の労働時間に応じて計算した割増賃金額を控除するということになる。

（1）一審判決、控訴審判決

　一審東京地裁平成 27 年 1 月 28 日判決（労働判例 1114 号 35 頁）は「割増賃金と交通費の合計額が対象額Ａを上回る場合を別にして、揚高（営業収入）が同じである限り、時間外労働をしていた場合もしていなかった場合も乗務員に支払われる賃金は全く同じになるのであるから、本件規程は、法 37 条の規定を潜脱するものと言わざるをえない」と判断し、控訴審東京高裁平成 27 年 7 月 16 日判決（労働判例 1132 号 82 頁）も、その判断を支持し、次のように述べている。

　「法 37 条は、基本給が歩合給・出来高払いを除外しておらず、使用者に割増賃金の支払いを強制することで労働者の時間外労働を抑制するという同条の趣旨は、歩合給・出来高払いのタクシー乗務員との労働契約でも妥当するものである。また、同条が強行法規であり、違反に対しては刑事罰も科される（法 119 条 1 号）ことに鑑みれば、同条の趣旨に反する歩合給の制度を設計することは許されないというほかない。本件規定によれば、時間外等の労働をしていた場合でもそうでない場合でも乗務員に支払われる賃金が同じになる（割増金と交通費の合計が対象額Ａを上回る場合を除く）のであって、歩合給の計算に当たり対象額Ａから割増金に見合う部分を控除する部分は、強行法規であり違反者には刑事罰が科せられる法 37 条の規定を潜脱するものであるから、同条の趣旨に反し、ひいては公序良俗に反するものとして民法 90 条により無効であると言わざるを得ない」

（2）第 1 次上告審

　次に、それを受けた第一次上告審（最高裁平成 29 年 2 月 28 日判決・判例時報 2335 号 90 頁）は、次のように述べて、控訴審判決を破棄して差戻した。「労働基準法 37 条は、…、労働基準法 37 条等に定められた方法により算定された額を下回らない額の割増賃金を支払うことを義務付けるにとどまり、使用者に対し、労働契約における割増賃金の定めを労働基準法 37 条等に定められた算定方法と同一のものとし、これに基づいて割増賃金を支払うことを義務付けるものとは解されない。そして、使用者が、労働者に対し、時間外労働等の対価として労働基準法 37 条の定める割増賃金を支払ったとすることができるか否かを判断するには、労働契約における賃金の定めにつき、それが通常の労働時間の賃

金に当たる部分と同条の定める割増賃金に当たる部分とに判別することができる場合に、割増賃金として支払われた金額が、通常の労働時間の賃金に相当する部分の金額を基礎として、労働基準法37条等に定められた方法により算定した割増賃金の額を下回らないか否かを検討すべきであり、…上記割増賃金として支払われた金額が労基法37条等に定められた方法により算定した割増賃金の額を下回るときは、使用者がその差額を労働者に支払う義務を負うにとどまるというべきである。

　他方において、労働基準法37条は、労働契約における通常の労働時間の賃金をどの様に定めるかについて特に規定をしていないことに鑑みると、労働契約において売上高等の一定割合に相当する金額から同条に定める割増賃金に相当する額を控除したものを通常の労働時間の賃金とする旨が定められている場合に、当該定めに基づく割増賃金の支払いが同条の定める割増賃金といえるか否かは問題となり得るものの、当該定めが当然に同条の趣旨に反するものとして公序良俗に反し、無効であると解することはできないというべきである」

（3）差戻後控訴審判決

　差戻し後の控訴審判決（東京高裁平成30年2月15日判決（労働判例1173号34頁）は、当然であるが第一次上告審判決にのっとり、歩合給から残業代相当額を控除する旨の規定は有効とした上で判断した。控訴審判決の要旨は、次のとおりである。

　「タクシー乗務員に支給される賃金として本件賃金規則が定めるもののうち、基本給、服務手当、歩合給（1）、歩合給（2）が通常の労働時間の賃金に当たる部分になり、割増金を構成する深夜手当、残業手当（法内時間外労働の部分を除く）及び公出手当（法定外休日労働の部分を除く）が労働基準法37条の割増賃金に当たる部分になるから、本件賃金規則においては、通常の労働時間の賃金に当たる部分と同条に定める割増賃金に当たる部分とが明確に区分されているということができる。そして、本件賃金規則において割増賃金として支払われた金額（割増金の額）は、通常の労働時間の賃金に相当する部分の金額を基礎として労働基準法37条並びに政令及び厚生労働省令…に定められた方法により算定した割増賃金の金額を下回らないから、上告人らに支払われるべき未払賃

金があるとは認められない」

（4）第2次上告審判決

　その控訴審判決に対して、さらに原告らは上告し、第2次上告審判決が出された第2次上告審（最高裁令和2年3月30日判決（判例時報2460号95頁）は、驚くべきことに、第1次上告審の判決に従った差戻後控訴審判決を破棄して、さらに、再度高裁に差し戻した。

　判決の内容は以下のとおりである。

　「…使用者が、労働契約に基づく特定の手当を支払うことにより労働基準法37条の定める割増賃金を支払ったと主張している場合において、上記の判別をすることができるというためには、当該手当が時間外労働等に対する対価として支払われるものとされているか否かは、当該労働契約に係る契約書等の記載内容のほか諸般の事情を考慮して判断すべきであり、…その判断に際しては、当該手当の名称や算定方法だけでなく、…同条の趣旨を踏まえ、当該労働契約の定める賃金体系全体における当該手当の位置づけ等にも留意して検討しなければならないというべきである」

　「…割増金は、深夜労働、残業及び休日労働の各時間数に応じて支払われることとされる一方で、その金額は、通常の労働時間の賃金である歩合給（1）の算定に当たり対象額Aから控除される数額としても用いられる。対象額Aは、揚高に応じて算出されるものであるところ、この揚高を得るに当たり、タクシー乗務員が時間外労働を全くしなかった場合には、対象額Aから交通費相当額を控除した額の全部が歩合給（1）となるが、時間外労働等をした場合には、その時間数に応じて割増金が発生し、その一方で、この割増金の額と同じ金額が対象額Aから控除されて、歩合給（1）が減額されることとなる。そして、時間外労働等の時間数が多くなれば、割増金の額が増え、対象額Aから控除される金額が大きくなる結果として歩合給（1）は0円となることもあり、この場合には、対象額Aから交通費相当額を控除した額の全部が割増金となるというのである。

　本件賃金規則の定める各賃金項目のうちの歩合給（1）及び歩合給（2）に係る部分は、出来高払制の賃金、すなわち、揚高に一定の比率を乗ずるなどにより、

揚高から一定の経費を使用者の留保分に相当する額を差し引いたものを労働者に分配する賃金であると解されるところ、割増金が時間外労働等に対する対価として支払われるものであるとすれば、割増金の額がそのまま歩合給（1）の減額につながるという上記の仕組みは、当該揚高を得るにあたり生じるものであって、前記…で説示した労働基準法37条の趣旨に沿うものとはいいがたい。また、割増金の額が大きくなり、歩合給（1）が0となる場合には、出来高払制の賃金部分について、割増金のみが支払われることになるところ、この場合における割増金を時間外労働等に対する対価とみるとすれば、出来高払制の賃金部分につき通常の労働時間の賃金に当たる部分はなく、全てが割増賃金であることとなるが、これは法定の労働時間を超えた労働に対する割増分として支払われるという労働基準法37条の定める割増賃金の本質から逸脱したものと言わざるを得ない」

「結局、本件賃金規則の定める上記の仕組みは、その実質において、出来高払制の下では元来は歩合給（1）として支払うことが予定されている賃金を、時間外労働等がある場合にはその一部につき名目のみの割増金に置き換えて支払うこととするものというべきである。（このことは、歩合給対応部分の割増金のほか、同じく対象額Aから控除される基本給対応部分の割増金についても同様である）。そうすると、本件賃金規則における割増金は、その一部に時間外労働等に対する対価として支払われるものが含まれているとしても、通常の労働時間の賃金である歩合給（1）として支払われる部分を相当程度含んでいるものと解さざるを得ない。そして、割増金として支払われる賃金のうち、どの部分が時間外労働等に対する対価であるかは明らかでないから、本件賃金規則における賃金の定めにつき、通常の労働時間の賃金に当たる部分と労働基準法37条の定める割増賃金に当たる部分とを判別することはできないこととなる。

したがって、Y社のXらに対する割増賃金の支払いにより、労働基準法37条の定める割増賃金が支払われたということはできない」

この一連の判決については理解できない部分も多いのが現実であるが、私見としては、一次上告審判決の判断が妥当と考える。

🔨 ㉝熊本総合運輸事件

　一般貨物自動車運送業では、元々、トラック運転手に支給する賃金総額を日々の業務内容等に応じて月ごとの額を決定し、時間外・休日・深夜労働が生じて割増賃金を支給したとしても、賃金総額には変動がないという賃金体系を採用していた。ところが、労基署から適正な労働時間管理を行うよう指導されたことを契機に、就業規則、賃金体系を変更し、固定残業代を導入することになった。

　新しい賃金の体系は次のとおりである。

---

① 基　本　給　本人の経験、年齢、技能等を考慮して各人別に決定
② 基本歩合給　1日500円出勤日数に応じて支給
③ 勤続手当　勤続年数に応じ、出勤1日につき200円〜1000円を支給
④ 割増賃金＝（残業手当＋深夜割増手当＋休日割増手当＋調整手当）

　時間外手当の額は、基本給、基本歩合給、勤続手当を通常の労働時間の賃金として労働基準法37条で定められた方法により算出した金額である。また、調整手当は、「本件割増賃金の総額—本件時間外手当の額」とする。

　トラック運転手らは、会社に対して、時間外労働、休日労働、深夜労働に対する賃金及び付加金の支払いを求めた。

●一審判決

（熊本地裁令和3年7月13日判決、労働判例1284号27頁）

　就業規則の変更については不利益変更には該当しないとし、①宿泊手当は基礎賃金には含まない、②残業手当、深夜割増手当、休日割増手当は基礎賃金に含まれない、③調整手当は基礎賃金に含まれると判断して、①宿泊日当の既払額は割増賃金の既払い額には当たらない、②残業手当、深夜割増手当、休日割増手当の既払分は割増賃金の既払額に該当する、③調整手当は、基礎賃金に含まれ、「調整手当の金額が労基法37条に定められた方法により算定した割増

賃金の額を上回るということはできない」として、一部割増賃金の支払いを認めた。

　一審判決は原告の請求の一部を認め、かつ、付加金の一部支払いを認めた。被告Ｙ社は、一審判決で認容された金額につき、判決後に弁済したが、控訴した。

●控訴審判決

（福岡高裁令和４年１月21日判決、労働判例1284号23頁）

　原告、被告双方の控訴を棄却し、さらに一審判決での原告らの請求を棄却した。判決は、①宿泊手当は、基礎賃金には含まない、②残業手当、深夜割増手当、休日割増手当は明確区分性が認められるので対価性が認められ、割増賃金の既払い分に該当する、③調整手当は、明確区分性は認められず、その支払いにより労働基準法37条の割増賃金が支払われたということはできないと判断した。しかしながら、改正後の就業規則により、時間外手当は基本給とは別途支給され、金額の計算自体は可能である以上、通常の労働時間の賃金に当たる部分と同条の割増賃金に当たる部分とを判別する事ができる上、新給与体系の導入に当たり、Ｙ社からＸらに対し、本件時間外手当や本件割増賃金についての一応の説明があったと考えられること等も考慮すると、時間外労働等の対価として支払われたものと認められるから、その支払いにより同条の割増賃金が支払われたということができる」と判断された。

●上告審判決

（最高裁令和５年５月10日労働判例1284号５頁）

　上告審判決は、次のように判示している。

　「新賃金体系の下においては、時間外手当の有無やその多寡と直接関係なく決定される本件割増賃金の総額のうち、基本給等を通常の労働時間の賃金として労働基準法37条等に定められた方法により算出された額が、本件時間外手当の額となり、その余の額が調整手当の額となるから、本件時間外手当と調整手当とは、前者の額が定まることにより当然に後者の額が定まるという関係にあり、両者が区別されていることについては、本件割増賃金の内訳として計算上区別された総額に、それぞれ名称が付されているという以上の意味を見出すことで

きない。そうすると、本件時間外手当の支払いにより労働基準法37条の割増賃金が支払われたものといえるか否かを検討するに当たっては、本件時間外手当と調整手当からなる本件割増賃金が、全体として時間外労働等に対する対価として支払われるものとされているか否かを問題とすべきことになる」

「Y社は、労働基準監督署から適正な労働時間の管理を行うよう指導を受けたことを契機として新給与体系を導入するに当たり、賃金総額の算定については従前の取扱いを継続する一方で、旧給与体系において自身が通常の労働時間の賃金と位置づけていた基本歩合給の相当部分を新たに調整手当として支給するものとしたということができる」

「新賃金体系は、その実質において、時間外労働等の有無やその多寡と直接関係なく決定される賃金総額を超えて労働基準法37条の割増賃金を生じないようにすべく、旧給与体系の下においては通常の労働時間の賃金に当たる基本歩合給として支払われていた賃金の一部につき、名目のみを本件割増賃金に置き換えて支払うことを内容とする賃金体系であるというべきである。そうすると、本件割増賃金はその一部に時間外労働等に対する対価として支払われているものを含むとしても、通常の労働時間の賃金として支払われるべき部分をも含んでいると解せざるを得ない」

「そして、本件割増賃金のうちどの部分が時間外労働等に対する対価に当たるかが明確になっているといった事情もうかがわれない以上、本件割増賃金につき、通常の労働時間の賃金に当たる部分と労働基準法37条の割増賃金に当たる部分とを判別することができないことになるから、本件割増賃金の支払いにより、同条の割増賃金が支払われたということはできない」

以上により、上告審は、控訴審判決につき、破棄、差し戻した。

㉞トールエクスプレスジャパン事件

（大阪地裁令和5年1月18日判決、労働経済判例速報2510号21頁）

前述の2つの事件の最高裁判決の後に出された判決である。

貨物自動車運送事業を営むY社で集配業務に従事していたXらは、Y社における割増賃金の支払いにつき、支給する手当を算出するに当たり割増賃金額を控除する方法は、労基法37条に違反する、また、出来高により算出される総額から割

増賃金に相当する額を控除する計算方法が採用されていることは公序良俗に反するとして無効であると主張して、未払い歩合給、未払い割増賃金の請求をした。

判決は、国際自動車事件第1次上告審判決にならい、割増賃金の計算の方法は、労基法37条等の定める方法以外の方法により算定される手当を時間外労働等に対する対価として支払うことが直ちに同条に反するものではないとする。

「Y社における賃金は、職務給、能率手当等からなる基準内賃金、時間外手当、通勤手当からなる基準外賃金とし、このうちの時間外手当は、①能率手当以外の基準内賃金を割増賃金の基礎となる賃金とし、労基法37条等に沿った割増賃金の計算式によって算出される時間外手当Aと時間外手当C、②出来高払制の賃金である能率手当を割増賃金の基礎とし、労基法37条等に沿って出来高払制の割増賃金の計算式に従って算出される時間外手当Bから構成されている。

能率手当は出来高払制の賃金であり、能率手当が時間外手当Aを控除して算出されることが公序良俗に反して無効と主張するが、これは能率手当の算定に当たって用いられた計算上の数額に過ぎず、公序良俗に反することはない。

また、実質的に見て時間外手当Aが労働者にとっての負担となっていることによっても、労基法37条は、労働契約において通常の労働時間の賃金をどのように定めるかについて特に規定を置いておらず、売上高等の一定割合に相当する金額から同条に定める割増賃金に相当する額を控除したものを通常の労働時間の賃金の定めが当然に同条の趣旨に反するものとして、公序良俗に反して無効になると解することはできない」

と判断して、Xらの請求を棄却した。

✈ ㉟久日本流通事件

（札幌地裁令和5年3月31日判決、労働判例1302号5頁）

一般貨物自動車運送事業で運転手として勤務していて退職をした者が、時間外労働、休日労働、深夜労働の2年分の未払分の請求を行った事案である。会社の就業規則（賃金規程）では、賃金の構成は、基本給、安全管理手当、残業手当、管理手当、営業手当、通勤手当、その他であるが、問題は、残業手当は売上げの10％と設定されており、これを定額残業代としてみることができるか、出張費及び負担金が基礎賃金に含まれるかということであった。

判決は、本件残業手当は、形式的には通常の労働時間の賃金に当たる部分と区別されており、名称からも、時間外労働等の対価とする意思で支払っていたものと推認されるとしつつも、雇用契約書に時間外労働等の対価として支給する旨や算定方法についての記載がないこと、賃金規程に記載されている算出方法と全く異なるものであること、採用面接やその後の賃金の支給の際にも説明がないことから、本件残業手当を時間外労働等に対する対価として支払う旨の合意は認められない、本件残業手当は、労働時間の長短にかかわらず一定の額が支払われるものであり、本件残業手当として支給される金額の中には、通常の労働時間によって得られる売上げによって算定される部分も含まれることから、当該部分と時間外労働等によって得られた売上げに対応する部分との区別ができないものであること、他方で労働者の時間外労働の有無やその程度を把握せずとも算定可能なものであり、労基法37条の趣旨に反するものであると言わざるを得ないとして、時間外労働等の対価として支払われるものとは認められないとした。

又、出張費、負担金は定額支給であることから基礎賃金に含まれると判断している。

（4）定額残業代の取り扱いについてのまとめ

以上、数多くの裁判例を紹介してきたが、それぞれの企業の賃金体系は一様ではなく千差万別であり、その賃金体系に応じて編み出されてきた定額残業代制度については、一概に有効無効は断じることはできない。極端な場合は、国際自動車事件のように、その独自の賃金制度と定額残業代制度は、最高裁判所によっても一度は有効と判断されて破棄差戻しとなり、二度目は無効と判断されたのであって、極めてその判断は難しい。現在のところは、第2次上告審判決の考え方が実務では通用していくことになるであろうが、それとて理論的に正しいかというと必ずしも賛成はできない。

その意味では、国際自動車事件の上告審の判決は、到底判例といえるようなものではなく、個別の事件についての一つの解決方法、結論ということであろう。

なお、これらの裁判例を通じて、次のように①～⑤の5点は法的留意すべき点として指摘できると思われる。

①労基法37条の趣旨について

使用者に割増賃金を支払わせることによって、時間外労働を抑制し、もって労働時間に関する同法の規定を遵守させるとともに、労働者への補償を行おうとする趣旨である。

②明確区分性の要件

定額残業代について、通常の労働時間の賃金に当たる部分と割増賃金に当たる部分とを判別できることが必要である。

③対価性、精算の要件

雇用契約においてある手当が時間外労働等に対する対価として支払われるものとされているか否かは、雇用契約書、雇入通知書、労働条件明示書等の記載の内容のほか、具体的事案に応じ、使用者の労働者に対する当該手当や割増賃金に関する説明の内容、労働者の実際の労働時間等の勤務状況などの事情を考慮して判断する。

④定額残業代の設定

労基法37条の趣旨、働き方改革関連法（上限規制）によって、長時間労働を前提とした定額残業代制度の効力否定の可能性があること（1月80時間超、公序良俗違反等）。

⑤賃金体系全体から見た「定額残業代」の位置づけ

歩合給等から残業代等相当額を控除する方式については、全体としての時間外手当の対価性を否定する方向となり、明確区分性等に抵触する可能性がある。

2

賞 与

01 賞与とは

　賞与については、労働基準法では特別な定義は定められておらず、その通達で、「定期又は臨時に、原則として労働者の勤務成績に応じて支給されるものであって、その支給額が予め確定されていないものをいうものであること」（「昭和22・9・3発基第17号」）と定義されている。これによると、予め、支給額は決められておらず、業績によって多く支給されることもあれば、逆に少なく支給されることもあり、極端な場合には全く支給されないこともありえる。また、支給基準、支給額、支給方法、支給期日、支給対象者などは原則として当事者間で自由に定められるものである。

02 賞与は賃金か

　通達による賞与の定義が、その支給額が予め確定されていないということであるから、賃金の要件の中の支給条件が明確に要件は満たさないことになるので、賃金ではないという結論になる。したがって、労働者から予め、賞与額の確認をされた場合では、賞与額は決定していないので確認できないということにならざるを得ない。なお、既述したように、年俸制などで予め、賞与に一定額の支払いを明確にしている場合には、これは、支給条件が明確に定められているものとして賃金になる。

　しかしながら、賞与支給時期以降に、賞与を請求された場合、例えば、解雇された労働者からの請求であり解雇が無効であれば賞与の支給対象者になっている以上は、賞与の請求権は発生しており、その分の請求は認められることになる。

03 賞与の性格

そこで、賞与の性格については、各企業ごとではあるが、一般的には

①労働の対価としての賃金の後払い
②功績報償
③生活費の補助
④収益の分配
⑤長期就労のインセンティブ

という5つの多様な趣旨を含んだものと解されている。特段、賞与の目的について労働協約、就業規則、労働契約等に定めのない限りは、多くの場合にはいずれも①～⑤の意味を備えているものと考えるべきである。この賞与の性格は明確にはされていない企業が殆どであるが、今後は就業規則、賃金規程等でその性格を明確にしておくことが必要になると思われる。この性格論は、後述する休職者への賞与の支払いや退職者への賞与の支払いの問題には、影響するものと思われる。

　例えば、賞与支給日に退職することが決定している者や既に退職している者の賞与請求権については、次のように賞与の性格がかなり影響するものと思われる。

i 　賃金後払いという立場であれば、その算定期間中は就労したのであれば後払いである以上、賞与は支払うべきという方向に傾きやすい。

ii 　功績報償という立場であれば、たとえ算定期間中は就労して貢献していたとしても、既に退職することが決まっているのであれば、功績報償とは過去の功績のみならず、将来の期待に応えるという意味もあると思われるので、全くの不支給はともかく相応の範囲での減額は許さ

れると思われる。

iii　生活補助という立場であれば、一般にはその従業員の生活を助ける
ために支給されるものである以上、既にその補助期間が経過している
以上は支給すべきという方向へと傾くと思われる。

iv　収益分配という立場であれば、賞与の算定期間の売上の成績がよけ
れば支給すべきで、仮に賞与の支給後に退職しようがしまいが無関
係と思われる。

v　長期勤続のインセンティブという性格を有するという立場であれば、
退職することが明らかにされている以上は、支給日以後に退職して将
来的には会社に貢献しないことが分かっている者については、減額の
割合の多寡はともかく、賞与の減額をすることも可能であると考えら
れる。

04　賞与の支給基準

　賞与の性格からして、支給基準、支給額、支給日、支給条件については、就業
規則（賃金規程等）で予め決定しておくか、労使で自由に決めることができるこ
とになる。

（1）支給時期

　ここでは、まず、支給時期について検討する。

　多くの就業規則（賃金規程等）には、一般的には、「賞与は年2回、夏と冬に支
払う」等という簡略な規定が多いようである。

① 規定がない場合

　まず、就業規則や労働協約の規定には定めはなく、労働慣行で7月と12月に

支給されている場合が多いが、この場合には労働慣行が成立していない場合には、7月末、12月末に支払わなくてはならないということにはならないと考えられる。

i　労働慣行の成立が認められる場合

労働慣行が成立している場合には、支払義務違反になるが、労働慣行が成立するには次のa～cの要件がある。

- a　ある事実上の取り扱いが反復継続して行われてきたこと。
- b　労使両当事者がその取扱いに対して異議を述べていないこと。
- c　労使両当事者が、その取り扱いに従わなくてはならないという規範意識のあること。

さらに、このcの規範意識とは、使用者側としては就業規則の作成変更権限を有する（労働条件の決定権限を持つ）者がそのような意識を持つことが必要であると解される（🧭 **国鉄池袋・蒲田電車区事件**（東京地裁昭和63年2月24日判決、労働判例512号22頁）、🧭 **国鉄国府津運転所事件**（横浜地裁小田原支部昭和63年6月7日判決、労働判例519号26頁）など）。おそらく、賞与の支給時期につき労働慣行が成立する可能性は高くないと思われるが、仮に労働慣行が成立しているのであれば、7月、12月に支払われないことは慣行違反として支払義務違反となる。

ii　労働慣行の成立が認められない場合

この場合には、賞与が何時支払われるのかは、使用者側の裁量ということになり、支払時期が不定で、7月、12月に支払われなくとも支払義務違反にはならない。

② 規定がある場合

就業規則や労働協約に規定がある場合、それは、支払時期の目安を示しているに過ぎない程度のものなのか、それとも支払時期を厳格に定めているものな

のかということが問題となる。

i 支払時期の目安を定めているに過ぎない場合

　賞与の支払時期は年2回、7月と12月に支払うという簡略な規定があり、これまでもそのように支払われてきたものの、必ずしも厳格な期限ではなく、目安に過ぎないものと解される場合には、仮に7月31日や12月31日を超えても支払義務違反にはならないものと考えられる。

　しかし、目安の期限を徒過した以上は、会社は使用者としてのやるべきことを結果として守れなかったということで道義上の責任は問われる余地が出てくる。また、この場合も労働慣行による支払義務があるか否かの問題になる可能性もある。

ii 支払時期の明確な期限が定められている場合

　7月31日、12月31日は支払いの期限であり、これを超えて支払われない場合には支払義務違反になる。

（2）賞与の支給日の特定の可否

　企業として、賞与についての支給日の定めをしておくことが良いのかという問題がある。それは、その企業における賞与の意義、権利性の認識によることになる。会社としては、賞与は会社の業績が良ければ支払われるものであり、業績が悪い状況であれば無理して支払われないという方針であれば、無論厳格な定めはできないことになる。その際には厳格な賞与の支払期限を定めるべきではない。

　他方、賞与といっても、年俸額の分割払いの支払いとして、年俸額を16等分して夏と冬に基本給額の2か月分ずつを支払う場合のように支払義務が明確な場合には、その支払時期を特定することが好ましいことは間違いない。年俸制の従業員が事業場における労働者の一部である場合には労働契約書において明確な定めを置くべきであり、多くの従業員については夏冬の賞与額が予め決められているような場合には就業規則又は労働協約等で支払時期を7月31日、12月31日までにというような明確な期限を定めておく方が望ましい。

05 欠務と賞与の減額・不支給

労働者が就労すべき期間に欠務をする場合に賞与は減額・不支給にできるかという基本的な問題がある。給与には、ノーワークノーペイの大原則があり、欠務であれば賃金は発生しないか、あるいはカットされる。賞与も、制度趣旨によるが、給与よりも業績が評価されることになり、成績がよければ高い賞与がもらえる反面、欠務で成績を上げない場合には低い評価になり賞与額も低い。給与における出勤と欠勤の差異以上の賞与の差額になっても不思議ではないであろう。

ただし、給与においても欠務であっても正当な、又は法律で保護されている欠務は不利益取扱いが禁止される場合があり、その考え方が賞与にも及ぶのか問題になることもある。この点は、法律で明確に定められておらず、判例の判断が参考になる。

（1）欠務の種類

一口に欠務といっても、①従業員の怠惰による欠勤、②私生活の都合による欠勤、③私傷病による欠勤、④組合活動による欠勤、⑤公務災害（疾病）による欠勤、⑥生理休暇（生理日の措置による欠務）、⑦産前産後休業、⑧育児休業、介護休業等、⑨年次有給休暇、⑩会社有給休暇、⑪各種の事由による休職によるものなど、欠務の理由は千差万別であり、これらを一律に欠務として取り扱うのは合理的かそれとも不合理かが問題になる。

（2）欠勤・休業についての不利益取扱いに関する判例

これらの問題は、休業・欠勤についての不利益取扱いが可能かという問題として、賞与、昇給、昇進、年次有給休暇の出勤率等算定の場合に問題となるが、その取扱いは必ずしも明確ではないといえる。ここでは、いくつかの判例を紹介する。

🏃 ①沼津交通事件判決

（最高裁平成 5 年 6 月25日判決、労働判例636号161頁）

裁判例としては、年次有給休暇の取得について精皆勤手当の算定に当たって欠勤として取り扱うことができるか否かについての沼津交通事件の最高裁判決は、年次有給休暇の取得を理由とする不利益取扱いの禁止規定（労基法附則 136 条「使用者は、第 39 条第 1 項から第 4 項までの規定による有給休暇を取得した労働者に対して、賃金の減額その他不利益な取扱いをしないようにしなければならない」）を私法上の効果を否定するまでの効力を有するものとは解されないとした上で、そのような不利益取扱いの措置の効力については、「その趣旨、目的、労働者が失う経済的利益の程度、年次有給休暇の取得に対する事実上の抑止力の強弱等の諸般の事情を総合して、年次有給休暇を取得する権利の行使を抑制し、ひいては同法が労働者に右権利を保障した趣旨を実質的に失わせるものと認められるものでない限り、公序に反して無効となるとすることはできない」と判断した。

🏃 ②エヌ・ビー・シー工業事件判決

（最高裁昭和60年 7 月16日判決、労判455号16頁）

生理休暇取得を欠勤扱いとして精皆勤手当を減額支給した措置の有効性が争われたエヌ・ビー・シー工業事件の最高裁判決は、次のように述べて、精皆勤手当の減額支給を適法とした。

「したがって、生理休暇を取得した労働者は、その間就労していないのであるから、労働者に特段の事情のない限り、その不就労期間に対応する賃金請求権を有しない。また同法（労基法）12条 3 項及び 39 条 5 項によると、生理休暇は、65 条所定の産前産後の休業と異なり、平均賃金の計算や年次有給休暇の基礎となる出勤日の算定について特別の取扱いを受けるものとはされていない。このことから、67 条は、使用者に対し、生理休暇取得日を出勤扱いにすることまでも義務づけるものではなく、これを出勤扱いにするか欠勤扱いにするかは、原則として労使間の合意に委ねられている。

ところで、使用者が、労働協約または労働者との合意により、労働者が生理休

暇を取得しそれが欠勤扱いとされることによって何らかの形で経済的利益を得られなくなるような措置ないし制度を設けたときには、その内容のいかんによって生理休暇の取得が事実上抑制される場合も起こりうる。しかし、67条の趣旨に照らすと、このような措置ないし制度は、その趣旨、目的、労働者が失う経済的利益の程度、生理休暇の取得に対する事実上の抑止力の強弱等諸般の事情を総合して、生理休暇の取得を著しく困難とし同法が女子労働者の保護を目的として生理休暇について特に規定を設けた趣旨を失わせるものでない限り、これを67条に違反するものとはいえない」と判示した。

③日本シェーリング事件

(最高裁平成元年12月14日判決、労判862号14頁)

　賃上げ協定において、稼働率を80%以上の者を対象にするとの条項を盛り込み、その不就労の時間の中には、欠勤、遅刻、早退の外に、年次有給休暇、生理休暇、産前産後休業、労災による休業・通院時間、組合活動などが含まれていたが、その条項が無効ではないかと争われた。

　控訴審判決（大阪高裁昭和58年8月31日判決、労働判例417号35頁）は、結論において、その80%条項は総合判断の上無効と判断した。その上告審判決（平成元年12月14日判決・判例時報1342号145頁）は、「労基法や労組法上の権利の行使に基づく不就労を稼働率算定の基礎とすることは公序良俗に反して無効になるが、それ以外の不就労は無効にすべきいわれはない」旨判示した。

④高宮学園・東朋学園事件

（最高裁平成15年12月4日判決、労働判例862号14頁）

　賞与の支給要件を出勤率90%とし、産前産後休業、育児時間を欠勤扱いにして賞与を支給しないこととした取扱いが争われたが、一審判決（東京地裁平成10年3月25日判決、労働判例735号15頁）は、次のように述べて無効と判断した。

　「本件90%条項の趣旨・目的は、従業員の出勤率を向上させ、貢献度を評価することにあり、もって、従業員の高い出勤率を確保することを目的とするものであって、この趣旨・目的は一応の経済的合理性を有しているが、その本来的意

義は、欠勤、遅刻、早退のように労働者の責めの帰すべき事由による出勤率の低下を防止することにあり、合理性の本体もここにあると解するのが相当である。産前産後休業の期間、勤務時間短縮措置による育児時間のように、法により権利、利益として保障されるものについては、右のような労働者の責めに帰すべき事由による場合と同視することはできないから、本件90％条項を適用することにより、法が権利、利益として保障する趣旨を損なう場合には、これを損なう限度では本件90％条項の合理性を肯定することはできない」

　また、控訴審判決（東京高裁平成13年4月17日判決、労働判例803号11頁）は、一審判決を踏襲して90％条項を無効と判断して控訴を棄却した。

　ところが、上告審判決は、一審判決、控訴審判決の一部を破棄して控訴審に差し戻した。理由とするところは、本件90％条項が公序良俗に反して無効とすることは是認できるが、産休や勤務時間短縮措置による短縮部分をその割合に応じて賞与を減額することまでは無効とすることはできないということで、原審に差し戻す必要があるというものであった。

（3）判例の考え方

　労基法、労組法等の法令で労働者の権利として定められている休暇・休業については、休暇・休業の結果、業績に貢献できないにしてもさらに不利益な取扱いをすることは無効とされる可能性が高いと思われる。また、その不利益な取扱いによりその権利の行使を著しく困難にするかという抑止的効果がどれだけ強度であるのかも重要な要素になると思われる。

　特に、平均賃金の計算（労基法12条3項）、年次有給休暇の基礎となる出勤日の算定（同法39条10項）について出勤扱いになっているか否かは重要である。

　平均賃金の計算の際に、分母分子の双方から除外して、労働者に不利益が及ぶのを阻止できるものとしては、①業務上の負傷・疾病により療養のために休業した期間、②産前産後休業期間、③使用者の責めに帰すべき休業期間、④育児・介護休業期間、⑤試用期間とされている（労基法12条3項）。

　また、年次有給休暇の発生要件としての出勤率の計算において、出勤したものとみなさなくてはならないものとしては、ⅰ業務上負傷・疾病により休業

した期間、ⅱ育児・介護休業期間、ⅲ産前産後休業期間がある（労基法39条10項）。

（4）欠務と賞与不支給の有効性

欠務にも以下のようなものがある。

---

① 従業員の怠惰による欠勤

② 私生活の都合による欠勤

③ 私傷病による欠勤

④ 組合活動による欠勤

⑤ 公務災害（疾病）による欠勤・休業

⑥ 生理休暇

⑦ 産前産後休業

⑧ 育児休業、介護休業等

⑨ 年次有給休暇

⑩ 会社有給休暇

⑪ 各種の事由による休職によるもの

賞与の際に、これらの事由につき不利益に斟酌できるかが問題となる。

①②③については、いずれも少なくとも企業に原因のない欠勤であり、しかも法的には欠務することが保障されていないものであるから、不利益な取扱いを受けてもやむを得ないものと思われる。無論、その不利益性が大きかったり過度に重大な不利益を受けた場合には、それは無効になる可能性がある。

④は適法な組合活動であるが、企業にとっては組合活動について優遇しなければならない理由はなく、過度の不利益の度合でなければ違法とされることはないであろう。

⑩は、有給休暇ではあるが、法律で保障されているものではなく、法定の休暇を上乗せして企業が認めたものであり特別扱いしなければならないものではなく、不利益扱いすることもやむを得ないと思われる。

⑥生理休暇は、法的な権利ではあるが、年次有給休暇の出勤率の取扱いや平

均賃金の算定の面では優遇措置を受けていないことを考慮すると不利益扱いすることはやむを得ないと思われる。

⑦、⑨は、法律で取得が認められているか（少なくともその趣旨である）、または、年次有給休暇の出勤率や平均賃金の算定の取扱いでも有利に取り扱われていることから、欠務として取り扱われることは好ましい状況とはいえない。したがって、賞与で欠勤として取り扱うことが取得することを抑制するであろう取得抑制効果が大きい場合には、その扱いは無効になると考えられる。

⑪の休職であるが、その事由は種々あるであろうが、法的な定めはなく、法的な権利として保障されているものではなく、仮に長期間にわたる欠務であるために不利益は大きいかもしれないが、欠務扱いもやむを得ない。しかし、真にその休職が必要な場合には（例えばボランティア休職、公職に就任するための休職）、本来、その手当が定められているべきであると思われ、その休職の場合には賞与の取扱いをどうするのかの定めがおかれているべきであるからであり、解釈で判断するべき問題ではないように思われる。

問題は⑤⑧の欠務・休業である。⑤は公傷による欠勤、休職であり、⑧は育児・介護休業であるが、いずれも法的には取得することが保障され（あるいは当然その趣旨である）、また、給与の相当額が保障されているはずであり、しかも、その期間がかなりの長期間（育児休業は最長2年、介護休業は93日であるが、さらに、それに準じる場合の休業は相当長期になり、公傷による欠勤・休職は5年・10年継続することもある）継続して欠務することになり、不利益が大きいと考えられる。また、労基法11条3項、労基法39条1項で、業務上の負傷疾病の場合には、その休業による不利益を労働者に負わせるべきではないと取り扱われており、出勤をしたものとして取り扱うべきであると考える。特に、⑤の公傷による欠勤・休職の場合には、使用者側に安全配慮義務違反が認められる可能性もあり、その場合には、賞与について欠務として不利益な取扱いをすることは信義則上も認められないと考える。よって、⑤育児・介護休業、⑧の公傷による欠勤・休職については、その期間を賞与の算定における欠勤期間として取り扱うことは許されないと解する。

06 退職予定者への減額支給

（1）賞与の性格とは

　賞与は月例給与と異なり、労基法上支払いを義務づけられているものではなく、各社各様、それぞれの目的に応じて支払うことができる。したがって、支給基準、支給額、支払方法、支給期日、支給対象者などは原則として労使で自由に決定できるものである。

　また、支給基準、支給額、支給方法、支給期日、支給対象者などについて予め、就業規則や労働契約において決められている場合は、会社の業績等によって支給の可否、支給額等が決定されるものではないために、実質は具体的な請求権の対象となる賃金として位置づけられるものであり、その場合には、たとえ、賞与という名称がついても、確定的な労働条件として請求できる。

　賞与の性格であるが、これも各社各様であるが、①労働の対価としての賃金の後払い、②功績報償、③生活費の補助、④収益の分配、⑤長期就労のインセンティブという多様な趣旨を含んだものと解されている。特段、賞与の目的について労働協約、就業規則、労働契約等に定めのない限りは、多くの場合にはいずれも①〜⑤の意味を備えているものと考えることができる。この賞与の性格は明確にはされていない企業が殆どであるが、今後は就業規則、賃金規程等でその性格を明確にしておくことが必要になる。

（2）退職者への支払い

　ところで、従業員が退職する場合に賞与は支払うべきものなのかという問題がある。やはり、一律の回答ができるものではなく、賞与の性格や退職する時期、退職の理由等により異なってくるものと考えられる。ここでは、まず、退職の時期により区分しながら支給義務があるのか否かを検討してみよう。

① 退職の時期が、賞与の支給前であるとき

　退職した後に賞与が支払われる場合で算定期間について就労した元従業員が

請求してきた場合に、賞与を支払うべき義務があるかという問題については、後述するが、就業規則や労使協定において、賞与は賞与支給日に在籍している従業員に対して支払う旨の定めがあれば、原則として、退職した者に対して賞与を支払う義務はないと考えられる。ただし、賞与の算定期間を就労していながら、会社都合で、急遽、賞与の支給日前に不本意ながら退職させられたり、解雇された場合には、賞与は支払う方向で検討するべきである。

また、定年退職で退職する場合にもその賞与の算定期間について就労していた場合には、本人の意思による退職ではないので、原則として支払うべきである。

② 退職の時期が、賞与の支給日後であるとき

この場合には、通常は賞与を支給することになるが、会社としては、賞与は過去の業績・功績に対して支払うという意味ばかりではなく、生活補助、将来の長期就労に対するインセンティブの意味合いもあるので、賞与支給後すぐに退職するという社員に対しては何らかの対応が必要であると考える企業もあろう。

i 賞与の性格

この点は、賞与の性格によっても、減額するべきか否かについては、一般的には、次のようにいえる。

　　a　賃金後払いという立場であれば、その算定期間中は就労したのであれば、後払いである以上、賞与は支払うべきという方向に傾く。

　　b　功績報償という立場であれば、たとえ算定期間中は就労して貢献していたとしても、既に退職することが決まっているのであれば、功績報償とは過去の功績のみならず、将来の期待に応えるという意味もあると思われるので、全くの不支給はともかく相応の範囲での減額は許される。

　　c　生活補助という立場であれば、一般にはその従業員の生活を助けるために支給されるものである以上、既にその補助期間が経過している

以上は支給すべきという方向へと傾く。

d　収益分配という立場であれば、賞与の算定期間の売上の成績がよければ支給すべきで、仮に賞与の支給後に退職しようがしまいが無関係である。

e　長期勤続のインセンティブという性格を有するという立場であれば、退職することが明らかにされている以上は、支給日以後に退職して将来的には会社に貢献しないことが分かっている者については、減額の割合の多寡はともかく、賞与の減額をすることも可能であると考えられる。

　このように、減額については、その会社の賞与の性格を把握してから行うべきである。

③ 賞与支給日の社員の内心の退職の意思の可否
　賞与をもらってすぐに退職する者に対する賞与の減額措置に対して、会社としては、賞与支給日時点で退職の意思が判明している場合と判明していない場合とで、当然対応は異なる。

i　退職の意思を隠して、賞与受領後に退職する意思を表明する場合
　　退職の意思を有しているけれども、それを秘して就労し、満額賞与を受領し、賞与の支給後に退職するという場合であるが、これに対しては、減額のしようがないが、後の問題は、退職時に返還の措置をとれるか否かである。

ii　退職する意思があり、そのことをオープンにしていた場合
　　退職の意思を有しており、それを前々からオープンにしていた従業員に対してはどうするべきであろうか。賞与は過去の就労に対して支払うものとばかりとはいえず、将来の長期就労のインセンティブとして支払う面も否定できないところであり、それが従業員の勤労意欲につながることになる。将来の期待分につき減額することはその割合によっては違法ではない。

iii iの場合とiiの場合の均衡

　iの退職の意思を隠して賞与を受け取った従業員と、iiの退職の意思をオープンにし賞与を減額された従業員について、やはり不公平という印象は否めず、そのバランスを考えなければならないが、公平の観点からは、それが判明した場合には、退職の意思を隠して賞与を受け取った従業員に対して一部の返還を求めるべきである。

　その従業員が、その返還の求めに応じない場合にはどうするかという問題はあるが、退職金との合意相殺という方法を考えざるを得ない。本来であれば減額すべきところを減額せずに満額支払った以上は、それを任意に返還すべきであり、これをしない場合には退職金との合意相殺しか方法はない。

　そのためには、例えば賞与支給の日から2か月以内に退職する予定である従業員は賞与の減額措置を行うこと、その減額分については会社に返還すべきこと、その金額を退職金と相殺すべきことを就業規則等で定めておくべきである。

　以上、結論としては、賞与の受給をしてすぐに退職する場合の従業員に対しては、一定の範囲の減額はやむを得ない。退職する意思を隠して満額賞与を受給し、即座に退職する従業員に対しては、これまで多くの企業では何らの対策もとっておらず、そのため何の対応策もとらない場合もありうるが、支給日までに退職の意思を表明して賞与を減額された従業員とのバランスの問題もあり、退職までの間に減額の措置を執るべきことを検討しなければならないと考える。

07 支給日在籍条項の扱い

（1）支給日在籍要件の可否

　賞与は、賃金とは異なり、支給条件、支給額、支給方法、支給期日、支給対象者などは原則として労使で自由に決められる。このため、賞与は支給日に在籍している従業員に対して支払うという定めは一応の合理性があり、内容次第では有効になる（これに対し、月例給与は、仮に解雇した後であっても、支給日が

くれば支払わなければならないのは当然といえる)。

　しかし、会社都合で、支給日直前に突然に解雇して賞与は支給日に在籍していないから支払わないという取扱いをすることは余りにも不当であって、当然には有効とは考えられない。その意味では、支給日在籍を支給の要件とするとして、一定の場合に賞与を不支給にすることは認められない場合もあるのである。

（2）可否判断の要素
　賞与不支給の可否を判断するための要素としては、①賞与の性質、②退職時期、③退職（解雇）の理由などを考えなければならないといえる。

i　賞与の性質
　賞与の性質としては、**a 賃金後払い説、b 功績報償説、c 生活補助説、d 収益分配説、e 長期就労のインセンティブ説**等がある。

a　賃金後払い説
　　賞与は、元々月例給与で支払うべきものを追加で賞与時にまとめて支払うものであるという説である。これは、月例給与は賃金であり、使用者は必ず支払うべきものであるので、支給日に在籍していなくとも支払うべきという方向に傾く。

b　功績報償説
　　賞与は、使用者が労働者の功績に報いるものであるという立場であり、あくまで任意恩恵的なものとして、支給日に在籍していない者に支払わなくてよいという方向に傾く。

c　生活補助説
　　賞与は、使用者が労働者に対して月例給与では不十分な生活費を補助するものという立場であり、支給日に在籍していない者に対しても支払うべきものという方向に傾く。

d 収益分配説

賞与は、算定期間で上げた収益を分配するという立場であり、例え、支給日前に退職したとしても、収益に応じて支払うべきということで、支給日に在籍していなくとも支払うべきという方向に傾く。

e 長期就労のインセンティブ説

これは、今後も継続して就労しようという従業員に対してそのモラルを高めるために支給するものであり、退職する従業員には支払わなくてよいという方向へ傾く。

ii　退職時期

その従業員が退職する（解雇される）のがその賞与の算定時期の途中なのか、算定時期の終了後支給日前の時期なのかによって判断するという考え方である。賞与の算定期間をずっと就労するのであればそのことで賞与の金額は確定するのであり、例え、その後退職したとしても確定した金額については不支給あるいは減額するのは不合理であるが、賞与の算定期間の途中で退職するのであれば、未だに賞与の金額は確定しておらず、賞与が支給されないのは当然であるとする。

iii　退職（解雇）の理由

退職（解雇）の理由によって、不支給か否かの判断を区別するという考え方である。

退職とはいっても、自己都合退職とか、懲戒解雇、諭旨解雇があるように、本人の意思による退職の場合には一定程度支払う方向になるが、他方で、非違行為を行って解雇された場合には賞与を支払う必要は無いという判断によることになる。

しかしながら、定年や会社都合による退職、人員整理の前段として行われる希望退職募集・個別退職勧奨や整理解雇等の場合には、従業員には責任がなく、会社の都合による退職・解雇であり、基本的には支給日に在職していなくても支払うべきであるという方向に傾く。

このように種々の要素、条件によって支給すべきか否かの判断は変わってくる可能性がある。

（3）裁判例

裁判例としては、①**大和銀行事件**、②**京都新聞社事件**、③**ニプロ医工事件**、④**医療法人佐藤循環器内科事件**がある。

①大和銀行事件

（最高裁昭和57年10月7日判決、労働判例399号11頁）

6月の賞与支給日の前に退職した者で、算定期間（前年10月～3月）は就労してその算定期間の勤務に対する対償であるから請求権があるとして賞与の請求をした事件であるが、判決は、「原審の適法に確定したところによれば、被上告銀行においては、本件就業規則32条の改訂前から年2回の決算期の中間時点を支給日と定めて当該支給日に在籍している者に対してのみ右決算期間を対象とする賞与が支給されるという慣行が存在し、右規則32条の改訂は単に被上告銀行の従業員組合の要請に寄って右慣行を明文化したにとどまるものであって、その内容においても合理性を有するというものであり、右事実関係のもとにおいては、上告人は、被上告銀行を退職した後である昭和54年6月15日及び同年12月10日を支給日とする各賞与については受給権を有しないとした原審の判断は、結局正当として是認することができる」と判断した。

②京都新聞社事件

（最高裁昭和60年11月28日判決、労働判例469号6頁）

「賞与の受給権の取得につき当該支給日に在籍することを要件とする前記の慣行は、その内容において不合理ということはできず、上告人がその存在を認識してこれに従う意思を有していたかどうかにかかわらず、事実たる慣習として上告人に対しても効力を有するものというべきであるから、前記の事実関係の下においては、上告人は嘱託期間の満了により被上告会社を退職した後である昭和56年12月4日の支給日とする賞与については受給権を有しないとした原審の判断は、結論において正当として是認することができる」

③ニプロ医工事件

（東京高裁昭和59年8月28日判決、労働判例437号25頁）

　例年6月末に支給されてきた賞与が、昭和55年には労使交渉の難航等によって9月に支給時期がずれ、その際、会社が労使協定に基づき9月の在籍者に賞与を支給したのに対し、7月、8月に退職した労働者が賞与の支払いを求めた事件である。判決は、以下のとおり、請求を認めた。

　「賞与は支給日に在籍する者にのみ支給する旨の被控訴人における前記慣行は、賞与の支給時期として、前記給与規定に定められ労使間において諒承されていた6月又は12月について、各当月中の日をもって支給日が定められた場合には、当該支給日に在籍しない者には、当期の賞与を支給しないとする趣旨の内容のものであり、かつ、右内容の限度において合理性を有するものと解するのが相当である。

　…昭和55年9月5日本件協定書により、被控訴人と組合間において、本件賞与の支給日を同月13日とし、右支給日在籍者を支給対象者とする旨の合意が成立したとしても、右合意は、前判示のような当該賞与支給月中の日をもって支給日が定められた場合には、当該支給日の在籍者をもって支給対象者とする旨の慣行に反するものであると同時に…控訴人らの本件賞与を受給する権利を一方的に奪うものであることは明らかであるから、控訴人らの同意の無い限り、少なくとも本件賞与を支給日在籍者にのみ支給する旨の右合意の効力は、控訴人らには及ばないものというべきである」

　上告審判決（最高裁三小昭和60年3月12日判決、労経速1226号25頁）も、この高裁判決を支持した。

④医療法人佐藤循環内科事件

（松山地裁令和4年11月2日判決、判例時報2583号79頁）

　夏季賞与の支給日の20日前に病気による死亡をした社員について、支給日に在籍する者にのみ賞与を支給するという要件が適用されて、相続人に賞与を請求する権限が争われた事案であるが、判決は、次のように述べて、法定相続人の賞与請求を認めた。

「本件のような病死による退職は、整理解雇のように使用者側の事情による退職ではないものの、定年退職や任意退職とは異なり、労働者は、退職時期を事前に予告したり、自己の意思で選択したりすることはできない。このような場合にも支給日在籍要件を機械的に適用すれば、労働者に不測の損害が生じ得ることになる。また、病死による退職は、懲戒解雇などとは異なり、功労報償の必要性を減じられてもやむを得ないような労働者の責めに帰すべき理由による退職ではないから、上記のような不測の損害を労働者に甘受させるのは相当ではない。そして、賞与に対する賃金の後払いとしての性格や功労報償的な意味合いを踏まえると、労働者が考課対象期間の満了後に病死で退職するに至った場合、労働者は、一般に、考課対象期間満了後前に病死した場合に比して、賞与の支給を受ける事に対する強い期待を有しているものと考えるのが相当である」

「亡Aに対する本件夏季賞与についての本件支給日在籍要件の適用は、民法90条により排除されるべきである」

（4）パートタイマーが期間満了の場合

一応パートタイマーにも賞与は支給されるという前提に立ち、賞与が支給されるべきかを検討する。

問題となるのは、パートタイマーが、その定められた雇用期間の満了により、賞与支給期日直前に退職扱いとなった場合であるが、①雇用期間満了により労働契約が終了する予定であったのか、それとも、更新される予定だったのに使用者側が更新を拒絶したのかということで、更新拒否の取り扱いが妥当か否か、②パートタイマーの場合にも支給日在籍していることを要件として賞与を支払うという就業規則・労働協約の規定や労使慣行があったか否かという問題があり、その両面から判断するべきである。

① 契約期間満了でも契約更新が認められる場合

パートタイマーの契約期間満了の場合であっても、期間満了による終了は無効であり更新されたものとして取り扱われるべき場合（労働契約法19条1号、2号）には、当然に賞与請求は認められる。逆に、期間満了によって労働契約が終了する場合には、そのような規定や労働慣行がある以上は、賞与請求権は発

生しないと考えられる。

　期間満了によって労働契約が終了するのか、それとも更新されるものとみなされるのかは、労働契約法19条1号、2号が定めている。

　同条は、「有期労働契約であっても次の各号のいずれかに該当するものの契約期間が満了する日までの間に労働者が当該有期労働契約の更新の申込みをした場合又は当該契約期間の満了後遅滞なく有期労働契約の締結の申込みをした場合であって、使用者が当該申込みを拒絶することが、客観的に合理的な理由を欠き、社会通念上相当であると認められないときは、使用者は、従前の有期労働契約の内容である労働条件と同一の労働条件で当該申込みを承諾したものとみなす。

　1　当該有期労働契約が過去に反復して更新されたことがあるものであって、その契約期間の満了時に当該有期労働契約を更新しないことにより当該有期労働契約を終了させることが、期間の定めのない労働契約を締結している労働者に解雇の意思表示をすることにより当該期間の定めのない労働契約を終了させることと社会通念上同視できると認められること。

　2　当該労働者において当該有期労働契約の契約期間の満了時に当該有期労働契約が更新されるものと期待することについて合理的理由があるものであると認められること」

と定めており、1号は東芝柳町工場事件判決（最高裁昭和49年7月22日判決、労働判例206号27頁）、2号は日立メディコ事件判決（最高裁昭和61年12月4日判決、労働判例486号6頁）をそれぞれ条文化したものといわれている。

　これらに該当していれば、例え、形式上は労働契約は期間満了により終了しているように見えても、契約は継続されたものとみなされるので、その更新拒否直後に賞与の支給日が来た場合には、そのパートタイマーは賞与を受領することができる。

② 契約期間満了後に契約更新が認められなかった場合

　パートタイマーの労働契約は終了し、期間満了が認められる場合には、労働契

約は終了する。その後に賞与の支給日が来た場合、仮にそのパートタイマーが賞与の算定期間は就労していた場合には、労働契約が終了している以上は賞与請求権は発生しないのかという問題である。これは、賞与を月例給与のように確定した賃金と考えれば、退職したからといって賃金請求権がなくなるわけではないことは明らかである。では賞与の場合はどうかということであるが、賞与の性質や退職時期、退職事由等を検討して支払うべきか否かは決定されるものと思われる。

しかしながら、大和銀行判決などの判例により、賞与支給日に在籍しているものに対して支払うことが労働慣行や就業規則、労働協約などの規定がある場合には、退職後のパートタイマーには賞与請求権はない。

他方、賞与支給日に在籍している者に対して支払うという労働慣行や就業規則、労働協約の規定がない場合には、基準は明確ではなく、賞与の性格、退職時期、退職事由等によって判断されることになる。しかし、原則として賞与は賃金の後払いという立場が有力であることからすれば、例え、退職した後に賞与の支給日が来た場合であっても、そのパートタイマーに賞与は支払うべきであり、判断はその方向に傾くというべきである。

08 賞与による損害賠償、非違行為に対する清算
~従業員が会社に損害を与えた場合に賞与相当額を相殺することは可能か~

ここでは、使用者が、損害を与えた労働者に対して損害賠償を請求できるかその場合に賞与との相殺が可能かについて検討する。

（1）懲戒処分をすることの可否

不注意によって会社備品を破損させたり、備品を持ち帰って個人的に費消したり知人に配布するなどした従業員に対しては、厳重注意か、懲戒処分にすることができる。ただし、これには就業規則等に懲戒処分の定めがあり、かつ、懲戒事由が定められていることが必要であり、懲戒事由該当性がなければ、懲戒処分

ではない厳重注意で留めなければならない場合もあるので、注意が必要である。

（2）損害賠償請求

　その上で、これらの行為について会社はその従業員に対して損害賠償を請求することができるか否かの問題となるが、賠償できる場合も限定されるし、その場合でも一部の賠償に留めるべき場合もある。

① 不注意の過失による破損行為等

　会社備品を不注意によって破損させた場合に、会社はその損害を当然に従業員に賠償請求できるわけではない。従業員が日常業務を行っている場合に、何らかの契機で会社の備品を破損させる可能性は常にあるといっても過言ではない。例えば、応接室の掃除をして転んだために高価な花瓶を倒して割ってしまった場合、紙の裁断機の操作を誤って裁断機を壊して修理しなくてはならなくなった場合等、不注意による損害の発生については枚挙に暇がない。

　過失の場合には賠償請求すべき場合はかなり限られると思われる。というのは、従業員による業務の遂行には、ある意味でそのような危険は潜在化しているのであり、ふとしたことでそれが顕在化したにすぎないと思われるからである。この点で参考になるのが、🐾茨城石炭商事事件（最高裁昭和 51 年 7 月 8 日判決、判例時報 827 号 52 頁）である。事案は、従業員が石油等の輸送販売を業とする会社の所有のタンクローリー車を運転中に、自動車事故を起こして、会社自ら損害を受けると共に、第三者に対する損害賠償義務を負った場合において、会社は、その従業員に対してその負担した賠償につき求償することができるか否かが争われた事件であるが、使用者が求償請求できるのは信義則上その従業員に対して損害の一部についてのみを求償することが許されるに過ぎないと判断して、その基準について、「その事業の性格、規模、施設の状況、被用者の業務の内容、労働条件、勤務態度、加害行為の態様、加害行為の予防若しくは損失の分散についての使用者の配慮の程度その他諸般の事情に照らし、損害の公平な分担という見地から信義則上相当と認められる限度において」と述べており、その事案では、4 分の 1 が上限と判断した。

このように、判例は、会社からの求償権の行使を信義則により制限したと考えられ、その意味では、不注意の場合は、全額を求償できるものではなく、その範囲は信義則上制限されるものと考えられるのである。

② 故意による場合

これに対して、会社の備品を自宅に持ち帰って個人的に費消したり知人に配布したりした場合は、故意の犯罪行為かそれに類する行為であると考えられ、それによって会社が損害を被った場合にはその損害額全額を賠償できるのは当然のことになる（もちろん、会社が掛けていた保険によって保険金が出されている場合は別である）。

（3）賃金の全額払いと損害賠償

会社が従業員に対して債権を有する場合に従業員に対する賃金と相殺することができるかという問題があり、既に38頁で述べたように、まず、賃金全額払いの原則（労基法24条1項）があり、賃金は、例外として、控除できるものを除き、全額従業員に支払わなければならない。控除できる場合とは、①税金、社会保険料等の法令で源泉徴収が認められている場合、②賃金控除協定が締結されてその中に控除項目として上げられている場合、③合意相殺の場合、④過払い相殺の場合、⑤裁判所からの賃金請求権の差押え命令、仮差押え命令、転付命令等により差押えられた場合であるが、問題となるのは、このうち、③、④である。

③合意相殺の場合、会社から従業員に対する賃金請求権に対する一方的な相殺は、労基法24条1項の全額払いの原則で禁止されているが、会社と従業員とが、会社の有する債権を賃金請求権と相殺する旨の合意を締結している場合は相殺することが可能とされる。この場合、賃金請求権の差押え命令、仮差押え命令等の場合と同様に、その限度額は原則として賃金請求権の4分の1である（民事執行法152条）という立場もあるが、裁判所の判例では合意相殺の場合には、それが従業員側も自由な意思で行われる場合には、限度はないものとされている。判例は、退職金の放棄について、これも後述155頁）のとおりであるが、労働者の自由な意思に基づくと認めるに足りる合理的な理由が客観的

に存在することを必要としている（🔨 **シンガー・ソーイング・メシーン事件**（最高裁昭和 48 年 1 月 19 日判決、判例時報 691 号 107 頁）。

④過払い相殺の場合、会社が誤って、従業員の賃金に、本来支払わなければならない金額よりも大きな金額を支払ってしまった場合に、それをその後の賃金支払期において過払い分を相殺して減額して支払うことができるかという問題である。これは、会社側の賃金の計算違いの場合や支払期の終盤に長期の欠勤やストライキなどにより賃金カットすべきところがカットできなかったというような場合に発生するが、この場合も賃金の全額払いの必要性から、その例外として認められるのは裁判例は厳格に解している。即ち、①相殺額が給与額に応じて相当な金額であること、②時期が接着していることを要求している。参考となるのが、🔨 **福島県教組事件**（最高裁昭和 44 年 12 月 18 日判決、判例時報 581 号 3 頁）である。これは、過払い相殺の時期が接着した時期になされ、金額が多額にわたらない場合には相殺できると判断された。また、🔨 **水道機工事件**（最高裁昭和 60 年 3 月 7 日判決、判例時報 449 号 49 頁）の控訴審判決（東京高裁昭和 54 年 9 月 25 日判決、労経速 1044 号 23 頁）、一審判決（東京地裁昭和 53 年 10 月 30 日判決、労働判例 308 号 73 頁）は相殺による控除額は民事執行法 152 条の趣旨より月額賃金の 4 分の 1 を限度とするものと判断している。

（4）賞与からの相殺は

賞与は月例給与とは異なり、支給基準や支給額、支払方法、支払期日、支給対象者などは必ずしも予め、決められていないわけであり、会社の蒙った損害額を賞与との相殺が許されないのかという問題である。

減給制裁を賞与から行う場合についての通達（昭和 63 年 3 月 14 日基発第 150 号）では、「（問）賞与からの減額の制裁は可能か。（答）制裁として賞与から減額することが明らかな場合には、賞与も賃金であり、法 91 条の減給の制裁に該当する。したがって賞与から減額する場合も 1 回の事由については平均賃金の 2 分の 1 を超え、また、総額については、一賃金支払期における賃金、即ち賞与額の 10 分の 1 を超えてはならないことになる」と述べており、賞与も賃金と

して取り扱われ、その賞与から労働者が負うべき債務を控除するという取扱いは認められる。

　以上より、これらの要件を満たせば、賞与からも従業員が与えた損害につき、合意相殺の下で相殺することは可能である。

09　労使交渉が長期化した場合の一部支給

　賞与は、元々、その支給基準、支給額、支給方法、支給期日、支給対象者などは決められておらず、労使の当事者間で自由に定めうるものである。労働組合がある場合には、夏季と冬季の賞与を労使で団体交渉の上で決定するという方法を採用するのが通常で、その場合には、労使の間で労働協約を締結することになるが、その締結時点で、賞与額が決定することになる。労働組合がない場合には、使用者側が賞与額を決めて周知した時点で賞与額が決定することになる。

（1）団体交渉の行き詰まり

　労働組合がある場合には、夏季賞与、冬季賞与は会社と労働組合との団体交渉とその合意、労働協約の締結によって決定されることになるが、その合意がなかなか得られない場合には、賞与は決まらず、労働組合員の賞与は何時までも支給されないことになってしまう。

　そのまま妥結できていない状況で、例年であれば賞与が支給されている時期（例えば7月末）を経過すると、労働組合員の生活に影響が出てくることが考えられる。というのは、労働者は住宅ローン等で7月、12月は賞与を見込んで多額の返済の予定を立てている者も多いし、お盆や年末に里帰りや家族旅行を予定している者もいるであろうが、賞与の支給がないと、他からその資金を調達したり、予定を変更しなければならない場合も出てくるからである。その意味では、妥結せずに交渉期間が長期に続くことは、組合員にとっては決して好ましくはない。会社としては団体交渉を終了させて、賞与の支払いを行うという方法と、団体交渉を一旦停止して、妥結していないとしても、賞与の仮払いを行う方法が

ある。

（2）仮払いの方法の選択

　賞与についての仮払いをする方法は、労働組合側から希望する場合と使用者側から希望する場合がある。

① 労働組合側から希望する場合

　労働組合としては、組合員が生活に困る者が出てくる場合があること、非組合員や他の組合員が既に賞与は支給されているにもかかわらず、その組合だけが妥結していない場合には、場合によっては組合員が労働組合を批判したり、脱退する可能性があることから、妥結はしていないけれども、例えば、前年度実績での仮払いや会社側の提示する賞与額を仮に支払って欲しい旨を申し入れることは正当な理由があり、その申入れに会社が応じれば、仮払いとなる。

　また、労働組合としては、会社からの仮払いではなく、労働組合から一時の貸付けを行う場合もある（労働金庫に借入れの要請をすることもできる）。これは、会社から仮払いを受けてしまうと、その後の交渉でどうしても会社の回答金額に引きづられてしまい、その後に上乗せの団体交渉をしても、会社の方はのらりくらりの回答をするなどして、その後の団体交渉に不利な影響が出ると考えてのことである。

② 会社側から仮払いを申し出る場合

　労働組合側から仮払いを言い出さなくとも、逆に会社側から希望者には仮払いをするように申し出る場合もある。

　というのは、従業員の中には、管理職など元々労働組合員の資格のない者や非組合員がおり、その者には通常の賞与支給の時期に会社の決めた賞与額を支払うことになるし、他の労働組合が既に賞与の妥結をしている場合にはその労働組合に所属している組合員には支給されるということになるが、そうすると、当該労働組合の組合員には支給されずに、他の労働組合の組合員や管理職・非組合員には賞与が支給されるという事態になってしまう。その場合には、会社としても事務手続き上は大変なロスになるために、とりあえずは、会社の提示し

た賞与の金額を仮に支払うことが会社側からみてもメリットになる。もちろん、会社の立場からすれば、仮払いとはいえ一度支払ってしまえば、その後の団体交渉では、それ以上は上乗せできないという姿勢を強める意味もあるといえる。

（3）労働組合側の仮払いの拒否の場合

　労働組合にとっては仮払いを受けることについては、その後の賞与額の交渉を継続したいにもかかわらず、仮払いで一旦団体交渉がストップするという事態は避けたいと考えるのも無理はない。ということであれば、会社が仮払いをしようとするのを拒絶して団体交渉を続けるという選択肢は無論相当なものであると評価できる。その場合は、会社は団体交渉を打ち切ったり、引き延ばしをすることができるか否かという問題がある。

（4）団体交渉の打ち切り

　会社は、既に賞与の支払時期が来ており、管理職などの非組合員や他の労働組合の組合員には賞与を支給しなくてはならない状況にきているので、もはや当該労働組合とは付き合えないとして団体交渉を打ち切って、回答してきた賞与額を支払うという事態が考えられる。これは、団体交渉が既に暗礁に乗り上げて、お互いに打開の方策がない状況に至っている場合であれば可能であるが、これは、労使双方が当該議題についてそれぞれ自己の主張・提案・説明を尽くし、これ以上交渉を重ねても進展する見込みがない段階に至ったときと解されている。

　団交の打ち切りが正当な理由があるとして認められた事例として 🏛️池田電器事件(最高裁平成4年2月14日判決、労働判例614号6頁)がある。事案は会社が円高不況により経営不振に陥り倒産したが、裁判所に和議を申立てるとともに従業員全員を解雇して、労働組合は解雇の撤回を求めて団体交渉を申し入れ、5回にわたって団体交渉を行い、会社は会社再建、解雇の撤回は考えられないとして、団体交渉を拒否したので労働組合は徳島県地方労働委員会に団体交渉拒否の不当労働行為の救済申立てを行い、その申立てが労働委員会により認められたので、会社が裁判所にその命令の取消を求めたと

いう事案である。最高裁は、この会社再建、解雇撤回の要求について、「主張
は対立し、いずれかの譲歩により交渉が進展する見込みはなく、団体交渉を
継続する余地はなくなっていたというべきであるから、会社が右の問題につ
き団体交渉の継続を拒否していたことに正当な理由がないとすることはでき
ない」と判断した。

　この程度の行き詰まり状況に至っているのであれば、団交の拒否も許され
ることにはなる。

（5）団体交渉をストップして仮払いを行う場合

　会社が団体交渉を終了するという意思はないにしても、組合員らの生活の事
情などを鑑みて、とりあえず、労働組合の意向を無視して仮払いを強行した場合
であるが、この場合には、労働組合は賞与の支給が遅れても忍従し、仮払いは拒
絶するという方法を選択した場合であり、労働組合が団交を継続する旨を申し
入れているにもかかわらず、とりあえずは仮払いをして団体交渉をストップす
るというのは、会社の団体交渉拒否と見られ不当労働行為となる可能性が高い
といえる。♨ **琴丘ふくし会事件**（秋田県労働委員会平成 22 年 12 月 8 日命令、
労働判例 1018 号 96 頁）は次のような事例である。

　労働組合は平成 21 年夏期一時金につき申入れをし、ふくし会法人は、決算
後に回答し、団交において、賞与の回答を理事会後に行うと述べていたが、
同年 6 月 10 日に法人は、決算書を労働組合に提出し、同日の団体交渉において、
夏季賞与を 1.93 か月と回答して、さらに同年 6 月 22 日の団体交渉において、
人件費比率を考慮して支給率を決定したと説明し、組合からは団体交渉で決
まったことは妥結書を交わすようにしたいと申し入れられて、法人は一旦は
それを承認した。ところが、法人は、同年 6 月 30 日に労働組合に事前の打診
や通告もなく、全職員に夏季賞与を支給してしまったのである。労働組合は
秋田県労働委員会に団体交渉拒否の不当労働行為の救済申立てを行い、同委
員会は、次のように述べて団体交渉を拒否したものとして不当労働行為と認
定した。

「平成 21 年 6 月 22 日の団体交渉において、M 書記長が、今後は団体交渉で決まったことについては協定書を取り交わすようにしたいと申し入れ、N 理事長が了承した。これは、労使双方の考え方の一致点を求め、妥結した場合には書面で確認しあい、妥結内容に基づいて労使双方が行動するという、当然のルールといえる。したがって、夏季賞与についても、労使双方が合意に達したときは協定書を作成し、その後に法人から職員に対して支給されるべきであった。また、この段階では、法人からは支給率と人件費比率が示されただけであって、十分な根拠説明がなされていなかった。前記のとおり、支給率については労使の主張の隔たりは小さくなっているものの、基本給に扶養手当を加えた額を基本にするかどうかについては合意にいたっておらず、6 月 30 日の時点では、夏季賞与に関する団体交渉は未だ継続中であったと認められる。

法人は、妥結した場合に書面で確認しあうことを了承したにもかかわらず、また、夏季賞与の団体交渉が妥結していないことを十分に認識しながら 6 月 30 日に全職員に夏季賞与を一方的に支給したのであるから、この支給に正当な理由があるとはいえず、団体交渉の拒否といわざるを得ない」

以上のとおり、会社としては、早目に支払いたいという希望があるにしても、労働組合の意向を確認すべきであり、労働組合がそれを了承すれば、仮払いをすればよい。また、労働組合がそれを了解しない場合には、一方的に打ち切って労働組合員に対して賞与を支払うことは、団交拒否の不当労働行為（労組法 7 条 2 号）になる可能性が高いといえる。

また、仮払いが終わった後に、団体交渉の申入れがあれば、暗礁に乗り上げて打開の道がない状態になったというような特殊な事情が無い限り、使用者はこれに応じなければならないと考える。

10　決算賞与の廃止

企業によっては、夏季冬季の賞与の他に、例えば、年度末の決算賞与を支給し

ている場合があるが、そのような賞与の廃止が労働条件の不利益変更に該当するのかという問題である。

（1）決算賞与等の第三の賞与は労働条件か

　例えば、決算賞与等の第三の賞与が、長年その時点の業績に応じて支払われてきたという場合には、それだけ長い間支払われてきたとすれば、会社側とすれば、任意恩恵的な支給をしているに過ぎないと理解していたとしても、労働者側、労働組合側は、労働条件としての賃金に該当すると理解する可能性はある。その場合には、決算賞与等の第三の賞与は労働条件となり、その廃止は不利益変更になる。

（2）賞与は賃金か

　既述（98頁）のとおり、賞与は賃金かという基本的な問題がある。

　賃金とは何かということであるが、労働者が使用者に対して労働の対償として請求できるものをいうものであり、労基法11条は、「この法律で賃金とは、賃金、給料、手当、賞与その他名称の如何を問わず、労働の対象として使用者が労働者に支払うすべてのもの」をいうと定めている。これを見ると、賞与は賃金ということになるが、通達（昭和22・9・3発基第17号）によると、賞与とは、「定期又は臨時に、原則として労働者の勤務成績に応じて支給されるものであって、その支給額が予め、確定されていないものをいう」と定義されている。つまり、業績によって多く支給されることもあり、また、逆に少なく支給されることもあり、全く支給されないこともあることになる。

　つまり、賞与とは、月額給与のように毎月支払われるものではなく、必ずしも支給されず、支給基準、支給額、支給方法、支給期日、支給対象者などは、原則としてその時点で労使で決定するものということになる。その意味で、労働者が使用者に対して、何時までにいくら支払えという要求ができるものではなく、厳密な意味での権利ではなく、事前の請求権は成り立ちえないことにはなる。

（3）不利益変更か否か

　では、賞与は厳密な意味での請求権の成り立つ権利ではないので、それを支給しなくなることは労働条件の不利益変更ではないのかということが問題となるが、厳密な意味での請求権はないにしても、賞与は重要な労働条件であり、これまで支給されていたものが不支給になれば、労働条件の不利益変更として捉えることができる。

　決算賞与等の第三の賞与であっても、長期間は年度末等の一定の時期の業績に応じて支払われてきたものであり、計算方法は決められておらず、会社の裁量として支払われてきたものであり、必ずしも一定額ではないにしても、それを廃止して今後は支払わないとすることについては労働条件の不利益変更の問題として考えるべきである。

　そうだとすると、これまで決算時期に支払われてきた決算賞与を今後廃止するということは、重大な労働条件の不利益変更の問題としてそれが許されるか否かを検討しなければならない。

（4）労働契約法の規定

　就業規則によって、労働条件の不利益変更の有効性については、長年、判例によってその有効性の基準が形成されてきたが、平成20年4月1日施行の労働契約法でその判例の内容が法条文化された（同法9条、10条）。

（5）労働条件の不利益変更についての判例

　労働条件の不利益変更に関する判例は、245頁で詳述するので、ここでは秋北バス事件と第四銀行だけ紹介することとする。

①秋北バス事件

（最高裁昭和43年12月25日判決、判例時報542号14頁）

　この事件は、定年制のない会社に55歳定年制を就業規則を改正して新たに導入しようという事案であるが、判決は次のように労働条件の不利益変更についての考え方を示し、リーディングケースとなった。

「おもうに、新たな就業規則の作成又は変更によって、既得の権利を奪い、労働者に不利益な労働条件を一方的に課することは、原則として、許されないと解すべきであるが、労働条件の集合的処理、特にその統一的かつ画一的な決定を建前とする就業規則の性質からいって、当該規則条項が合理的なものであるかぎり、個々の労働者において、これに同意しないことを理由として、その適用を拒否することは許されないと解すべきであり、これに対する不服は、団体交渉等の正当な手続きによる改善に待つほかはない。そして、新たな定年制の採用のごときについても、それが労働者にとって不利益な変更といえるかどうかは暫くおき、その理を異にするものではない」と判示し、定年制の導入が不利益変更ではないと判断され、これ以上に不利益変更の合理性の内容についての判断はされなかった。

🦢 ②第四銀行事件

（最高裁平成９年２月28日判決、労働判例710号12頁）

それまでの判例を集大成したものが第四銀行最高裁判決といわれている。その内容は次のとおりである。

「新たな就業規則の作成または変更によって労働者の既得の権利を奪い、労働者に不利益な労働条件を一方的に課することは、原則として許されないが、労働条件の集合的処理、特にその統一的かつ画一的な決定を建前とする就業規則の性質からいって、当該規則条項が合理的なものである限り、個々の労働者において、これに同意しないことを理由としてその適用を拒むことは許されない。そして、右にいう当該規則条項が合理的なものであるとは、当該就業規則の作成または変更が、その必要性及び内容の両面からみて、それによって労働者が被ることになる不利益の程度を考慮しても、なお当該労使関係における当該条項の法的規範性を是認することができるだけの合理性を有するものであることをいい、特に賃金、退職金など労働者にとって重要な権利、労働条件に関し実質的な不利益を及ぼす就業規則の作成または変更については、当該条項が、そのような不利益を労働者に法的に受忍させることを許容することができるだけの高度の必要性に基づいた合理的な内容のものである場合において、その効力を生ずるものというべきである」

「右の変更の内容は、具体的には、就業規則の変更によって労働者が被る不利益の程度、使用者側の変更の必要性の内容・程度、変更後の就業規則の内容自体の相当性、代償措置その他関連する他の労働条件の改善状況、労働組合等との交渉の経緯、他の労働組合又は他の従業員の対応、同種事案に関する我が国社会における一般的状況等を総合考慮して判断すべきである」

以上のとおり、決算賞与等第三の賞与も長年支給されてきたとすれば労働条件であり、会社の業績が悪化して支給できないと考えたとしても、それを契機に今後一切支給しないとすることは従業員にとっては大きな不利益であり、合理性の有無についての検討が必要である。合理性が認められるためには、決算賞与廃止の見返りとしての代償措置や経過措置なども検討しなくてはならないものと考えられる。

11 　正社員と有期契約社員の賞与の取扱い

詳しくは、同一労働同一賃金の章で述べる（255 頁）。

賞与の内容についても、改正パート有期労働法 8 条の均衡待遇の原則にのっとり、職務内容や職務内容・配置の変更の範囲その他の事情も考慮して不合理とされる相違であってはならないものとされるので、契約社員や定年後再雇用の嘱託社員にも賞与の取扱いを見直さねばならない場合がある。

賞与の支給基準が、会社業績に対する貢献のみの場合には、同一労働同一賃金ガイドライン（平成 30 年厚生労働省告示第 430 号「短時間・有期雇用労働者及び派遣労働者に対する不合理な待遇の禁止等に関する指針」）によれば、契約社員や定年後再雇用者に対する不支給や一律支給は、問題のある事例として扱われる。

（1）パート有期労働法の内容

平成 31 年 4 月施行のパート有期労働法では、パート労働者ばかりではなく、

新たに「有期雇用労働者」も均等待遇規定の対象とする。そのため、労働契約法20条（期間の定めがあることによる不合理な労働条件の禁止）は削除された。

以下、条文を紹介する。

改正パート有期労働法8条

「均衡待遇規定」

「事業主は、その雇用する短時間・有期雇用労働者の基本給、賞与その他の待遇のそれぞれについて、当該待遇に対応する通常の労働者の待遇との間において、当該短時間・有期雇用労働者及び通常の労働者の業務の内容及び当該業務に伴う責任の程度（以下、「職務の内容」という）、当該職務の内容及び配置の変更の範囲その他の事情のうち、当該待遇の性質及び当該待遇を行う目的に照らして適切と認められるものを考慮して、不合理と認められる相違を設けてはならない」

（2）指針（ガイドライン）の策定

パート有期労働法の改正を受けて、平成30年厚生労働省告示第430号「短時間・有期雇用労働者及び派遣労働者に対する不合理な待遇の禁止等に関する指針」（同一労働同一賃金ガイドライン）が策定された。

この同一労働同一賃金ガイドラインによると、賞与については、「賞与であって、会社の業績等への労働者の貢献に応じて支給するものについて、通常の労働者と同一の貢献である短時間・有期雇用労働者には、貢献に応じた部分につき、通常の労働者と同一の賞与を支給しなければならない。また、貢献に一定の相違がある場合においては、その相違に応じた賞与を支給しなければならない」と基本的な考え方を示している。

そして、問題になる例として「イ　賞与について、会社の業績等への労働者の貢献に応じて支給しているA社において、通常の労働者であるXと同一の会社への業績等への貢献がある有期雇用労働者であるYに対し、Xと同一の賞与を支給していない」「ロ　賞与について、会社の業績等への労働者の貢献

に応じて支給しているＡ社においては、通常の労働者には職務の内容や会社の業績等への貢献等にかかわらず全員に何らかの賞与を支給しているが、短時間・有期雇用労働者には支給していない」とされている。

　会社の業績等に応じて労働者の貢献に応じて支払われる賞与は、非正規のパート、有期雇用の労働者であっても全く支払わない場合には問題とされる。また、無給の場合はもちろん、例えば、非正規のパート労働者、有期労働者には定額で一律５万円という支払方法も問題とされる。

（3）裁判例の動向（大阪医科薬科大学事件）

　これまでも、労働契約法 20 条の均衡待遇の取扱いの規定の適用を巡って、正規社員と非正規社員との労働条件の格差につき、基本給、各種手当、退職金、賞与などについての格差の是正を求めた裁判があり、一部請求が認められたものはあった。それらのうち賞与に関しては、非正規社員に賞与がなくとも、また、計算方法が異なって支払額が、少なくとも正規社員と同等に支払うように賞与の支給や差額の支給を命じた裁判例はなかったが、🚶 大阪医科薬科大学事件（大阪高裁平成 31 年 2 月 15 日判決、労経速 2374 号 3 頁）は、アルバイト職員に対して賞与の支払いを認めた。これは極めて驚くべき判決であるが、大阪高裁という権威ある裁判所の判決であり、到底無視できるものではないので、紹介する。

　原告Ｘは、アルバイト職員としてＹ大学に期間契約で採用されて、２年２か月程、契約を更新されていた。Ｙ大学の労働者には、正職員、嘱託職員、契約職員、アルバイト職員がいたが、正職員、契約職員には賞与は支給され、嘱託職員は支給される者とされない者がおり、アルバイト職員には賞与は支給されていなかった。アルバイト職員は、特定の業務に限定して募集採用されており、定型的な業務で他の部署に配転されることは殆どない状況であった。これに対して、正職員は、勤務場所や職務内容の限定はなく、大学や付属病院の全ての業務に携わり、異動もあり、どの部署でどの職務にも対応していた。

Xの業務は、教室事務員として、教授や教員、研究補助員のスケジュール管理やアポ取り等の日程調整、電話・メール・来客対応、業者対応、お茶出し、パワーポイントなどの資料の作成、教授の随行、教室の経理、備品の管理、清掃、ゴミ処理等を行っていた。

Xは、正職員との間で、賃金(基本給)、賞与、年末年始や創立記念日の休日における賃金支給、年休の日数、夏季特別有給休暇、私傷病欠勤中の賃金・休職給、付属病院の医療費補助などの差異があることは労働契約20条に違反するとして、不法行為に基づく損害賠償請求をしたが、一審判決(大阪地裁平成30年1月24日判決、労働判例1175号5頁)はXの請求を棄却した。控訴審判決は、基本給の格差については不合理とは認めなかったものの、賞与・夏季特別有給休暇・私傷病欠勤中の賃金・休職給については不合理と認め、損害賠償請求を認めた。そのうち、賞与については次のように述べている。

Y大学における賞与は「明確な定めはないものの、正職員に対して支給されていた賞与は、旧来から通年で概ね基本給4.6か月…との額であったことが認められる。賞与の支給額は、正職員全員を対象とし、基本給にのみ連動するものであって、当該従業員の年齢や成績にも連動するものではなく、Yの業績にも一切連動していない。このような支給額の決定を踏まえると、Yにおける賞与は、正職員としてYに在籍していたということ、すなわち、賞与算定期間に就労していたことそれ自体に対する対価としての性質を有するものというほかはない。そして、そこには、賞与算定期間における一律の功労の趣旨も含まれるとみるのが相当である」

「Yにおける賞与が正職員として賞与算定期間に在籍し、就労していたこと自体に対する対価としての性質を有する以上、同様にYに在籍し、就労していたアルバイト職員、とりわけフルタイムのアルバイト職員に対し、額の多寡はあるにせよ、全く支給しないとすることには、合理的な理由を見出すことが困難であり、不合理というしかない」

「もっとも、Yの賞与には、功労、付随的にせよ、長期就労への誘引という趣旨が含まれ、先にみたとおり、不合理性の判断において使用者の経営判断を尊重すべき面があることも否定できない。さらに…正職員とアルバイト職員とでは、実際の職務も採用に際し求められる能力にも相当の相違があったというべきであるから、アルバイト職員の賞与算定期間における功労も相対的に低いことは否めない。これらのことからすれば、フルタイムのアルバイト職員とはいえ、その職員に対すると同額としなければ不合理であるとまではいうことができない。上記の観点及びYが契約社員に対し正社員の約80%の賞与を支払っていることからすれば、Xに対し、賃金同様、正職員全体の内平成25年4月1日付けで採用された者と比較対照し、その者の賞与の支給基準60%を下回る支給しかしない場合は不合理な相違に至る」

なお、上告審判決（最高裁令和2年10月13日判決・判例時報2490号67頁②）はこの控訴審の判断を覆えして、賞与請求権を否定した。即ち「第一審被告の正職員に対する賞与の性質やこれを支給する目的を踏まえて、教室事務員である正職員とアルバイト職員の職務内容を考慮すれば、正職員に対する賞与の支給額が概ね通年で基本給の4.6か月分であり、そこに労務の評価や後払いや一律の功労報償の趣旨が含まれることや、正職員に準ずるものとされる契約職員に対して正職員の約80%に相当する賞与が支給されていたこと、アルバイト職員である第一審原告に対する3年間の支給額が平成25年4月に新規採用された正職員の基本給及び賞与の合計額と比較して55%程度の水準にとどまることを斟酌しても、教室事務員である正職員と第一審原告との間に賞与に係る労働条件の相違があることは、不合理であるとまで評価することができるものとはいえない」と述べている。

（4）今後の非正規社員についての賞与の取扱い

これまでの企業社会における非正規社員に対する賞与支給の実態と、同一労働同一賃金ガイドラインの内容（「賞与について、会社業績への貢献に応じて賞与を支給しているということ」を支給基準としているが）とがかけ離れており、また、大阪医科薬科大学事件控訴審判決のような、「賞与算定期間に就労していたことそれ自体に対する対価」を支給基準としており、全く意外な判決も出され

ているため、企業実務においてもかなり混乱してしまうし、今後の動きはなかなか予想し得ないところである。

　このガイドラインが「会社業績への貢献」のみを賞与の支給基準としている趣旨なのか、また、大阪医科薬科大学事件の控訴審判決が就労していたこと自体のみを支給基準にしているという趣旨なのか否かが定かではなく、他の支給基準があれば、このような結果にはならないという解釈ができれば企業での対応は可能と思われる。

　できれば、正規社員と業務内容や人事異動等が類似する非正規社員に対しては、賞与についても実態に比較して非正規社員の待遇が著しく劣っているといわれないような賞与を検討しておかなければならないように思われる。

3

退職金

01 退職金は賃金か

退職金は、支給の有無、支給額がもっぱら使用者の裁量に委ねられているかぎりは、任意的恩恵的給付として賃金にはならない。支給条件が明確ではないからである。しかし、ほとんどの企業では、労働協約や就業規則、労働契約などに退職金支給規程を設け、退職金の支給基準が規定され、これを満たした場合の使用者の支払義務が規定されており、このような場合、退職金も賃金と認められる（昭和22年9月13日発基17号）。

ただし、元々、退職金は法的に支払わなければならないものではなく、退職金は、功労報償的な性格、賃金の後払い的性格、生活補助的性格等を併有しているという特殊性がある。

なお、社外積立の退職手当は賃金かという問題はあるが、社外積立の退職手当であっても、労働協約や就業規則、労働契約などに退職手当の支給規程が存在し、退職手当の支給基準が規定され、これをみたした場合の使用者の支払義務が規定されているような場合は、同様に賃金にあたることになる。

02 退職金制度の沿革

退職金がいつ頃から普及してきたかについては必ずしも明確ではないが、法律として制定されたのは、1936（昭和11）年に施行された「退職積立金及び退職手当法」が最初である。この法律では、50人以上の労働者を使用する工場法、鉱業法の適用事業所の事業主を対象に、現業労働者の賃金から一定率を控除して積み立て、退職・解雇・死亡時に支給するという仕組みであった。この退職積立金及び退職手当法は、1941（昭和16）年施行の労働者年金保険法と統合され、1944（昭和19）年に旧厚生年金法に吸収されることになる（勤労者労働問題研究会編「退職制度の裁判事例と変更手続き（初版）4～9頁、労働調査会2003年）。

戦後、企業における退職金制度も次第に普及したが、退職年金制度は公的年金との密接な関係の下で発展してきたものといえる。1959（昭和34）年には中

小企業の退職金制度をバックアップするものとして「中小企業退職金共済制度」が制定され、1962（昭和37）年には「適格退職年金」が、1966（昭和41）年には「厚生年金基金」がそれぞれ開始された。

03　退職金の労働条件としての意義

　労働者にとっては退職金は賃金と並んで極めて重要な労働条件である。この点は、不利益変更論のところで詳述するが、退職金の不利益変更の有効性を巡っての重要な裁判例が多いので若干紹介する。

　大阪日々新聞事件（大阪高裁昭和45年5月28日判決、判例タイムズ252号155頁）は、就業規則の変更によって退職金を減額する場合に、「既往の労働の対償たる賃金」について減額することは、例え、経営不振等の事情があるとしても到底、合理性は認められない旨を判示している。

　さらに、**御國ハイヤー事件**（最高裁二小昭和58年7月15日判決、判例タイムズ515号117頁）は、退職金支給規程を廃止し、それ以降の就労期間は退職金の基礎になる勤続年数に算入しないという取扱いについての有効性が争われた事案であるが、その上告審判決は、この変更は、従業員に対しそれ以降の就労期間が退職金算定の基礎となる勤続年数に算入されなくなるという不利益を一方的に課すものであるにもかかわらず、代償となる何らの労働条件も提示していないとして合理性を欠くものとして無効と判断している。

　大曲市農協事件（最高裁三小昭和63年2月16日判決、労働判例512号7頁）は、退職金の引き下げの有効性につき、退職金について賃金と並ぶもっとも重要な労働条件として位置づけられ、その賃金、退職金等の労働者にとって重要な権利、労働条件に関して不利益を及ぼす就業規則の作成または変更については、「当該条項が、そのような不利益を労働者に法的に受忍させることを許容できるだけの高度の必要性に基づいた合理的な内容のもの」である場合に限って効力

を有すると解した。

このように、判例上も退職金は賃金と並ぶ重要な労働条件とされ、それを不利益に扱うことは、既往の労働分については認められないばかりか、将来分についても高度の必要性に基づいた合理的な内容でなければ一方的な変更は許されないと解されるのである。

04 退職金制度の新しい形態

（1）勤続年数が長い労働者の有利な制度

退職金は、基本給と、勤続年数に応じた係数を掛けた数字を乗じて算出する企業が多く、また、勤続年数が長ければ長いほど係数は大きくなっていた。また、自己都合退職などの場合も係数を低くして不利に取り扱うものが多かったのが実情である。

この伝統的な退職金の一時金制度は、この長い平成不況の時代、また会計制度の変更により、もはや十分な原資を確保することが困難となった事情の下に、見直しの方向での改訂がなされてきた。それは減額という不利益変更の問題以外に、ポイント制度や前払い制度などである。

（2）ポイント制退職金制度

能力主義、成果主義の人事管理の必要性が叫ばれており、退職金制度も、より会社に貢献して発揮した成果を金額に反映させる方向への改革もなされてきたが、それがポイント制である。このポイント制は、例えば、1年ごとのポイント数を設定し、入社から退職までのポイントを累積して、その点数に1点当たりの単価を乗じて退職金を算出する方法である。

問題は、そのポイントを何処に焦点を当てて付与するかであるが、職能ポイント（職能資格制度における格付等級に対応させた一定のポイントを設けたもの）、勤続ポイント、評価ポイント（人事考課によって決定されるポイント）、昇格ポイント（昇格時に付与されるポイント）、役職ポイント等がある。

（3）退職金前払い制度

　従来型の退職金制度は、並の働き方をしていても、長期に勤続すれば多額の退職金が得られる一方、若くして成果を上げても、勤続年数が短ければ退職金は少なく、若者にとっては張り合いがない制度であった。さらに、長期雇用も崩れ、より労働条件の良い企業、より能力を高められる企業に転職を繰り返す労働者も増えることになった。彼らから見れば従来型の退職金制度には全く魅力を感じず、一定の成績を上げて、成果を上げれば、それに見合う報酬をその場で欲しいと考えるようになっていったのである。他方で、企業においても、企業会計制度の導入による退職給付金債務を削減する観点からも、退職金の前払い制度が採用される傾向につながったのである。

　前払い制度を導入する場合には、一律に導入せずに希望者のみに前払い制度を適用するという方法もあれば、一律に導入するという方法もある。一律に導入する場合には、既存の退職金制度を廃止して一旦その時点で退職金一時金制度を精算して、その後に改正後の将来分については退職金相当額を毎月の給与や賞与などに上乗せして支払うという方法が採用される場合が多い。

05　退職年金制度との関係

　一般に退職金といわれるのは、退職一時金であるが、退職年金といわれるものがあり、退職後年金として分割して定期的に退職金が支払われる。その退職年金には、企業年金と公的年金がある。

　歴史的に概観すると、戦後の経済復興期から高度経済成長期にかけては、厚生年金制度はあったものの、その内容の充実度が不十分であったところから、企業は優秀な人材を確保するためにとりわけ大企業では退職金制度を充実させるように努力した。そして、中小企業にもその要請があり、1959（昭和34）年に中小企業退職金共済法が成立し、さらに特定退職金共済制度も発足した。その後、1962（昭和37）年に法人税法、所得税法が改正され、税制適格年金制度が創設され、1965（昭和40）年に厚生年金基金制度が創設された。

2000（平成12）年4月から新しい退職給付会計基準制度が導入され、自社積み立ての退職一時金か外部積立ての企業年金かをとわず、退職一時金と企業年金が統一的な基準で処理が行われることになった。この退職給付会計基準の原則の導入により、企業年金の実態が明らかにされるようになって、企業年金の抜本的見直しが行われることになり、2001（平成13）年6月に、新型の年金制度として、確定給付企業年金と確定拠出企業年金が創設された。以下、退職年金制度につき、簡潔に紹介する。

（1）中小企業退職金共済制度

中小企業退職金共済法に基づき、中小企業の事業主が、労働者を被共済者とする退職金のことである。共済契約を勤労者退職金共済機構と締結して、事業主が掛金を支払い、労働者の退職時に機構から退職金が支給される制度である。

事業主が支払う掛金は税法上損金あるいは必要経費として処理される。掛金を拠出する事業主に対しては掛金助成制度がある。

なお、事業主が掛金についての支払いを怠っていたために、拠出不足によって、その労働者の退職金が不足した場合につき、事業主はその不足分について支払義務を負うとした ♠ **中央プリント事件**（東京地裁昭和51年7月15日判決、判例時報848号87頁）がある。被告Y会社には、その就業規則の規定により、Y社は共済法に基づく退職金共済制度に加入して従業員に退職金を支給すること、Y社は原則としてすべての従業員について事業団との間に退職金共済契約を締結すること、契約の掛金月数が具体的に規定され、したがって、共済法の規定により支給されるべき退職金の額が決定されうることとそれぞれ規定されているという認定の下で、判決は、「右事実からY社の従業員Xが所定の要件に該当するときには、事業団に対し退職金請求権を有することを認めることはできるが、このことから直ちに従業員Xが使用者に対し退職金請求権を有しないということはできないと解するべきである。けだし、退職金は賃金の後払たる法的性質を有するものと解すべきであるから、本来使用者より従業員に支払われるべきものであり、本件のように使用者が退職金共済制度に加入したとしても、

それは使用者の退職金の支払いを確実ならしめ、かつ、退職金支払事務の便宜等を図るため右の制度を利用しているものというべきであるから、そのことによって従業員の使用者に対する退職金請求権に消長を来すべき合理的な根拠はなく、また前記の退職金支給規定の各規定もXのY社に退職金請求権を否定する趣旨とみることもできない」として、その不足分については事業主が負担しなければならない旨を判示した。

（2）特定退職金共済制度

　商工会、商工会議所、市町村などの税務署の承諾を受けた特定退職金共済団体が、事業主との間で退職金共済契約を締結して実施する制度であり、事業主が掛金を支払い、労働者の退職時にその団体から退職給付金が支給される。掛金は損金あるいは必要経費扱いとされる。

（3）税制適格年金制度

　既に存在しなくなった制度であるが、その継承の経緯が他の制度と関係するので紹介する。

　税法上の適格要件を充足し、国税庁長官の承認を受けた適格年金契約に基づく年金であり、事業主は金融機関（信託銀行、生命保険会社等）と契約し、掛金を負担して、金融機関が運用して、退職時に年金または一時金として支払う仕組みであった。税法上の承認を受けており、事業主は掛金全額を損金に算入することができ、また、労働者も掛金の段階で課税されず、年金が支給される段階で雑所得（一時金の場合は退職所得）として課税される。

　この制度は、平成不況のあおりを受けて資金運用環境の悪化、事業主側の積立金の不足の問題があり、その不足分の穴埋めは事業主側がしなければならないことになり、確定給付企業年金法の成立を機に、2002（平成14）年4月以降資金運用環境の悪化、新規の承認は認められないことになり、既存の適格年金制度も確定給付企業年金法附則5条により、2012（平成24）年3月31日までに確定給付企業年金その他の制度への移行がなされた。

（4）厚生年金基金制度

　厚生年金保険法に基づき、単独または複数の企業が別法人（厚生年金基金）を設立してその基金が労使から掛金を徴収して運用管理して、年金の支給を行う。この厚生年金基金制度は、厚生年金基金制度の一部（国民基礎年金部分ではなく、老齢年金部分）を代行する仕組みになっている。

　この基金は、国の公的年金の一部を代行するという性格上、厚生年金法に基づき、厚生年金基金連合会によって管理・運営され、行政官庁の指揮監督下におかれる。

　しかしながら、厚生年金基金は厚生年金の代行部分の運用管理が深刻な問題となっていた。そのためその厚生年金基金は、この代行部分を厚生年金（国）に返上するとすれば、もはや厚生年金基金として認められないことになり、解散するか他の年金基金への移行とされた。即ち、2014（平成26）年に厚生年金法が改正施行され、①施行日（2014（平成26）年4月1日）以降の厚生年金基金の新設は認めない、②施行日から5年間の時限措置として、他の企業年金制度への移行を促進する、③施行日から5年以降は健全基金以外の基金に解散命令を発動するということになっている。

（5）確定給付企業年金制度

　確定給付企業年金法に基づき、2002（平成14）年4月1日から実施が可能になった制度であり、規約型と基金型の2つがある。

　規約型は、労使が合意して年金規約を締結し、その年金規約に基づいて、事業主が信託銀行・生命保険会社等と契約を締結し、その信託銀行等が資金を管理運用して、年金給付を行うものである。

　基金型とは、別に基金を設立して、その企業年金基金において資金を管理運用して年金給付を行うというものである。

　さらに、この制度は、税制適格年金制度からの移行や、代行部分を返上した厚生年金基金からの受け皿としての意義をもっている。

　確定給付企業年金に加入できるのは、実施事業所に使用される被用者年金被保険者等である（確定給付法25条1項）。具体的には厚生年金保険の被保険者、市立学校教職員共済制度の加入者である。掛金は、事業主が年1回以上定期的

に掛金を拠出しなければならない（同法55条1項）。規約で、加入者が掛金の一部を負担することを定めることができるが、その場合に、加入者の負担分は掛金総額の2分の1を超えないことが必要である（同法施行令35条1号）。

（6）確定拠出企業年金制度

確定拠出年金法に基づき、2002（平成14）年4月1日から導入され、アメリカの401Kプランをモデルにしていることから「日本版401K」といわれている。拠出された掛金が個人毎の勘定で管理され、企業型と個人型の2種類がある。

企業型は、労使合意（過半数労働組合かそれがなければ過半数代表者との合意）に基づき、その企業の労働者を加入者として、企業が掛金をその労働者の勘定に拠出し、労働者は自ら運用先を選択して、資産運用の結果その勘定に溜まった金額が年金の給付金の原資となる。給付は原則として60歳になるまでは受給できない。掛金は事業主が負担する。加入者毎の資産の運用・管理に関する事務処理を行う機関として運営管理機関、及び、運営管理機関の運用指図にしたがって資産を運用する資産管理機関が置かれる。企業型年金を実施することができるのは、厚生年金の適用事業所とされている（確定拠出法3条1項）。加入者は、60歳未満の被用者年金被保険者である（同法9条1項、11条）。ただし、年金規約で、一定の資格を定めたときは、その資格を有しない者を加入の対象から外すことができる（同法9条2項）。

個人型は、企業型確定拠出年金、厚生年金基金、確定給付年金のいずれをも実施していない企業の労働者、自営業者等が個人で加入するもので、制度の管理・運用は国民年金基金連合会が行うものである。掛金は労働者や自営業者が拠出する。この個人型が退職時のポータビリティのメリットである。即ち、転職先においてもそのまま継続できる場合がある。

各加入者は、年金資産の運用については自己責任を負い、自らの運用次第で年金額が決定されることになり、企業側としては運用のリスク化から解放されることになる。

06 退職金の支払義務

退職金制度を設けるか否かは、企業の自由であり、使用者は退職金を必ず支払わなければならないという義務はない。

しかしながら、一定規模の企業では退職金制度が存在している企業が多く、退職金制度を設ける場合には、就業規則(賃金規定等)において、次の①～③の事項を定めることが義務づけられている（労基法89条3号の2）。

> ① 適用される労働者の範囲
> ② 退職手当の決定、計算及び支払方法
> ③ 退職手当の支払時期

このうち、②は、勤続年数、退職事由等の退職金の金額等のための要素、退職手当額の算定方法及び一時金で支払うのか年金で支払うのか等の支払いの方法をいう。

通達（昭和63年1月1日基発1号）は、退職手当について不支給事由又は減額事由を設ける場合には、それを就業規則に規定しなければならない旨を定める。

07 労働慣行による退職金の請求

労働協約、就業規則（退職金規程等を含む）、労働契約書等に退職金を支給するという定めがない場合に、例えば、先例として過去に何名かの退職者に退職金が支給されている場合に、労働慣行に基づいて労働者に退職金請求権が発生するのかが問題になることがある。

🐉宍戸商会事件（東京地裁昭和48年2月27日判決、労働経済判例速報807号12頁）では、「退職金の法的性格については、賃金の後払説、功労報償説、退職後の生活保障説等に分かれているが、被用者が使用者に対し、退職金として請求するには、当該企業における労働協約、就業規則、退職金規定等に明示の規

定があるか、それがなくても慣行により、賃金の後払部分が特定し得て、かつ、支給条件が明確になり、それが当該雇用契約の内容になったと認定しうることが必要である」と述べて、労働慣行により使用者に退職金の支払義務を認めた。

また、♨日本段ボール研究所事件（東京地裁昭和51年12月22日判決、判例時報846号109頁）は、「退職金が確立した慣行に基づいて支払われていることから、雇用契約の内容になっていた」として使用者の退職金の支払義務を認めている。

他方で、♨灘萬・灘萬商事事件（大阪地裁昭和54年11月27日判決、労働判例334号45頁）では、一社については退職金の規定がなく、また労働慣行が認定されず、使用者に退職金の支払義務はないとされた。

労働慣行が成立しているか否かについては、勤務時間中の入浴が労働慣行として認められていたかが争われた♨池袋・蒲田電車区事件（東京地裁昭和63年2月24日判決、判例時報127号133頁）があり、そこでは、労働慣行の要件として、①反復更新、②労使ともに異議を述べないこと、③労使ともに規範意識化していることが挙げられている。

08 退職金の支払い方法と消滅時効

退職金は、支給条件が明確であれば賃金として取り扱われ、賃金の支払いの原則が適用される。そのため、退職金も通貨払いの原則が適用される（労基法24条1項）。この通貨とは、日本国内で強制通用力を持つ貨幣とされ、それは、「通貨の単位及び貨幣の発行等に関する法律」の2条3項で、「貨幣及び日本銀行法46条1項の規定により日本銀行が発行する銀行券」とされている。

ただし、退職金に関しては、金額が大きくなることから、その運搬の安全性の面などの観点から、通常の賃金における口座振込払いの他、次の①～③の支払い方法が労基法施行規則7条の2第2項において、①銀行自己宛小切手（銀行その他の金融機関によって振り出された当該銀行その他金融機関を支払人とする小切手、同条同項1号）、②銀行支払保証小切手（銀行その他の金融機関が支払保証をした小切手、同2号）、③郵便為替（郵便為替、同3号）を当該労働者に交

付することにする方法でもよいことになっている。

　賃金請求権の時効は、従来2年と定められていたが、今回の2020年3月の労基法改正で5年とされた。ただし、2020年4月から改正労基法附則で当分の間は3年となっている。退職金については、当初は2年であったが、1988（昭和63）年からは5年となっており、改正民法とも同一の5年という期間となっている。

09　退職手当の不支給の定め

　退職金の不支給・減額の事由についてはもめることが多く、その意味もあって、どのような場合に不支給になり、減額になるかをあらかじめ就業規則に定めておくべきである。具体的には、次のような場合である。

　退職金の不支給事由としては、「懲戒解雇になったとき、及び、それに相当する事由があるとき」を掲げるべきである。「懲戒解雇になったとき」という場合には、懲戒解雇事由があった場合でもそれが発覚せずに退職してしまった場合には退職金の不支給事由には該当しない事態もありうる。

　🏃 **アイ・ケー・ビー事件**（東京地裁平成6年6月21日判決、労働判例660号55頁）では、「懲戒解雇に伴う退職金の全部又は一部の不支給は、これを退職金規定等に明記してはじめて労働契約の内容となしうると解すべきところ、本件において、成立に争いない…によれば、被告の退職金規程は、その5条で『懲戒解雇になった者には退職金は支給しない』、7条で『就業規則に定める懲戒基準に該当する反則が退職の原因となった者に対しては、その者の算定額から50パーセント以内を減額することができる』と定めているが、懲戒解雇に相当する事由がある者には退職金を支給しない旨の規定は存在しないことが認められる。してみると、仮に被告が主張するような懲戒解雇相当の行為が原告にあったとしても、現に被告が原告を懲戒解雇にしたとの主張・立証がない……以上、右行為が存在することのみを理由として退職金の支払いを拒むことはできないと解するのが相当である」と述べている。

10 懲戒解雇の場合の退職金不支給の有効性

（1）永年の勤続の功労を抹消してしまう場合

　仮に、懲戒解雇は有効だとしても、又は懲戒解雇の効力を争わないにしても、退職金については全額没収は厳しすぎるとして一部の支払いが命じられることがある。

　♠**日本高圧瓦斯事件**（大阪地裁昭和59年7月25日判決、労働判例451号64頁）では、原告2名の退職につき、会社には被告の承認のない退職には効力がなく、退職手続（2か月前の退職届の提出、業務の引き継ぎ）に反しており退職金の支払い義務はない旨の会社の主張に対して、退職金の全額を没収するためには「労働者に永年の勤続の功労を抹消してしまうほどの不信行為があった場合」に限られると判断している。

（2）同業他社就職・同業独立営業の場合

　さらに、不支給事由として、「退職後に同業他社に就職した場合、同業独立営業をした場合」が掲げられる場合がある。

♠①橋元運輸事件
（名古屋地裁昭和47年4月28日判決、判例時報680号88頁）

　勤続16年余の労働者ら2名が、会社の副社長であった者が会社と同一職種の新会社を設立するに当たり、依頼を受けて新会社の取締役に就任していたことを理由として懲戒解雇し退職金を支払わなかったという事案である。判決は懲戒解雇は有効と判断したが、退職金については、「…退職金の全額を失わせるに足りる懲戒解雇の事由とは、労働者に永年の勤続の功を抹消してしまうほどの不信があったことを要し、労基法20条但書の即時解雇の事由より更に厳格に解すべきである。…そこで、右原告両名の本件解雇に至るまでのすべての経緯を勘案すると原告らのなした所為は原告らが16年余に亘り被告に勤続した功を一切抹殺

するに足る程の不信行為とはいえないから、所定退職金額の6割を超えて没収することは許されないと解するのが相当である」として4割の請求を認めた。

☙ ②三晃社事件

（最高裁第二小昭和52年8月9日判決、労経速958号25頁）

　広告会社の社員が自己都合退職として退職するに際し、今後同業他社に就職した場合には退職金規則の規定するところに従い受領した退職金の半額を返す旨の念書を指し入れて退職金を受領し、退職20日後に競業会社に就職したという事案で、会社は、既に支給した退職金額の半額について返還を求めた。一審判決（名古屋地裁昭和50年7月18日判決、判例時報792号87頁）は請求棄却、控訴審判決（名古屋高裁昭和51年9月14日判決、判例時報836号113頁）は請求認容であったが、最高裁は、次のように述べて、控訴審判決を維持し、会社の返還請求が認められた。

　「被上告会社が営業担当者に対し退職後の同業他社への就職をある程度の期間制限することをもって直ちに社員の職業選択の自由を不当に拘束するものとは認められず、したがって、被上告会社がその退職金規則において、右制限に違反して同業他社に就職した退職社員に支給すべき退職金につき、その点を考慮して、支給額を一般の自己都合による退職の場合の半額と定めることも、本件退職金が功労報償的な性格を併せ有することにかんがみれば、合理性のない措置であるとすることはできない。すなわち、この場合の退職金の定めは、制限違反の就職をしたことにより勤務中の功労に対する評価が減殺されて、退職金の権利そのものが一般の自己都合による退職の場合の半額の程度においてしか発生しないこととする趣旨であると解すべきであるから、右定めは、その退職金が労働基準法上の賃金にあたるとしても、所論同法3条、16条、24条及び民法90条等の規定にはなんら違反するものではない」

☙ ③福岡魚市場事件

（福岡地裁久留米支部昭和56年2月23日判決、労働判例369号74頁）

　在職中に競業会社の設立を画策していた営業課長とその営業課長から勧誘を

受けて退職届を提出した5名の元社員について会社が懲戒解雇したという事案で、営業課長の懲戒解雇は有効で退職金請求を棄却したが、他の5名については追従者であるということにすぎないということで、懲戒解雇無効で退職金の請求を認容した。

④福井新聞社事件

（福井地裁昭和62年6月19日判決、労働判例503号83頁）

退職した元社員2名が首謀者となって同業の新聞社を設立し、社員290名中38名を引き抜いたという事案で、その首謀者2名へ支払った退職金につき、会社からの不当利得返還請求が認容された。

⑤中部日本広告社事件

（名古屋高裁平成2年8月31日判決、判例時報1368号130頁）

広告業を営んでいた会社の社員が、退職し退職後直ちに自営の広告業を始めたという事案であり、会社には「退職後6か月以内に同業他社に就職した場合（同業を自営した場合を含む）」に退職金を支給しないと定めているとして退職金を支給しなかったところ、判決は、全額不支給規定の適用は、労働の対償を失わせることが相当であると考えられるような「顕著な背信性を有する場合に限ると解するのが相当である」として、退職金の請求を認めている。

⑥吉野事件

（東京地裁平成7年6月12日判決、労働判例676号15頁）

競業会社の設立・経営を主導した元常務取締役 Y1 と元東京支店長の妻であった社員 Y2、会社設立には関与したが在職中は事業活動をせずに競業会社設立直後に退職して競業会社に入社した2名 X3、X4 の退職金請求につき、X1、X2 の請求は棄却されたが、X3、X4 の請求は認容された。

⑦キング商事事件

（大阪地裁平成11年5月26日判決、労働判例761号17頁）

取締役兼務事業部長であった者が経営者である兄弟間のトラブルに巻き込ま

れ、次男が新しい別会社を作って独立したのに対し、その別会社の取締役になり、別会社の設立のために前の会社の営業部員を退職させたり、顧客リストをコピーする等の行為をしたという事案で、会社から懲戒解雇された上に、退職金も全額没収された。本人は退職金の請求をしたところ、判決は、「原告には懲戒解雇を相当とする服務規律違反及び業務命令違反が認められることは前記のとおりであるが、右認定の服務規律違反等は、原告が取締役兼務の第一営業部長という要職にありながら、被告の方針に反し、被告の分社を推進しようとしたものであり、被告の存続にも関わりかねない重大な非違行為というべきものであるから、原告がそれまで35年余りの永きにわたって被告に勤務していたことを考慮しても、その功を抹消するにたる背信性の強いものであるといわねばならない」と述べ退職金請求を全額棄却している。

　このように、懲戒解雇が有効だから当然に退職金の没収が認められるわけではないので注意することが必要である。また、元社員が競業避止義務違反を行った場合に、退職金の不支給または支払済みの退職金の返還を求める場合に、単に競業避止義務違反があっただけで足りるかというと、裁判例は、主導者か追従者かによって区分し、かつ、その背信性の程度に基づいて判断する傾向にあるといえる。

♠ インタアクト事件（東京地裁令和元年9月27日判決、労働経済判例速報2409号13頁）。

　事案は、コンピューターによる情報提供サービス、ソフトウェアの企画販売等を業とするY社に、平成22年4月に入社したXは、退職時には、総務部主任として社内設備、労務管理業務、人事管理部等を行い、採用業務等を担当していたが、平成28年12月9日頃に代理人を通じて退職した。Xの請求には賞与の請求と、退職金の請求とがあるが、賞与については支給時の在籍要件を満たしていないとして請求は棄却された。退職金については、懲戒解雇された、または懲戒解雇事由に相当する背信行為を行った場合には支給しない旨の定めがあり、Y社は、Xが退職するに当たり、業務引継を怠りそれが懲戒解雇事由に相当する背信行為に当たると主張したが、判決は、「Y社が本件背信行為として主張する

ものの多くは、そもそも懲戒解雇事由に該当しないものである上、仮に懲戒解雇
事由に該当しうるものがあるとしても、…その内容はXが担当した業務遂行に
関する問題であってY社の組織維持に直接影響するものであるとか刑事処罰の
対象になるといった性質のものではなく…」とし、「…Xにおいて対面による引
継行為を敬遠したことには一定の理由があると解され、Xにおいて対面による
引継行為に代えてX代理人を通じた書面による引継行為を行っていることなど
本件における全事情を総合考慮すると、Xについて、Y社における勤労の功を抹
消してしまう程の著しい背信行為があったとは評価できない」として、退職金請
求を認容した。

（3）地方公務員に関する事例

🏛 宮城県教育委員会事件

（最高裁三小令和5年6月27日判決、労働経済判例速報2528号3頁）
....

　公立高校の教諭であった者が酒気帯び運転により物的損害を生じさせる事故
を起こしたことを理由に、懲戒免職された上に、退職金約1,724万円を全額不
支給にしたので、その教諭が懲戒免職処分と退職金の不支給処分に対して取消
の訴えを提起した。一審（仙台地裁令和3年12月2日判決、労働経済判例速報
2528頁14頁）は懲戒免職処分を有効としたが退職金の不支給処分は違法とし
て取消した。控訴審（仙台高裁令和4年5月26日判決、労働経済判例速報2528
号7頁）は懲戒免職処分は有効としたが、退職金については7割に相当する範囲
においては有効、残りの3割については違法であり取消されるべきと判断した。

　最高裁は、「本件規定は、個々の事案ごとに、退職者の功績の度合いや非違行
為の内容及び程度等に関する諸般の事情を総合的に勘案し、給与の後払的な性
格や生活保障的な性格を踏まえても、当該退職者の勤続の功を抹消し又は減殺
するに足りる事情があったと評価することができる場合に、退職手当支給制限
処分をすることができる旨を規定したものと解される。このような退職手当支
給制限処分に係る判断については、平素から職員の職務等の実情に精通してい
る者の裁量に委ねるのでなければ、適切な結果を期待することができない」とし
て使用者（退職手当管理機関）の裁量を認めた上で、「裁判所が退職手当支給制

限処分の適否を審査するに当たっては、退職手当管理機関と同一の立場に立って、処分をすべきだったかどうか又はどの程度支給しないこととすべきであったかについて判断し、退職手当支給制限処分が任命権者の裁量権の行使としてされたことを前提とした上で、その結果と実際にされた処分とを比較してその軽重を論じるべきではなく、退職手当支給制限処分が退職手当管理機関の裁量権の行使としてなされたことを前提とした上で、当該処分に係る判断が社会通念上著しく妥当を欠いて裁量権の範囲を逸脱し、又はこれを濫用したと認められる場合に違法であると判断すべきである」と述べて、退職金不支給決定を相当として原判決を変更し、取消請求を全部棄却した。

⚓ 神奈川県警懲戒免職処分・退職手当不支給処分の取消請求事件

（横浜地裁令和5年9月13日判決、労働経済判例速報2540号3頁）

　警察官として勤務していた者が、非違行為を5件行い、懲戒免職処分に処せられ、退職手当も全額不支給になったので、懲戒免職処分及び退職金支給制限処分の取消を求めた事案であるが、懲戒免職処分については有効と判断したが、退職金の制限処分については、退職手当について全額不支給は裁量権を濫用したものとして取消請求を認容した。判決は、宮城県教育委員会事件判決（最高裁令和5年6月27日判決）を引用しながら、「裁判所が退職手当支給制限処分の適否を審査するに当たっては、任命権者と同一の立場に立ち、処分をすべきだったかどうか又はどの程度支給しないこととすべきであったかについて判断し、退職手当支給制限処分が任命権者の裁量権の行使としてされたことを前提とした上で、当該処分に係る判断が社会通念上著しく妥当を欠いて裁量権の範囲を逸脱し、又はこれを濫用したと認められる場合に違法であると判断すべきである」として、これまでの24年間にわたる貢献度や職務に精励してきたこと等から、「本件各行為について、原告の勤続の功を抹消するに足りる事情があったとまでは評価することはできない。…そうすると、原告の一般の退職手当等について、その一部にとどまらず、全部（1,290万9,229円）の支給を制限した本件支給制限処分に係る行政庁の判断は、社会通念上著しく妥当を欠き、裁量権を逸脱し、濫用したものというべきである」と判断した。

11 退職金の減額事由の定め

09項の退職金の不支給事由とパラレルな部分も多いが、退職金の減額事由としては、次の①～③の場合がある。

> ①自己都合退職の場合
> ②諭旨解雇された場合
> ③同業他社就職・同業独立営業を行った場合

①の自己都合退職であるが、そもそも「自己都合退職とは何か」という問題もある。必ずしも明確な概念ではないので明確に定めておくべきである。本人の自主的な意思による退職や本人の責めに帰すべき事由による場合に限るのか、会社からの注意や退職勧奨に従った退職も含むのかということが問題となるのである。

②の諭旨解雇された場合についても、「諭旨解雇に相当する事由があるとき」という定めを加えるべきである。

③の同業他社就職・同業独立営業の場合についても、背信性が強くなる場合には減額事由になり得るので定めておくべきである。🏊**三晃社事件**（最高裁昭和52年8月9日判決、労働経済判例速報958号25頁）では、同業他社就職・同業独立営業の場合に退職金を2分の1にする旨の規定に基づいて退職金の半額の返還請求を認めている。

12 退職金の放棄

使用者が退職金の放棄を求めることは、当該労働者が自由意思で放棄することを誘引するという意味では有効である。ただし、使用者からの強引な退職金の放棄の要請は民事上の強迫（民法96条）に該当する可能性があり、取消の対象になる可能性もある。また、賃金債権の放棄は、賃金という労働者にとって最

も重要な権利であるが故に、労働者本人の真の自由意思によるべきであるというのが判例の考え方である。

✍ （1）シンガー・ソーイング・メシーン事件

（最高裁二小昭和48年1月19日判決、判例時報695号107頁）

　　約408万円もの退職金債権の放棄の事案であるが、判決は、「…右全額払いの原則の趣旨とするところなどに鑑みれば、右意思表示の効力を肯定するには、それが上告人の自由な意思に基づくものであることが明確でなければならないものと解すべきであるが、原審の確定するところによれば、上告人は、退職前被上告人会社の西日本における総責任者の地位にあったものであり、しかも、被上告人会社には、上告人が退職後直ちに被上告会社の一部門と競争関係にある他の会社に就職することが判明しており、さらに、被上告会社は、上告人の在職中における上告人及びその部下の旅費等経費の使用につき書面上つじつまの合わない点から幾多の疑惑をいだいていたので、右疑惑にかかる損害の一部を填補する趣旨で、被上告人会社が上告人に対し原判示の書面に署名を求めたところ、これに応じて、上告人が右調面に署名した、というのであり、右認定は、原判決挙示の証拠関係に照らし首肯しうるところ、右事実関係に表れた諸事情に照らすと、右意思表示が上告人の自由な意思に基づくものであることを認めるに足りる合理的な理由が客観的に存在していたということができるから、右意思表示の効力は、これを肯定して差止えないというべきである」と述べて、真の自由意思に基づくものとして有効と判断したのである。

✍ （2）日新製鋼事件

（最高裁二小平成2年11月26日判決、労働判例584号6頁）

　　労働者が退職するに当たり、銀行等から住宅資金を貸付けを受けるに当たって退職時には退職金等により融資残債務を一括返済し、会社に対してその返済手続を委任する等の約定をし、会社が、その労働者の同意の下に、委任に基づく返済費用前払請求権をもって、労働者の有する退職金債権等と相殺したという事案で、その相殺の有効性が争われたが、判決は、「労働基準法…24条1項本文の定めるいわゆる賃金全額払いの原則の趣旨とするところは、使用者が一方

的に賃金を控除することを禁止し、もって労働者に賃金の全額を確実に受領さ
せ、労働者の経済生活を脅かすことのないようにしてその保護を図ろうとする
ものというべきであるから、使用者が労働者に対して有する債権をもって労働
者の賃金債権と相殺することを禁止する趣旨を包含するものであるが、労働者
が自由な意思に基づき右相殺に同意した場合においては、右同意が労働者の自
由な意思に基づいてなされたものであると認めるに足りる合理的な理由が客観
的に存在するときは、右同意を得てした相殺は右規定に違反するものとはいえ
ないものと解するのが相当である」と述べて、労働者が、会社の担当者に対して
各借入金の残債務を退職金等で返済する手続を執ってくれるように自発的に依
頼しており、委任状の作成、提出の過程においても強要にわたるような事情は全
くうかがわれず、右各精算処理手続が完了した後においても会社の担当者の求
めに異議なく応じ、退職金計算書、給与等の領収書に署名押印しているなどの
諸事情のもとにおいては、本件の相殺は労基法24条1項本文に違反するもので
はないと判断した。

（3）山梨県民信用組合事件

（最高裁二小平成28年2月19日判決、判例時報2313号119頁）

　経営破綻に伴う経営の危機を他の信用組合に吸収合併をしてもらうことに
よって存続をする方法をとった消滅した信用組合が、吸収合併の条件として、労
働者の退職金の引き下げを要請されたため、退職金を2分の1以下にする内容
の退職金一覧表を示され、それに同意を求められた管理職らがやむなくそれに
従い、退職金を引き下げる旨の同意書に署名押印をした。その同意書に署名・
押印した管理職であったXら12名が、存続している信用組合に対して、退職金
の不利益変更の同意は無効であるとして、存続している信用組合に差額の退職
金の支払いを求めたという事案である。第一審（甲府地裁平24年9月6日判決、
労働判例1136号21頁）、控訴審判決（東京高裁平成25年8月29日判決、労働
判例1136号15頁）は、退職金一覧表の提示を受けて、合併後に残った場合の退
職金額の具体的な提示と計算方法を具体的に知った上で、退職金を引き下げる
旨の同意書に署名押印したのであり、不利益変更に同意したとしてXらの請求
を棄却した。

これに対して、最高裁は、「就業規則に定められた賃金や退職金に関する労働条件の変更に対する労働者の同意の有無については、当該変更を受け入れる旨の労働者の行為の有無だけでなく、当該変更により労働者にもたらされる不利益の内容及び程度、労働者により当該行為がされるに至った経緯及びその態様、当該行為に先立つ労働者への労務提供又は説明の内容等に照らして、当該行為が労働者の自由な意思に基づいてされたものと認めるに足りる合理的な理由が客観的に存在するか否かという観点からも、判断されるべきものと解するのが相当である」として、本件では、退職金の支給基準の変更に対する管理職らの同意の有無について、その署名押印が自由な意思に基づいてされたものと認めるに足りる合理的な理由が客観的に存在するか否かという観点からの審理が尽くされていないとして、原判決を破棄して、差し戻した。

以上より、退職金の全額・半額等多額の放棄については、その社員の自由意思が認められる合理的な理由が客観的に認められる必要性があり、その条件を満たさない限り、退職金を全額放棄させるのは難しいことになる。

13 会社役員に対する退職金の支払い

会社役員は労働者ではなく、会社との委任契約に基づいて取締役・監査役の地位を有するものである。また、執行役、執行役員という者も役員としての位置づけもあるが、執行役員は法律上の身分ではなく実際は労働契約であることが多いと思われるので退職金が発生する場合が多いと思われる。執行役は、会社法上の役職の一つで指名委員会等設置会社におかれる（同法402条1項）ものであるが、執行役は、委任契約又は業務委託契約であることが多いであろう。その場合には退職金は発生しないであろう。

取締役・監査役に対する退職慰労金は、定款に定めがある場合の他、株主総会決議があって発生することになる。ところが、日本企業の取締役・監査役については従業員を兼務していることが多い。もともと、会社法上の取締役は取締役会の構成メンバーであって業務の執行には関わらず、代表取締役を監督し

ているにすぎない立場であるはずだが、そこに従業員身分が加わり、従業員として業務を遂行していることになる。監査役においては、実務的には従業員たる身分を兼ねることが多いようであるが、その監査という業務の内容から見て従業員たる身分を兼ねることは本来ふさわしくないであろう。その意味で従業員兼務という場合、取締役を前提とする。

この従業員兼務役員については、従業員身分について退職金規程の適用を除外する定めをおかない限り、兼務役員にも適用されるというべきである。

⚑ 産業工学研究所事件
（大阪地裁平成10年10月30日判決、労働判例754号37頁）
　取締役で従業員兼務であった者が退職金の請求をした事案であるが、次のように述べて、退職金の請求を認めた。

　「このような取締役を兼務する従業員について、従業員部分の賃金や退職金と取締役部分の役員報酬や退職金とをいかに支給するかは、商法等の制限に反しない範囲で当該会社の運用に委ねられているというべきであるが、被告においては、前記認定のとおり、平成7年8月頃の役員会で審議したA(原告)提案に係る取締役退職慰労金規定の案でも、専業役員と社員役員とが区別され、社員役員の従業員部分退職金は退職金規定に基づいて支給されることが前提にされていたのであるから、右規定の適用範囲に兼務役員が記載されていることは、誤記や支給時期を記載したに過ぎないものでないばかりか、むしろ、兼務役員にも退職金規定がそのまま適用されることは、A(原告)以下当時被告の株主総会や取締役会を代行していた役員会の構成員に共通の理解であったと認められる」

　「退職金規定は、就業規則に基づいて制定されているところ(第1条)、前記のとおり、同規定の文言からは、兼務役員の兼務期間を勤続年数から排除すべき理由はないし、被告の役員会構成員の理解としても、同規定は兼務役員の兼務期間にも適用されると解されていたことが認められるのであるから、同規定どおり退職金を支給すべきことは、既に原被告間の雇用契約の内容となっていた

ものと解され、被告がこれを一方的に不利益に変更することは許されないというべきである」

　従業員兼務でない役員については、退職金請求は認められない。🏃 **美浜観光事件** (東京地裁平成10年2月2日判決、労働判例735号52頁)は、代表取締役や常務取締役等の業務執行取締役の従業員性が否定され、退職金請求も棄却された。

　その他、従業員兼務取締役の職務内容から、実際には取締役としての実態がなかった場合には従業員としての退職金請求が認められるとしたもの (🏃 **日本情報企画事件** (東京地裁平成5年9月10日判決、労働判例643号52頁))、従業員と取締役の双方を兼任していたという場合でも従業員としての退職金請求権が認められる (🏃 **シー・エー・ビジョン事件** (東京地裁平成5年6月8日判決、労働判例639号22頁)。

　🏃 **学究社事件** (東京地裁令和5年6月29日判決・労働経済判例速報2540号24頁)

　学習塾の講師で、後に、その学習塾を承継して経営し、さらにその学習塾を吸収した会社で執行役として、さらに最終的には専務執行役兼管理本部長であった者が退職後に従業員としての地位を併有していたが、専務執行役を辞任した場合に退職金の請求をした事案であり、判決は、従業員として当初よりの勤続年数を37年として、退職金基準内賃金60万円に勤続年数に応じた支給率30として金1,800万円の支給が認められた。

14　行方不明者に対する退職金の支払い

（1）退職・解雇の有効性

　労働者の中には、在職中にもかかわらず出勤せずに、退職になってしまう場合がある（行方不明者の退職手続には種々の問題があるので要注意である）。

　そもそも、行方不明（音信不通）の労働者を退職扱いにしたということであるが、その有効性の問題もある。行方不明（音信不通）で連絡ができない状況であ

れば、解雇（多くは無断欠勤で懲戒解雇になるはずである）になるが、解雇の意思表示が到達しないため、解雇するためには簡易裁判所に対して公示による解雇の意思表示（民法98条）を行う必要がある。とはいっても、そこまで行わないでも、長期間音信不通であるので、その後現れて解雇の効力を争うとは考えられない場合も多いとは思われるが、その場合でも念のために、就業規則で、「無断欠勤○か月で連絡が取れないときには退職したものとする」という規定を設けておけば、意味がある。そのような規定がなく、家族に本人に代わって退職届を代筆させたり、何もしないまま退職扱いをするということはよく行われていることではあるが、本来からすれば、退職扱いは無効となるので、注意しておく必要がある。

　以下、前提として解雇又は退職は有効という前提で解説する。

（２）労働者本人の死亡が確認できない場合

　本人が行方不明（音信不通）であったとしても、本人の死亡が確認されない場合には、本人は生存しているとして退職金の受給者はその社員本人になる。したがって、配偶者や子、兄弟姉妹がいても、その者たちに独自の受給権はないので、支払うことはできない。唯一考えられるのは、本人の配偶者や子については、使者として支払うことができるかどうかであるが、退職金も賃金であり、直接払いの原則（労基法24条1項）の例外として、「使者による支払い」が認められることがある。通達（昭和63年3月14日基発150号）は、「法第24条第1項は労働者本人以外の者に賃金を支払うことを禁止するものであるから、労働者の親権者その他の法定代理人に支払うこと、労働者の委任を受けた任意代理人に支払うことは、いずれも本条違反となり、労働者が第三者に賃金受領権限を与えようとする委任・代理等の法律行為は無効である。ただし、使者に対して賃金を支払うことは差し支えない」と述べてはいる。しかし、この「使者に対する支払い」は、本人が受け取りうることが前提であると思われるので、音信不通で本人には受け取れないことが明らかな場合には、やはり、使者による支払いは認められないと考えるべきであろう。

（3）労働者本人が亡くなっている場合

　労働者本人が死亡している場合は、事情は全く異なる。死亡には、死亡していることが確認された場合や、失踪宣告による場合（民法30条、31条）や認定死亡による場合（戸籍法89条）には、その社員が死亡しているか否かは不明であるが、死亡したことに法律上取り扱うことであり、その場合には、労働者本人が死亡したものとして取り扱うことができる。

15　死亡退職金は相続財産か

　在職中に労働者本人が死亡している場合には、死亡退職金は相続財産にはならない。というのは、死亡退職金は当該労働者が死亡する時点では、その労働者本人の財産ではないからである。つまり、死亡することを原因として退職金は発生するのであり、遺族固有の財産となり、遺族が原始取得するという取扱いになる。そのため、退職金は法定相続分で分割されるわけではない。死亡退職金は誰が受取人になるかについては、就業規則（退職金規程）に規程があるか否かで判断することになる。

（1）死亡退職金に規定がない場合

　神戸地裁尼崎支部昭和47年12月28日審判では、株主総会で受取人を定めずに決議された、取締役の死亡退職金について「株主総会において受取人を定めなかったときは相続財産となるものと解するのが相当である（株主総会において受取人を定めたときは、遺贈に準じたものとして取り扱うべきであろう）」と述べる。

　また、東京家裁昭和47年11月15日は、会社で死亡退職金についての何らかの規定が見受けられない場合の死亡退職金について、「そもそも死亡退職金は支給を受ける遺族補償的性格を有するもので、支給を受くべき者の権利であって遺産には属しないとする見解が有力であるけれども、本件死亡退職金の支給について会社で何らかの規定をしていることにつき何らの資料がない以上、本件被相続人の死亡退職金の受給権者は相続人全員と推認すべき」であるとして、

死亡退職金を遺産の一部とする見解も生じている。

　また、⚖厚生会理事長遺族退職金分割請求事件（最高裁第三小法廷昭和62年3月3日判決、判例時報1232号103頁）は、死亡退職金の支給規定のない財団法人が、死亡した理事長の配偶者に対して死亡退職金の支給決定をした上でこれを支払ったという場合、その死亡退職金は、死亡した理事長の相続財産として相続人の代表者として配偶者に支給されたものではなく、相続という関係を離れて配偶者個人に支給されたものであるとした原判決の判断を是認している。

（2）死亡退職金についての規定がある場合

　⚖日本貿易振興会事件（最高裁第一小法廷昭和55年11月27日判決、民集34巻6号815頁）が、国家公務員退職手当法2条、11条と同内容の内部規程を有する特殊法人の職員が死亡し、かつ、受給権者である遺族も相続人もともにいないという場合に、相続財産法人からその特殊法人に対して死亡退職金の支払いを求めたという事案で、死亡退職金は相続財産に属さず遺族固有の権利であるという見解を示した。

　続いて、⚖滋賀県学校職員退職手当支給条例事件（最高裁第二小法廷昭和58年10月14日判決、判例時報1124号186頁）は、日本貿易振興会事件判決を引用しつつ、死亡退職金の受給権は、受給権者たる遺族固有の権利であり、死亡した労働者の相続財産には属さない旨判示した。さらに、⚖福岡工大事件（最高裁一小昭和60年1月31日判決、労働判例468号100頁）は、死亡退職金が内縁の妻と相続人との間で争われた事例で、判決は、死亡退職金の受給権は遺族固有の権利であって、相続財産には属さず、法定の相続人ではなく内縁の妻に受給権があると判断した。

　そうすると、結局、誰が死亡退職金の受給者になるのかということであるが、これは、本来就業規則において予め退職金の受給者の順位を決めておくべきであり、多くの就業規則では、労基法の災害補償の規定（労働法41条、42条、43条）の順位によっている。そうすると、その場合には配偶者が受給権を持つことに

なり、配偶者に支払うべきということになる。

　なお、行政通達（昭和25年7月7日基収第1786号）では、次のように述べている。「労働者が死亡したときの退職金の支払いについて別段の定めがない場合には民法の一般原則による遺産相続人に支払う趣旨と解されるが、労働協約、就業規則等において民法の遺産相続の順位によらず、施行規則第42条、第43条の順位による旨定めても違法ではない。したがって、この順位によって支払った場合はその支払いは有効である。同順位の相続人が数人いる場合についてもその支払いについて別段の定めがあればこの定めにより、別段の定めのない時は共同分割による趣旨と解される」

16　離婚時における財産分与請求権に基づく退職金の分割

　民法768条1項、771条により、協議離婚であろうと、裁判上の離婚であろうと、夫婦が離婚したときにはその一方は相手方に対して財産分与の請求ができる。また、双方が請求し合うことはよくある。問題は、離婚した従業員の相手方が、財産分与の請求として、この従業員に将来支給することになっている退職金の分与支払いを求めてきた場合、使用者はその請求に応じなければならないのかということである。しかしながら、その労働者と使用者の関係において、その退職金債権は、その労働者が退職して初めて発生するものであり、退職前には具体的な権利として存在していないことからしても、財産分与請求の対象としてなるものではないといえる。この点は、離婚並びに財産分与及び慰謝料請求事件についての長野地裁昭和32年12月4日判決は、「…また退職手当についても長野県職員退職手当暫定措置条例第8条及び第12条によって懲戒免職になった場合その他一定の場合には支給されないことになっており、被告が将来前記のような恩給並びに退職手当を必ず支給されると決定されているわけではないのみならず、民法768条及び771条の規定する財産分与は右第768条第3項の定めるように、当事者双方がその協力によって得た財産の額その他一切の

事情を考慮して分与させるべきかどうか並びに分与の額及び方法を定めるのであるから、被告が将来退職に際し乃至退職後、右のような懲戒免職になる等特別な事由のない限り、前記のような恩給等を支給される期待権を有するからといっていちがいに原告が主張するようにその半額乃至これを現在に引き直した価額相当の金額を直ちに分与されてしかるべきものとする根拠は何ら存在しない」とする。退職金請求権が退職して発生する以上は、その発生前に離婚するに際して財産分与請求権の対象なるとは理論上は考えられない。

ところが、家庭裁判所における離婚の際の財産分与請求において、一方の退職金請求権を離婚時に退職したら発生する退職金額を算出して他方に分与しようという実務が見られているところであるが、退職金請求権の成立時点から考えると大いに問題といえよう。

17　退職金の差押え

労働者が、債務を負っており、その債権者が退職金債権の差押えをしてきた場合に、退職金債権も賃金であり、賃金である以上、労働者の生活の糧であり、債権者がいて、債権の回収が重要であろうと、労働者の生活を破壊してまで取り立てはできないことになる。民事執行法 152 条 1 項によれば、原則としてその額の 4 分の 3 について差押えができないものとされているが、その金額が政令（民事執行法施行令 2 条）で定める額を超えるときは政令で定める額に相当する部分とされ、その金額は現在 21 万円とされている。即ち、賃金額の 4 分の 3 に相当する額が 21 万円以内のときは賃金額の 4 分の 3 に相当する部分が差押え禁止になる。ところが退職金については、政令による例外は定められておらず、金額が大きくても、4 分の 3 は差し押さえることができない（民事施行法 152 条 2 項）。

したがって、退職金の 4 分の 1 は債権者が債権回収することはできるが、その 4 分の 3 は本人又は家族の財産として取り扱われることになるのである。

18 休業・休職期間中の退職金算定

　退職金の算定期間中に、様々な事情により出勤することができず、欠勤・休暇・休業になる場合があるが、それらの場合に、退職金の算定期間において出勤扱いとするのか、欠勤扱いとするのか、それともどちらともしないのかという問題がある。

　例えば、欠勤、年次有給休暇、産前産後休暇、生理休暇、育児介護休業、病気休職、公傷による休業、その他不可抗力による休業（台風、大震災、コロナウィルス）等が考えられる。これらの問題は、賃金の支給・不支給、年次有給休暇の発生、賞与の査定、昇給・昇進・昇格での不利益考慮などとも共通している問題もある。

　この点も就業規則（退職金規定）等で定めておくのがよい。

（1）年次有給休暇、産前産後休業、生理休暇、育児・介護休業、病気休職等の場合

　年次有給休暇、生理休暇、産前産後休業、育児介護休業、病気休職期間等については、退職金の算定期間から除外できるかという問題がある。これは元々就業規則、退職金規程等において定めておくべき内容であっても、そこまで厳密に決めている場合は多くはないが、できれば争いが起こらないように予め、定めをしておくべきである。

　これらの欠勤・休暇・休職等をどのように取り扱うのかについては、次の①〜④の諸観点から検討するべきことになる。

① 給与の取扱い

i　欠勤の場合

　無給が原則であるが、就業規則等で有給にする場合もある。

ii　年次有給休暇

　休暇を取得した場合は当然有給扱いになる。

iii　産前・産後休業

　産前・産後休業の場合には有給は義務づけられておらず、健康保険から産前6週間、産後8週間については、出産手当金が出ることになる（健康保険法102条）。無給扱いが原則であり、使用者が賃金を支払う義務はない。

iv　生理休暇

　生理休暇の場合は、有給扱いは義務づけられていない。また、健康保険からの給付はなされない。それが故に、一部の企業では有給扱いにする場合もある。

v　育児・介護休業

　育児・介護休業の場合には有給扱いであることは義務づけられていない。育児・介護休業を取得した場合には、雇用保険から保険金が支給される（雇用保険法61条の4、同61条の6）。育児休業給付金は育休開始から180日まで67％、181日以降は50％の割合となっている。介護休業の場合には最大で93日、休業前給与の67％が支給される。

vi　病気休暇・休職

　病気による欠勤・休暇が長期間続いた場合には病気休職になるのが普通である。病気休暇は会社の取扱いとしては有給の場合が多いが、無論、無給でも構わない。病気休職の場合には、有給扱いの場合もあるが、長期間になることから無給扱いが多いと思われる。

　病気休暇、病気休職であれば、健康保険から傷病手当金が出ることになる（健康保険法99条）。金額は給付基礎日額の3分の2であり、その給付が出る期間は1年6か月が限度とされている。

　公傷による病気休職の場合には、労災保険から療養補償の外、休業補償又は傷病補償年金が出されることになる。

② 年次有給休暇の発生

　年次有給休暇が発生するためには、6か月間又は1年間継続勤務して8割以

上出勤することが必要であるが(労基法39条1項)、出勤率の算定に当たっては、欠勤・休暇・休職等が出勤していると取り扱われるか否かということが問題である。

i 欠勤の場合

　出勤しているとは取り扱われない。

ii 年次有給休暇

　年次有給休暇の取得は、出勤したものとして取り扱わなくてはならない。

iii 産前・産後休業

　産前・産後休業の取得は、出勤したものとして取り扱わなければならない（労基法39条10項）。

iv 生理休暇

　生理休暇の取得については、法律は何も規定しておらず、出勤率に算定する必要はない。

v 育児・介護休業

　育児・介護休業については、出勤したものとして取り扱わなければならない（労基法39条10項）。

vi 病気休暇・休職

　病気休暇・病気休職の場合は、法律は何も規定しておらず、出勤率に算定する必要はないと考えられる。ただし、公傷による休職（業務上の負傷疾病により休職）の場合は出勤したものとして取り扱わなければならない（労基法39条10項）。

③ 平均賃金の算定

　平均賃金を算定する際に、その休業等の期間をどのように取り扱うかという

問題があり、公傷による休業・休職の場合、産前産後休業の場合、使用者の責に帰すべき休業の場合、育児・休業の場合、試用期間中の場合には、その日数及びその期間中の賃金は期間、賃金総額から控除するという取扱いとされ（労基法12条3項）、これらの場合には単なる欠勤などよりも優遇されている。

④ 賞与の査定、昇給、昇進・昇格等

賞与の査定、昇給、昇進・昇格等については、これらの休業、休暇、休職が不利益な取扱いをすることが許されるか否かという観点から、退職金についてもどのようにすべきかについての判断材料となる。この点については、これまでの裁判例にも多くの事例があり、その一部を紹介する。

ⅰ　沼津交通事件

（最高裁二小平成5年6月25日判決、労働判例636号11頁）

精皆勤手当は1月について、3,100円〜4,100円を支払うことになっていたが、年次有給休暇を取得した場合に欠勤扱いできるか否かについて、年休取得を理由とする不利益取扱いの禁止規定（労基法附則136条「使用者は、第39条1項〜4項までの規定による有給休暇を取得した労働者に対して、賃金の減額その他不利益な取扱いをしないようにしなければならない」）を、私法上の効力を一概に否定するまでの効力はないと解した上で、そのような取扱いの私法上の効力について次のように判示した。

「その趣旨、目的、労働者が失う経済的利益の程度、年次有給休暇の取得に対する事実上の抑止力の強弱等の諸般の事情を総合して、年次有給休暇を取得する権利の行使を抑制し、ひいては同法が労働者に右権利を保障した趣旨を実質的に失わせるものと認められるものでない限り、公序に反して無効になるとすることはできない」

ⅱ　エヌ・ビー・シー工業事件

（最高裁三小昭和60年7月16日判決、労働判例455号16頁）

生理休暇（生理日の措置）取得を欠勤扱いとして精皆勤手当を減額支給した措置の有効性が争われた事案で、最高裁は次のように判示して、精皆勤手当の減

額を有効と判断した。

「したがって、生理休暇を取得した労働者は、その間就労していないのであるから、労使間に特段の合意がない限り、その不就労期間に対応する賃金請求権を有しない。また労働基準法 12 条 3 項及び 39 条 5 項（現行法は 39 条 10 項）によると、生理休暇は、同法 65 条所定の産前産後休業と異なり、平均賃金の計算や年次有給休暇の基礎となる出勤日の算定について特別の取扱いを受けるものとはされていないことから、同条 67 条は、使用者に対し、生理休暇取得日を出勤扱いにすることまでも義務づけるものではなく、これを出勤扱いにするか欠勤扱いにするかは、原則として労使間の合意に委ねられている。ところで、使用者が、労働協約または労働者との合意により、労働者が生理休暇を取得しそれが欠勤扱いとされることによって何らかの形で経済的利益を得られなくなるような措置ないし制度を設けたときには、その内容いかんによっては生理休暇の取得が事実上抑制される場合も起こりうる。しかし、同法 67 条の趣旨に照らすと、このような措置ないし制度は、その趣旨、目的、労働者が失う経済的利益の程度、生理休暇の取得に対する事実上の抑止力の強弱等諸般の事情を総合して、生理休暇の趣旨を著しく困難とし同法が女子労働者の保護を目的として生理休暇について特に規定を設けた趣旨を失わせるものではない限り、同法 67 条に違反するものではない」

🎳iii　日本シェーリング事件

（最高裁一小平成元年 12 月 14 日判決、労働判例 553 号 16 頁）

賃上げ協定において、稼働率を 80% 以上の者を対象とするとの条項があり、その不就労の中には、欠勤、遅刻、早退の外、年次有給休暇、生理休暇、産前産後休業、労災による休業・通院時間、組合活動の時間などが含まれており、その条項の有効性が争われたという事案である。控訴審判決（大阪高裁昭和 58 年 8 月 31 日判決、労働判例 417 号 35 頁）は、結論において、その 80% 条項は総合的にみて無効であるという判断を下したが、最高裁は上告審判決で、それぞれの休暇、休業の性質毎にその有効性を判断するべきであるとして、次のように判示して破棄差戻しをした。

「労基法や労組法上の権利の行使に基づく不就労を稼働率算定の基礎とする

ことは公序良俗に反して無効となるが、それ以外の不就労は無効にすべきいわれはない」

これは欠勤、遅刻、早退、生理休暇、組合活動の時間については不就労として不支給で差し支えないという趣旨と解される。

👤iv　東朋学園事件

（最高裁一小平成15年12月4日判決、労働判例862号14頁）

賞与の支給要件を出勤率90%以上とし、産前産後休業、育児時間を欠勤扱いにして賞与を支給しないこととした取扱いが争われた事案で、一審判決（東京地裁平成10年3月25日判決、労働判例735号15頁）は、次のように述べて無効と判断した。

「本件90%条項の趣旨・目的は、従業員の出勤率を向上させ、貢献度を評価することにあり、もって、従業員の高い出勤率を確保することを目的とするものであって、この趣旨・目的は一応の経済的合理性を有しているが、その本来的意義は、欠勤、遅刻、早退のように労働者の責めに帰すべき事由による出勤率の低下を防止することにあり、合理性の本体もここにあると解するのが相当である。産前産後休業の期間、勤務時間短縮措置による育児時間のように、法により権利、利益として保障されるものについては、右のような労働者の責めに帰すべき事由による場合と同視することはできないから、本件90%条項を適用することにより、法が権利、利益として保障する趣旨を損なう場合には、これを損なう限度では本件90%条項の合理性を肯定することはできない」

そして、控訴審判決（東京高裁平成13年4月17日判決、労働判例803号11頁）は、一審判決を支持して90%条項を無効として、控訴を棄却した。

ところが、上告審判決では、一審、控訴審判決を破棄して事件を控訴審に差戻した。その理由とするところは、本件90%条項の適用において、出勤した日数・時間数を含めないとした部分は公序良俗に反して無効としたのは是認できるが、「各除外条項が公序に反する理由については、具体的に示さないまま、直ちに本件各除外条項がない状態に復するとして、上記計算式を通用せず、上告人の本件各賞与全額の支払義務を肯定した」判断は明らかな法令違反として破棄差戻したのである。

（2）退職金の場合

　以上より、退職金の算定期間につき、年次有給休暇の取得や産前産後休業、生理休暇、育児介護休業、病気休職などについて算定率から控除することができるかについて検討したい。

　元々、退職金は、使用者に支給が義務づけられる制度ではなく、労使で決定し、また、使用者が支給基準を定めて、初めて支給義務が課されるものであり、その意味では、退職金の算定期間についても、労使で決定し、または、使用者が定めをするのであれば、原則としてその内容は自由であるはずである。その意味では、年次有給休暇の取得や産前産後休業、育児介護休業等のような法的な権利性が強いものについては、その権利の行使が退職金の算定期間から外されるために取得できにくくなるような取得抑止効果が大きい場合については議論の余地があるものの（その場合でも、不利益の程度が小さいのであれば、事実上の取得抑止効果はないものと考えられる）、それ以外の、生理休暇、私傷病による病気休暇・休職等については算定期間の不参入でも、その不利益な取扱いが違法になることは考えられない。なお、業務上の疾病による場合の休暇・休職であれば、年次有給休暇などの場合と同様に考えるべきであり、不利益が大きいため抑止的効力が高い場合には大いに問題がある。

　なお台風や地震、ウィルス感染防止のための休業などの休業は不可抗力によるものであり、その結果、社員が労務を提供できない場合であっても、賃金請求権は発生しない（民法536条1項）。なぜならば、社員が労務を提供できない原因は、社員に理由があるわけでもなく、使用者に理由があるわけでもないわけであり、危険負担の関係からして、いずれの責任ということはできない。労基法上の26条の解釈でも「使用者の責めに帰すべき」場合ではない場合には、使用者に休業手当の支払義務は発生しない。賃金についてすらそのように考えるわけであり、退職金についても算定期間から除外することもできると考えるべきであろう。

19 非正規社員、無期転換社員の退職金

　パートタイマーや臨時社員、嘱託、アルバイト、派遣社員などの非正規社員についても、正規社員との賃金等の労働条件の格差を是正するため、労働契約法、パート労働法、労働者派遣法などが次々と改正され、働き方改革の流れの中で、非正規社員に対するとの均衡待遇、均等待遇の規定が設けられている。その中で、永年勤務してきたパートタイマーについても、全くの同じ基準に基づいた金額ではないが、一定の条件の下で、退職金を支払わないのは不合理であるという考え方もあり得る。また、パートタイマーの有期雇用の者の中にも、無期転換権を行使して無期契約の転換社員となっても、一定の要件をも満たせば、均等待遇、均衡待遇の要件を満たすことになれば同様である。

　さらに、正社員として登用する場合には、正社員として退職金が支給されることになるが、その際、その非正規社員自体の期間につき、退職金の算定期間に含めるべきか否かということは、まさに制度の設計の問題であり、算定期間に算入しなくても違法ではない。

（1）改正法の概要

　改正労働契約法及びパート有期労働労働者派遣法の具体的内容は後述するが、ここでは、やや重複になるが、関係する部分だけ紹介する。なお、労働者派遣法も派遣労働者と派遣先の労働者との関係での均衡・均等待遇のための法改正がなされているがここでは触れない。

　働き方改革においては、正規労働者と非正規労働者（パート社員、有期雇用社員、派遣労働者）との不合理な待遇差をなくすということが極めて重大な課題とされた。何故なら、日本企業は、平成不況の中で、とりわけリーマンショックの中で、経費削減、人件費削減にとりかかり、給料の削減や人員削減に取り組んだ。その中では、従来は正規労働者の行ってきたのと同じ内容の業務を非正規社員にやらせるということで、人件費の削減を図ってきた企業が多かった。その結果、非正規労働者の数が、全労働者数の４割近くを占める状態になってしまった。非正規労働者が増加した結果として、消費が増えずに、景気が良くならないという

悪循環に陥っていることも指摘されてきたとおりである。そのため、今回の働き方改革においては一つの柱として同一労働同一賃金という考え方が導入され、パート労働法、労働契約法、労働者派遣法が改正されたのである（パート労働法はパート・有期労働法となり、有期雇用労働者の保護もはかる法律になっている）。

（2）同一労働同一賃金の考え方

今回導入した同一労働同一賃金の考え方というものは、これまでヨーロッパ諸国やILOで用いられてきた同一労働同一賃金とは異なり、あくまでも同一企業内において、正規労働者と非正規労働者との間で、基本給や賞与などの個々の待遇ごとに、不合理な待遇差を設けることは禁止されるという内容の規制である。

元々、ヨーロッパ諸国やILOで用いられてきた同一労働同一賃金の原則とは、職種別賃金がその地域における労働協約として社会的規範となって通用している環境の下で、他の企業に移籍してもその職種は同じ賃金水準になるという内容であり、日本においては、職種別賃金は未だに広くは普及していないし、また、労働組合もせいぜいあっても企業内労働組合であって、地域ごとに企業の枠を越えた労働組合があるのは極めて稀といえる。その上、企業内労働組合があったとしても、企業と賃金について団体交渉を行って労働協約を締結しているだけの力を有している労働組合も一部に過ぎないと思われる。このように、最近導入された日本における同一労働同一賃金は、日本独自の考え方であることは認識する必要があり、安直な用語の使い方では誤解を生む可能性がある。

（3）パート・有期労働法の規制内容

従来、パート労働者はパート労働法で均衡待遇（パート労働法8条）と均等待遇（パート労働法9条）の規定を設けており、他方で有期労働者については労働契約法で、均衡待遇（労働契約法20条）が定められていたが、均等待遇は定められていなかった。そのため、今回の法改正で、パート労働法をパート・有期労働法に改称して保護の対象をパート労働者と有期労働者の双方として、双方について均衡待遇、均等待遇を適用し保護の整合性を図り、その結果として労働契約法20条の規定は削除された。

とはいっても、なかなか、均等待遇、均衡待遇は具体的適用場面においては理解しづらく適用上の難しさもあるので、平成30年12月28日にガイドラインを策定し、どのような待遇差が不合理に当たるかを明確に示すことにした。

まず、改正されたパート・有期労働法の内容につき、直接関係する同法8条、9条だけ紹介する。

3章
退職金

改正パート・有期労働法8条「均衡待遇規定」

　事業主は、その雇用する短時間・有期雇用労働者の基本給、賞与その他の待遇のそれぞれについて、当該待遇に対応する通常の労働者の待遇との間において、当該短時間・有期雇用労働者及び通常の労働者の業務の内容及び当該業務に伴う責任の程度（以下、「職務の内容」という）、当該職務の内容及び配置の変更の範囲その他の事情のうち、当該待遇の性質及び当該待遇を行う目的に照らして適切と認められるものを考慮して、不合理と認められる相違を設けてはならない。

改正パート・有期労働法9条「均等待遇規定」

　事業主は、職務の内容が通常の労働者と同一の短時間・有期雇用労働者…であって、当該事業所における慣行その他の事情からみて、当該事業主との雇用関係が終了するまでの全期間において、その職務の内容及び配置が当該通常の労働者の職務内容及び配置の変更の範囲と同一の範囲で変更されることが見込まれるもの（…「通常の労働者と同視すべき短時間・有期雇用労働者」という）については、短時間・有期雇用労働者であることを理由として、基本給、賞与その他の待遇のそれぞれについて、差別的取扱いをしてはならない。

（4）均等・均衡待遇の要件

　均等・均衡待遇は、それぞれの待遇ごと（基本給、賞与、役職手当、食事手当、

福利厚生、教育訓練等）に、当該待遇の性質・目的に照らして適切と認められる事情を考慮して判断されるべき旨を明確化するというものである。そして、均等待遇規定、均衡待遇規定の解釈の明確化のため、指針「ガイドライン」を策定した。

均衡待遇、均等待遇の要件としては、次のとおりである。

「均衡待遇規定」……3点の違いを考慮した上で、不合理な待遇差を禁止する。

ⅰ　職務内容（業務の内容、責任の程度） ⅱ　職務内容・配置の変更の範囲 ⅲ　その他の事情

「均等待遇規定」……2点が同じ場合、差別的取扱いを禁止する。

ⅰ　職務内容（業務の内容、責任の程度） ⅱ　職務内容・配置の変更の範囲

（5）パート社員への退職金の支給

　パート社員に対する退職金の支給は、多くの企業で支給してはおらずに、せいぜい餞別金として金一封を渡すことが多いといわれる。しかしながら、正規社員と同じように勤務してきた勤続期間の長いパート社員には、同じように退職金を支払うべきではないかという議論は当然出てくる。特に、そのパート社員が無期転換化している場合には、より退職金を同じように支給すべきではないかと考えられるのである。

① 均等待遇の適用

　パート・有期労働法9条の均等待遇の適用では、職務内容（業務の内容、責任の程度）と職務内容・配置の変更の範囲が全く正規社員と同じ場合には、同じ処遇にしなくてはならないので退職金についても正規社員と同じように支払うべきということになる。この点は、理屈上はそうなるが、少なくともある程度の期間は有期契約であるかもしれず、また所定労働時間も短かったパート社員に対して、正社員と全く同じ基準で退職金を支払うという場合は考えにくいことである。少なくとも、有期であった期間については対象外としたり、所定労働時間に応じた減額は可能であると考える。

② 均衡待遇の適用

　次に、パート・有期労働法8条の均等待遇の適用では、職務内容（業務の内容、責任の程度）、職務内容・配置の変更の範囲、その他の事情の3点の違いを考慮した上で、不合理な待遇差を禁止することになるが、こちらの方は、均等待遇の適用の場合とは異なって、十分に考えられることになる。

　実際にも、パート労働者がこの3点の要素を満たしているのであれば、不合理な待遇であってはならず、均衡ある待遇を保障しなくてはならない。無期転換化したパート社員については、無期化したという意味でも契約内容は変わっており正社員により近づいているわけであり、一層その可能性が高まったものといえる。そのため、退職金の支払いを検討しなければならない場合もありえる。但し、「その他の事情」という考慮要素もあるので、支払いが義務づけられる場合であっても正社員の場合と全く同じ条件というわけには行かない。

　参考となる事例に、実際の裁判例でも、非正規労働者に対する退職金について、メトロコマース事件の控訴審（東京高裁平成31年2月20日判決、労働判例1198号5頁）が一部ではあるが、正社員の支給基準で算定した額の4分の1を支払わないことは不合理として、少なくとも4分の1を支払うべきとした判決もある。

　事案は、退職金の一般論としては、賃金の後払いや功労報償等の様々な性格があると述べ、有為な人材の確保といった観点から、正社員にのみ退職金制度を設けることも人事政策上一概に不合理とはいえないと述べた上で、有期労

働契約が原則として更新され、定年が65歳と定められて10年近くも勤務して
きた者もいることや、売店業務に従事している契約社員Aが無期労働者になっ
て退職金制度が設けられたこと等の事実関係があることなどから、同社の退職
金には長年の勤務に対する功労報償の性格がある旨を述べ、正社員の退職金の
支給基準に基づいて算定した額の少なくとも4分の1はそのような性格を有す
る部分に当たるとして、その部分すら一切適用しないことは不合理と判断した。

　このメトロコマースには、正社員と契約社員Bの他に、平成28年までは契約
社員A（契約社員Bから登用）と、同年以降は契約社員A（退職金なし）から移行
した職種限定社員（退職金あり）という社員もいたという状況であったというこ
とである。但し、上告審（令和2年10月13日判決、判例時報2490号67頁①）では、
その退職金については、労働契約法20条にいう不合理とは認められるものに当
たらないとして控訴審の判断は取り消された。

（6）パート社員への退職金の支払い

　パート・有期労働者の状態であれば、基本的には均等待遇・均衡待遇の適用
を検討することになるが、例外的にはメトロコマース事件判決のように退職金
が認められる場合もあり得ることになるに過ぎない。ただし、同一労働同一賃
金指針（ガイドライン）（平成30年12月28日厚生労働省告示430号）では、退
職金については全く言及されていない。正社員に登用後は、退職金は生じるこ
とになるが、登用前の期間については、原則として退職金の算定期間には含ま
れないことになる。この点は、均等待遇・均衡待遇の考え方を適用して算定期
間に算入するかを検討しなければならない。

20　企業再編と退職金

　企業合併の場合に、合併後の労働条件を検討する場合に、それぞれの企業の
労働条件が異なるはずであるから、それを統一するのが好ましいことはいうま
でもない。しかし、退職金についていえば、一方の会社の退職金が勤続年数を
基準としているのに対して、他方の会社は成果主義型の退職金制度となってい

る等、統一するのが容易でない場合には、合併後、当面は2制度を併存させることになる。最終的にはどのように一本化を図るべきであるが、その道のりは容易ではないことが多い。

（1）企業の合併の場合の労働条件

　企業の合併には、新設合併と吸収合併があるが、いずれにせよ、その雇用する労働者の労働条件は、基本的には、同意なく変更できない。無論、合併する企業としては存続する企業の労働者が別々の労働条件にすることは労務管理上は好ましい状態ではないのであり、合併する前に、それぞれの企業で、就業規則等で定める労働条件を変更しておき、合併する時点で同一の労働条件になることが決められているのが望ましいということになる。少なくとも合併に当たっての説明会の中での合併後の労働条件についての説明はしておくべきである。

　合併前に労働条件を統一するということは並大抵の作業ではなく、合併における準備作業ですら相当あり、最終的には株主総会で承認をとることになるので、合併によって影響を受ける株主、特に大株主の意向を尊重し、反対する株主に対しては場合によっては株式を買い取らざるを得ないこともある。即ち、合併をするための株主対策は容易なことではないのであって、そのため、従業員である者たちの労働条件の統一については、とりあえずは後回しにせざるを得ないことが多い。

（2）合併後にやるべきこと

　合併の場合は、合併後の存続会社は、以前存続した会社の法的な地位をそのまま承継したことになるので、取引先等関係している当事者は、合併によって債権債務関係は影響を受けないということになる。それが故に、企業に対する債権者らは、その合併して新設、存続する企業に対して従前の吸収された企業に対してと全く同じ権利を請求できることになる。債権者の中には、社員らも含まれ、社員等は企業に対して賃金債権、退職金債権を有している債権者である。企業としては、その後、何年間かをかけて労働条件の統一をしなければならない。合併によっても、何十年経過しても、労働条件の定めや人事異動はそれぞれ別々に行いつづけ、未だにA社出身だ、B社出身だと言い合っている著名企業もある

くらいであり（中には、社長人事はＡ社出身者、Ｂ社出身者が交代で選任されている企業すら存在する）、このような別管理は決して労務管理上好ましい状況ではないので、労働条件の統一、人事異動の一元化などできれば２、３年の内には実行すべきである。

（3）退職金の同一化

　Ａ社の退職金制度とＢ社の退職金制度とが異なる場合には、統一するためには、どちらかの退職金制度にするか、それともＡ社とＢ社の退職金制度の中間的な制度にするかについての検討が必要であり、労働協約で決められるのであれば勿論それが好ましいが、最低限、就業規則・退職金規程の改正が必要になる。

　参考となる事件に、🐾 **大曲市農協事件**（最高裁三小昭和63年2月16日判決、労働判例512号7頁）がある。事案は、市の７つある農協が合併したわけであるが、７つの農協は合併の４年くらい前から、安い賃金、高い退職金の見直しが要請され、給与規程と退職金規程を連動して改正するように指導したが、他の６つの農協では合併前から退職金規程の統一に向けての協議が進んで退職金規程の改正を行っていたものの、当該１つの農協は労働組合の強い反対により改正することができなかったという事情があった。その一つの農協の事業所では労使での協議が成立しない状況で合併となったが、結局、合併後の農協では合併前から農協に勤めていた職員については特例措置を設けて折り合っているという状態であった。その一つの農協の職員については勤続22年以上の者の支給倍率は従前よりかなり低減される結果となってしまい、それで、退職金が不利益に変更されたとして、一部の職員が元の退職金の水準を求めて訴えたという事案である。

　一審（秋田地裁大曲支部昭和57年8月31日判決、民集42巻2号74頁）は、退職金規程の不利益な変更があったとしても、賃金、定年、休日、休暇、諸手当等他の労働条件に関してはその農協の従前の条件よりも改善されており、原告らも従前よりは遙かに高い所得を得られたという事情が認められるとして新退職金規程は有効であり個々の労働者の同意を得るまでもなく、一律に適用することができるとして原告らの請求を棄却した。

ところが、控訴審（仙台高裁秋田支部昭和59年11月28日判決、労働判例450号70頁）は、退職金の不利益の金額は大きいとして合理性は認められず、無効と判断した。

　最終的に、最高裁は、不利益変更ではあるが、合理性はあるとして有効と判断した。この事例も、労働条件の不利益変更の基準の適用が問題となり、賃金水準はかなり高くなったという代償措置の面と、合併によって異なる労働条件の労働者が併存するのを統一化するということを、高度の必要性があるものとして、変更の合理性を認めて有効としたわけである。

（4）合併前に行っておくべき事項

　合併前に行うべき事務は膨大であり、なかなか難しいことではあるが、労働条件の異なる企業の2つ以上が一緒の企業になるわけであり、合併前に何もせずにいて合併後に急遽労働条件の統一に向けて活動するにしても、それが不利になる元企業の社員は簡単にはこれに応じないで、黙っていれば、合併前と同じ労働条件が保障されるわけであり、容易には同意をしないものと思われる。そのまま労働条件を変更すると、不利な内容を定めた労働条件への変更になり、強引にそれを適用すれば、訴訟になることも考えなければならないし、不利益変更で無効となった場合には収拾のつかない状態になることがある。

　そのようなことにならないように、やはり、合併前に社員には合併したらどのような労働条件になるのかについての見通しの話をしておかなければならない。無論、説明をして同意がとれれば同意を取っておき、あらかじめ就業規則・退職金規程も改正しておいた方がよろしいとは思われる。そこまで行かなくとも、合併後の見通しを説明して、将来改善できる部分は改善するような姿勢を示しておくべきではないかと考える。

21　退職金支給日の繰延べ、退職金の分割

（1）退職金の支払時期

　退職金は何時支払わなくてはならないのかについて、法的に義務づけはない

が、退職してから相当の期間経過してから支払うことは好ましくはないものとされている。元々、退職金については、その制度がある場合には、労基法15条の労働条件の明示の対象となる労働条件であり、また、労基法89条の就業規則の相対的必要記載事項とされており、社員に対しては、支払いの条件も含めてその制度の内容は周知されていなければならない。

（２）労基法 23 条の適用は

　労基法23条で、退職する労働者が請求した場合には7日以内に使用者が支払わなくてはならないのは、賃金や社内預金、その他の会社に預けていたもの等であり、期限の定めのない退職金は当然対象となるが、期限の定められた退職金は適用対象外である。

　賃金（月例給与）の場合には、毎月の賃金の支払い日を25日にした場合に、労働者が10日に退職して、当日に今月分の賃金を支払えと請求した場合に、月例給与支払日の25日まで待つように回答できるのかというと、これはそのような回答はできず、17日までには支払わなければならないことになる。

　では、退職金はどうかというと、労働省の通達（昭和26年12月27日基収5483号、昭和63年基発150号）では、「退職手当は、通常の賃金の場合と異なり、予め、定められた時期に支払えば足りるものである」とされており、決められている支払期限に支払えばよいということになる。退職金の場合には金額も大きい場合が多く、中小企業では7日以内に準備することが困難な場合があることや、老後の生活を考えて、分割払いや年金払いにする企業も多く、また労働者にとって一時金払いと比較して不利ともいえないからではないかと思われる。

（３）分割払いや支払時期を遅らせること

　退職金を分割して支払うことができるか、支払時期を遅らせることができるかということも、就業規則・退職金規程で分割払いの方法を決めることはでき、そうすれば、分割払いも可能である。これについても、法的な規制はないが、あまりにも先まで分割払いをするというのは問題であり、分割払いや支払時期を遅らせることは場合によっては労働条件の不利益変更としてとらえることもできる。

（4）会社の経営の悪化による退職金の減額と分割払いへの変更

① 退職金の減額

　会社の経営が悪化したために経費削減、人件費の削減等の措置を講じるのは当然のことであり、残業の削減、新規採用の停止、賞与の減額、配置転換、休業（一時帰休）、出向、転籍、賃金・退職金の削減、希望退職者募集、退職勧奨、整理解雇などの方法により経費を削減して、企業が生き延びていかなければならないということになる。

　このように、経営が悪化すれば賃金、賞与、退職金等の減額等の労働条件の不利益変更も当然検討の対象になる。この中で、賞与は減額しやすいのは自明であろう。そもそも会社の業績が悪ければ賞与は例年よりも減額になるという考え方は、社会一般に通用する考え方であり、それ程抵抗なく例年よりも少なくすることはできると思われる。次に、賃金と退職金は、いずれも労働者にとって最も重要な権利であり、安易な減額は不利益変更として無効になる。そのために、無効にならないような工夫をしなければならない。

　同様に、退職金の分割払いについても、一括して支払われるものが分割払いになれば、将来支払われないというリスクも発生するはずであり、また、本来の支払期についての遅延損害金分は経済的には不利益を受けていることになるので、同様に労働条件の不利益変更の問題となる。

　不利益変更は基本的には労働者本人の同意がない限り無効になるのが原則であるが、合理性が認められれば有効になるというのが判例の考え方であり、そのためには、判例が形成されてきたし、労働契約法10条で定められた合理性の基準に該当するように努力し工夫しなければならない。

② 合理性の判断

　合理性の判断基準としては、判例の形成してきた枠組があり、変更の必要性と変更の内容という2つの大きな柱があり、その変更の内容には、不利益の程度、不利益に代わる代償措置、労働組合の対応、他の従業員の対応、社会一般の状況、経過・緩和措置等が要素として加わる。経営が悪化したことは、何らかの経費節減、人件費節減の必要性は存在するが、他の手段である新規採用の停止、不採

算部門の廃止縮小に伴う人事異動（配転、転勤、出向、転籍等）、休業（一時帰休）、希望退職者募集等の他の手段の経過を見ながら、賃金、退職金の減額措置を考慮しなければならない。

　仮に、賃金・退職金を減額するにしても、その割合をどうするか、さらには減額した部分は後で支払うことにするか（分割払い）なども、労働組合があれば十分に協議し、他の社員の意向、意見、対応などを十分に検討した上で判断しなくてはならない。賃金・退職金と一口にいっても、毎月の生活費となる賃金と老後の生活費となる退職金とを単純に並べるわけにも行かず、まずは、退職金の減額・支払い猶予（分割払い）から実施し、その後に賃金の減額・支払い猶予（分割払い）を検討すべきである。また、賃金にも、労働交換的部分と生活保障的部分とがあるといわれるが、必ずしも断定できない部分はあるにせよ、生活保障部分を先に減額・支払い猶予し、労働交換的部分を後で減額・支払い猶予すべきである。いずれにせよ、ケースバイケースで十分に労働組合や労働者の代表などと協議すべきである。

（5）手続と就業規則化の必要性

　その上で、労働組合があればそれを説得して労働協約を締結することが必要である。仮に同意が得られなくても、十分に説明し、十分な資料を提供して繰り返し説得したという努力は極めて重要である。その経過もきちんと記録に残しておくことが必要で、労働組合がない場合でも、社員については社員集会などを開いて説明し、更には社員代表を選んで、説明して意見を聴く場を設けるべきであり、その経過も記録に残しておく必要がある。

　最後に、労働協約が締結できない場合や締結できた場合であっても、その労働条件の変更の内容は、必ず、就業規則化しておかなければならない。就業規則が無効になってもならなくても、就業規則に定めがあれば、その効力が無効になるまでの間は、有効なものとして取り扱われるはずであり、その意味でも就業規則の変更は必要不可欠である。

22 病気休職期間満了に伴う退職勧奨と退職金割増

（1）疾患と休職、退職

　現在、抑うつ障害、適応障害、うつ病等という病名で会社を休む社員が激増している。はじめは年次有給休暇、病気休暇などの休暇をとって、その後欠勤となり、欠勤が一定期間継続すると休職になるのが通常である。

　休職終了後復職できればよいが、復職できない場合には退職の問題になり、すんなりいかない時には、退職勧奨、場合によっては退職金の割増の問題となる。

（2）会社の対応

　休職期間満了時に復帰できるか否かの主治医の判断を求めることになるが、その場合には、主治医の判断が正しい場合には復職してもらうことになり、主治医の判断が誤っていると思われる場合は、退職を促すか解雇するのが原則である。

　会社としては、主治医の判断によりがたい場合には、本人を説得して退職してもらうが、その際、退職加算金として一時金を付け加えるという方針になることもあると思われる。

（3）退職加算金の支給

　問題は、この退職加算金を付けて退職させるという方法であるが、これは、退職を引き出すための方法であり、あくまで、社員の自由な意思に基づいて退職加算金と引き替えに退職の意思表示をしてもらうということであって、当該社員の自由意思であれば退職は有効である。

　問題は、どの程度の退職一時金を加算すればよいかであるが、その社員の勤続年数とその疾病の重度により復職できる可能性を考慮して提示することになる。一般には、最低でも給与の３か月分、最大でも給与１年くらいであろう。仮に、会社に一定の年齢以上の者に対する早期退職優遇制度がある場合には、この制度に乗っかってもよいと思うし、参考にすべきである。

23 自己都合退職に伴う退職金の自主的な放棄

　退職金を自主的に放棄するという場合は余り考えられないが、例えば、新規事業の立ち上げの中心メンバーだった社員が、その事業がまだ軌道に乗らず成果を出していないので責任を取って退職し、退職金も放棄するというような場合であろう。

　退職金の放棄は、就業規則上退職金の発生がある以上は、強制的に行うことは無理であり、仮に退職金の放棄を行わせたとしても、それが社員の真意で自由意思でなされたものか否かについての慎重な検証をしなければならない。

（1）退職金の放棄

　退職金の放棄については、真にその放棄をする意思があるのかが重要である。退職金については、月例給与よりも高額であり、常識的にみれば、それだけのものを安易に放棄することは余程の事情がある場合としか考えられず、本人がその退職金請求権を放棄できる状況にあるのか否かを慎重に検討しなくてはならない。

　社員本人が納得していない限り、無理矢理退職金を放棄させることはできない。まず考えられるのは、会社の担当者の欺罔行為、強迫行為によって退職金を放棄する書面に署名・押印させることであり、慎重に検討しなければならない。

① 欺罔行為

　欺罔行為がある場合会社の担当者側で、

ⅰ　本来であれば懲戒解雇になるから、自己都合退職になるようにしてやる
　　代わりに退職金を放棄せよ、

ⅱ　会社はその社員の退職により受けた損害の賠償請求をするがそれは巨額

になるので退職金を放棄すれば損害賠償義務を免除する、

iii　営業秘密を持ち出して就職をすることは損害賠償問題になるし、刑事事件で被告人になる可能性があるので退職金を放棄すれば、民事上も損害賠償しないし、刑事告訴もしない、

等と種々の諫言してその社員に退職金を放棄されるような場合が考えられる。
　i～iiiの言動は虚言である場合に、それによって当該社員が欺されて、退職金放棄の意思表示をするということはその意思表示は取消し得ることになる（民法96条1項）。

② 強迫行為
　これは、多人数で、長時間にわたって監禁状態に置いて退職金を放棄するように迫るとか、暴力を振るって署名押印させるとか、転職先にこれまでの行状を知らせて転職を止めさせてやると強迫すること等が考えられる。
　多数で長時間にわたって退職を勧奨したことが不法行為に当たるとされた事例としては、著名な **下関商業事件**（最高裁一小昭和55年7月10日判決、労働判例345号20頁）がある。その当時は市の職員は定年制がなく、55歳になった時点で退職勧奨をし殆どの者が自主的に退職していたのであるが、当該2名は、断固として退職しなかったので、数回呼び出されて、長時間にわたり数人による退職を勧奨されたが結局退職しなかったという事案であり、不法行為と認定され、一名が5万円、もう一名が4万円の賠償請求が認められたという内容であった。

（2）自由意思による放棄か
　その他、労働者が自己に不利な意思表示をした場合に、それが真意にそのような意思を表示したといえるか、その意思表示が有効か否かにつき、慎重に判断を下すべきであるとしたものがある。**広島市中央保健生協事件**（最高裁一小平成26年10月23日判決、労働判例1100号5頁）、と **山梨県民信用組合事件**（最高裁二小平成28年2月19日判決、労働判例1136号6頁）である。

⚖ （1）広島市中央保健生協事件

　事案は、理学療法士である副主任の女性Ｘが妊娠したので、Ｘが労基法 65 条
３項による「軽易な業務」への転換を求めたので、使用者であるＹ生協も転換し
たが、その転換に際して、Ｙ生協は副主任を免じ（本件措置１）、さらに産前産後
休業、育児休業終了後に復帰しても副主任に戻さなかった（本件措置２）という
ものである。

　そのため、女性Ｘは、主位的請求として本件措置１は均等法９条３項に違反
し無効なものである、予備的請求として本件措置２は均等法９条３項に違反す
るものとして、管理職（副主任）手当（月額 9,500 円）の支払いと債務不履行また
は不法行為に基づく損害賠償請求権を行使した。第一審判決（広島地裁平成 24
年２月 24 日判決、労働判例 1100 号 18 頁）、控訴審判決（広島高裁平成 24 年 7
月 29 日判決、労働判例 1100 号 15 頁）はともに女性Ｘの請求を棄却した。

　最高裁判決は、結論として控訴審判決を破棄して差戻しをした。骨子は、以
下のとおりである。

① 　Ｘが軽易業務への転換及び本件措置により受けた有利な影響の内容や程
　度は明らかではない一方で、Ｘが本件措置により受けた不利な影響の内容
　や程度は管理職の地位と手当等の喪失という重大なものである上、本件措
　置１による降格は、軽易業務への転換期間の経過後も副主任への復帰を予
　定していないものといわざるを得ず、Ｘの意向に反するべきであったとい
　うべきである。

② 　Ｘにおいて、本件措置１による影響につき事業主から適切な説明を受け
　て十分に理解した上でその諾否を決定し得たものとはいえず、Ｘにつき自
　由な意思に基づいて降格を承諾したものと認めるに足りる合理的な理由が
　客観的に存在するということはできないというべきである。

③ 　本件措置１については、Ｙ生協における業務上の負担の軽減の内容や程
　度を基礎付ける事情の有無などの点が明らかにされない限り、均等法９条

３項の趣旨及び目的に実質的に反しないものと認められる特段の事情の存在を認めることはできないものというべきである。

その後の差戻し後の控訴審判決（広島高裁平成27年11月17日判決、労働判例1127号5頁）は、本件最高裁判決を受け、本件措置１につき、均等法９条３項違反であるとして、慰謝料100万円と副主任手当不支給額全額の支払いを命じたが、その骨子は以下の④〜⑥のとおりである。

④　（本件措置１について）均等法９条３項の規定は、同法の定める目的及び基本理念を実現するためにこれに反する事業主による措置を禁止する強行規定として設けられたものと解され、女性労働者につき軽易業務への転換等を理由として不利益取扱いをすることは同項に違反して違法であり無効であると解されるところ、本件措置１につきこれを違法無効でないとする事由が存在しない。

⑤　Ｘが、リハビリ科に異動した後に副主任を免ぜられたことに異議を留保したり、育児休業明けに副主任の地位がどうなるかを尋ねなかったことについても、Ｘが既に副主任を免ぜられることを受け入れ、産前休暇までの間、新しい職場で働き無事出産することに専念していたことから考えれば、この事実から、Ｘが副主任免除に異議がなかったとまではいえず、承諾を自由意思だと認定する合理的理由が存在するとまではいえない。

⑥　Ｙ生協には、本件措置１をなすにつき、使用者として、Ｘとしての母性を尊重し職業生活の充実の確保を果たすべき義務に違反した過失（不法行為）、労働法上の配慮義務違反（債務不履行）があるというべきであり、その重大さも不法行為又は債務不履行として民法上の損害賠償責任を負わせるに十分な程に達している。

この差戻後控訴審は、上告審判決のとおり均等法９条3項に実質的に反しないと認められる特段の事情があったとはいえないとして判断した。

✈ (2) 山梨県民信用組合事件

　この事件は、経営破綻に伴う経営の危機を他の信用組合に吸収合併をしてもらうことによって存続をする方法をとった消滅した信用組合が、吸収合併の条件として、労働者の退職金の引き下げを要請されたため、退職金を2分の1以下にする内容の退職金一覧表を示され、それに同意を求められた管理職らがやむなくそれに従い、退職金を引き下げる旨の同意書に署名押印をしたという事案で、その同意書に署名・押印した管理職であったXら12名が、存続している信用組合に対して、退職金の不利益変更の同意は無効であるとして、存続している信用組合に差額の退職金の支払いを求めたというものである。

　一審判決、控訴審判決は請求を棄却したが、最高裁は、「就業規則に定められた賃金や退職金に関する労働条件の変更に対する労働者の同意の有無については、当該変更を受け入れる旨の労働者の行為の有無だけでなく、当該変更により労働者にもたらされる不利益の内容及び程度、労働者により当該行為がされるに至った経緯及びその態様、当該行為に先立つ労働者への労務提供又は説明の内容等に照らして、当該行為が労働者の自由な意思に基づいてされたものと認めるに足りる合理的な理由が客観的に存在するか否かという観点からも、判断されるべきものと解するのが相当である」として、本件では、退職金の支給基準の変更に対する管理職らの同意の有無について、その署名押印が自由な意思に基づいてされたものと認めるに足りる合理的な理由が客観的に存在するか否かという観点からの審理が尽くされていないとして、原判決を破棄して、差戻した。

　このように、退職金を放棄するという重大な不利益を受ける場合には、「その意思表示が自由な意思に基づいてされたものと認めるに足りる合理的な理由が客観的に存在するか否か」という観点から審理されることになる。形式的に退職金請求権の放棄の書面に署名押印がなされていても形式的に判断されるわけではないのである。

24　ベースアップ・定昇と退職金

　退職金は、基本給に勤続年数と一定の係数を掛けて算出する方法が未だに多

く採られている。その場合の基本給には、ベースアップや定期昇給分も含める
のが通常であるが、ベースアップや定昇の時期が予定よりも遅れてしまった場
合に、通常にベースアップや定昇が発生した時期であれば基本給に反映されて
いるにもかかわらず、その決定が遅れたために退職時には基本給に反映されて
いない場合がある。その場合に、退職金に反映させなくてよいのかという問題
である。

（1）ベースアップの場合

　ベースアップとは、賃金ベースの増額であり、主として物価水準の上昇等によ
る「生活水準低下の防止」や「会社の成果配分」等の目的でなされるものであり、
労働組合がある企業であれば、例年春の春闘で要求があり、団体交渉の末、妥結
し、労働組合がない企業でも同時期に企業が決定する。労働組合との団体交渉
が行われる場合には、往々にして予定していた時期より妥結の時期が遅れるこ
とになるが、そうした場合に退職金に反映される基本給はどうなるのかという
問題である。

　労働組合との妥結の場合には、その妥結時に労働協約においてベースアップ
は何時からの基本給に反映させるのかを決めておかなければならない。遡って
4月1日からにする協約であれば、その時点以降の退職者にはベースアップが
反映された基本給に基づいて退職金が算定される。ところが遡るという条項が
ない場合にはどうなるかということである。🔲 **淀川プレス製作所事件**（大阪高
裁昭和 50 年 4 月 22 日決定、労働経済判例速報 894 号 5 頁）は、退職金の支払い
についてベースアップ分の追加払いを求めた事案であるが、次のように述べて、
原告の請求を棄却した。

　「組合員らの相手方に対する賃金昇給分とこれに伴う退職金増額分の具体的
請求権は、労働協約の規定によって当然に発生しているものとは認めがたく、更
に、各年度ごとに結ばれる賃金に関する協定において具体化されることによっ
て初めて発生するものと解するのが相当である。そして、賃金に関する協定の
効力を受けるためには、右協定の成立した当時において、相手方の従業員として
の地位を有する組合員か、あるいは、少なくとも解雇後その効力を争っている者
であることを前提とするものといわざるを得ない。そうだとすれば、賃金上昇

分とこれに伴う退職金増加分の受給権について、前記協定中に特段の定めのない本件においては、右協定の成立以前に任意に退職した抗告人らには、賃金昇給分とこれに伴う退職金増加分の支払請求権を有しないものというほかはない」

（2）定期昇給の場合

定期昇給にも2種類あり、あらかじめ、労働協約、就業規則（賃金規程等）で具体的な昇給額が決まっているものと、毎年春闘時にベースアップとともに定期昇給の要求をするか、その都度会社が決定するものとがある。

前者の予め、決まっているものについては、多くの場合に昇給の時期も定められているはずであろう（「毎年4月1日」等）から、その時点で基本給は昇給し、それを反映して退職金も増加することになる。

後者の場合には、定期昇給も組合の団体交渉の結果、または会社の決定の内容次第であり、昇給の時期を決めて、遡って昇給するということになっていれば、その昇給分が退職金にも反映されるが、その条項がなければ遡って退職金の増額にはならないということになる。

25 退職年金制度の見直しの有効性

退職金制度の見直しは、法制度の変更とともに2000（平成12）年頃から急ピッチで進んできた。そのため、退職金の不利益変更に止まらず、独自の観点からの検討が必要である。ここでは、退職年金制度の変更に関する裁判例を紹介する。

（1）名古屋学院事件

（①名古屋地裁平成3年5月31日労働判決　労働判例592号46頁、②名古屋高裁平成7年7月19日判決、労働判例700号95頁）

この事案は、学校独自の年金制度を設けて、基金に学校と職員双方で全額を拠出して積み立てる形式を取っていたが、学校にその金員を負担することが厳しくなり、この年金の廃止をするというものであった。一審判決は、この企業年金が職員にとって重要な労働条件と解し、控訴審は、これを廃止することは労働

条件の不利益変更の問題とした上で、その廃止を有効と認めた。

「Y学院が、昭和50年度の時点で行った本件年金制度の将来予測によれば、本件年金制度を本件年金規程のまま存続させると、Y学院の経常会計から本件年金基金に毎年補填しなければならなくなることが明らかになり、しかもY学院は昭和48年に学校敷地の3分の1を売却して約20億円の債務を弁済して間もなくの時期であり、財政的な基盤が十分とはいえなかった上、経常会計においては消費支出超過状態が続いていたのであるから、本件年金制度につき抜本的な改革を要する状態にあったものであると認めることができる。そして、本件年金を維持しつつ基金の健全化を図る有力な方法として、適格年金制度に準ずる制度の導入が考えられるが、計算結果によれば、この方法によっては、過去勤務債務額償却のためにY学院の負担が激増することになり、Y学院の財政状態から見て右制度の導入は不可能であったと認められ、また、職員及びY学院の拠出金率を引き上げたとしても、一時的な延命策に過ぎず、いずれは同様の問題が発生することが予想されたことが認められる。右の必要性との関係からみると、本件年金制度を廃止し、昭和52年3月31日時点において算出した年金一時金を凍結し、退職時に返還すること等を内容とする本件就業規則の改廃の内容は、Xら職員に不利益を与えるものであるが、他方、代償措置として退職金制度の改正、非常勤講師としての再雇用制度の新設等を考慮すると、他に私学共済年金制度が存在することと相まって、Xらが定年後において、相当程度の生活を維持しうる水準の収入を得ることが可能となっていることが認められるので、その内容も相当性があるということができる」

🐬 (2) ダイコー事件

（東京地裁 昭和50年3月11日判決、判例時報778号105頁）

退職金の支給額の算定について、従来「従業員の退職時の基本給に、勤続期間に応じた支給率を乗じた額とする」と定めていた退職金規定を、「中小企業退職金共済事業団との間に締結された中小企業退職金共済法に基づく退職共済契約に基づく掛金月額と掛金納付月数によって、右事業団が算出した額とする」と改訂した結果、X社員の退職金の支給額が旧規定による額に比べて約4分の1になったという事案である。

この事案は、不利益変更で合理性が認められず、変更は無効であり、旧規定が適用されるものと判断した。

✈ （3）幸福銀行事件
（①大阪地裁平成10年4月13日判決 労働判例744号54頁、②大阪地裁平成12年12月20日判決 労働判例801号21頁、③大阪地裁平成12年12月20日判決 判例タイムズ1081号189頁）

これらの事件は、退職年金について減額・廃止をしたという事案である。①は年金額を減額した件で減額は有効と判断され、②③は別件であるが、いずれも廃止による不支給とした事案について違法・無効と判断されたという事案である。

当該銀行は、昭和37年頃に退職一時金に加えて、退職年金制度が創設されていたところ、その年金は、無拠出制であり、勤続20年以上の退職者が満60歳に達したときに本人の申出により、その翌月から終身、毎月、規定による年金額が支給されるようになっていたが、次第に、その金額が規定の額よりも上回る金額が支給されてきた。

①事件は、その年金額が規定に定める額を上回っていたために、景気の悪化にあわせて規定に定める額を支給するに至ったが、その措置が不利益変更で無効か否かが争われた。なお、年金開始の際に交付される年金通知書には、「年金は経済事情及び社会保障制度などに著しい変動又は銀行の都合によりこれを改訂することがある」と記載されていた。判決は、この年金について規定額の範囲内については、退職金規定に根拠を有し、労働契約上の支払いが義務づけられているものであるが、上積支給分については年金通知書の交付時の個別の合意が成立したものと判断した上で、経営状態の悪化、人員削減、店舗の削減、役員の報酬賞与の減額等を行ったにもかかわらず2年連続で損失を計上したという事情から、減額措置には合理性、必要性があると認めて、有効と判断した。

②③事件は、当該銀行が上積分のみならず退職年金を、3か月分支払って一方的に打ち切ったためにそのような打ち切り措置が有効か否かが争われた事案である。大阪地裁で同時期に2つの訴訟が継続し、同時期に同じ趣旨の判断が下された。①事件の上積分の打ち切り後も当該銀行の経営は一層悪化して、

金融再生法により金融再生委員会から金融整理管財人による業務及び財産の管理を命じられる処分を受けた。これらの判決は、労基法上の「賃金」としての性質である退職年金について、代償措置とは到底いえない年金月額の3か月分相当の支払いをもって、打ち切りを正当化できるものではないと判断し、退職年金の打ち切りの措置を無効と判断した。

（4）バイエル・ランクセス労働契約関係確認等請求事件
（一審：東京地裁平成20年5月20日判決、労働判例999号43頁、控訴審：東京高裁平成21年10月28日判決、労働判例466号37頁）

　原告Xは、被告Y1社に33年間勤めて退職し、税制適格年金制度（確定給付型）により退職日の翌日から終身年金（月額23万円）を受け取っていた。Y1社はその後、一部門を独立させてA社が設立され、さらにA社の一部門を独立させてY2社が設立された。そして、年金管理責任はY2社とする措置が執られたが、Y1社、Y2社は、そのことにつき年金受給者に通知したり、承諾を求める手続を採ってはいなかった。

　Y1、Y2社らの旧年金制度は税制適格年金制度であったが、バブル経済崩壊後の長期的な資金運用の低迷等により、予定した運用率が達成できず、積立金不足の増大、事業主の追加負担の増加がY1社、Y2社らの事業主の経営・収益を大きく圧迫し、そのため、Y2社は、現役の従業員の退職年金制度を確定拠出型に変更することとし、さらに、次に、既に退職している年金受給者については、余力のある時点で、会社の追加出資を含めた一時金を支給して退職年金を解散することとして、年金受給者及び年金待機者に対してその旨の申し入れをし、説明会の開催等を行った。年金受給権者51名のうち49名は同意をしたが、原告Xは、退職年金受給権はY1社を退職したときに確定済みのものであり、これを一方的に変更することはできないとして、年金制度の廃止は無効と主張した。なお、原告Xに支給される予定の一時金は金5,163万円と高額であった。

　一審判決は、本件年金制度の廃止は事業主が経営危機にあるわけではないので必要性は強いとは言い難い、制度廃止の相当性については、事前に受給権者の意見を一切聞いていない点は不十分であるということができ、代償措置については十分であるとみる余地があるとしたものの、緊急性を要する措置ではな

いこと、事前に受給権者の意見を一切聴取することなく行っていることに必要性、相当性とも認められる合理的なものと認定することは困難であるとして、原告Xの請求を認容した。

控訴審判決は、結論において一審判決を覆し、次のように述べて、本件年金規約の改正の合理性を認定し、有効として、原告Xの請求を棄却した。

「本件改廃条項は、『一般経済情勢の変化、会社経理内容の変化または社会保障制度の改正等を慎重に考慮の上、必要と認める』ことを要件としているが、被控訴人Xのように既に退職している者についてみると、年金支払いの対価部分（労働力の提供）は既に履行済みなのであり、退職金に係る不利益に変更されても、その代わり雇用が保障されるとか、他の労働条件が改善されたりするというメリットが生じることも考えられないもので、変更は通常受給権者側に一方的に不利益なものといえるものである。したがって、そこでいう必要性の要件は厳密に判断される必要があるというべきである。もっとも、その必要性の判断は、Ｙ１社の地位を承継したＹ２社側の本件年金制度を廃止する必要性の程度と、その代償として採られた一時金支給の相当性の程度とを総合して判断していくべきである」

「以上の事実関係に照らすと、以下の点を指摘することができる。

ア　　既存の税制適格退職年金制度に基づく本件年金制度は、バブル経済崩壊後の長期にわたる低金利状態により年金資産の予定運用利回りを維持することが困難となったという社会経済状況の変化を背景にして、国の企業年金に対する制度的仕組みが改められ、税制適格退職年金制度による新規の加入ができなくなり、かつ、平成24年3月には既存の税制適格退職年金制度が廃止されることになって、新たな制度に変更を迫られており、これまでどおりの年金制度を維持することは困難であったところ、Ｙ１社及びそのグループは、まず在職中の従業員について就業規則を改正して、確定拠出年金制度に移行した。

イ　　このような状況の下で、既に退職している者についても、本件年金制度をそのまま維持していくとなると、厳しい経済情勢や国際的な企業間競

争の激化の中で、会社が拠出を迫られる年金費用が将来的に経営圧迫要因になるのではないかと危惧される状況となったのである。Ｙ２社においても、会社の利益の中から年金受給者１名当たり年間約 80 万円を負担し続けることは、厳しい経済情勢、国際競争のもとで、将来的には困難になって、年金給付額の減額も検討せざるを得なくなるおそれがあった。

　Ｙ２社による本件年金制度の廃止の判断は、上記のような状況においてなされたのであり、本件改廃条項に定める一般経済状況の変化（バブル経済崩壊による長期の低金利状態の継続、経済情勢の悪化、国際競争の激化）に基づくものであるということができる。確かに、そのような改正をしないと直ちにＹ２社の経営が著しく悪化し、経営危機に陥るというような高度の必要性まではなかったことがうかがえるが、相応の必要性、合理性は十分あるといえるものである。

　そして、本件年金制度の廃止の代償措置として採用された一時金支給については、その支給額を、Ｙ２社が受給する年金総額を今後の生存の確率に基づき算定したうえ、それを年 1.5％の運用利回りで現在価値に割り戻した額で算定しており、本来受け取るはずの退職年金の総額と理論上、計算上は等価に等しいといえるものの、あるいはむしろ年 1.5％という低利で現在価格に割り戻していることからすると、受給者の側に有利に算定されているものということができるのであるから…、受給者の側では一時金支給になることにより、一時に多額の税金を支払わなければならない等の不利益を考慮しても、本件一時金の支給は本件年金制度廃止の代償措置として相当なものということができる」

26　退職年金の支給率の引き下げ

　退職年金について、廃止するのではなく、経営状況に応じて支給率を引き下げることは許されるか。

　企業年金について、現在在籍の従業員に対しては就業規則の変更によって行

えるし、判例上の不利益変更論で対処できる。ところが、既に在籍していない元従業員である受給権者に対しては、年金規定（規程）があればその変更手続を採り、個別に同意を取る必要がある。同意しない受給権者に対する年金支給率、支給額等の不利益変更の効力は個別判断によることになる。

　現実として、2008（平成20）年のリーマンショック以降の不況で、一段と、退職年金の支給率の引下げを行う企業が目立つようになった。退職年金制度を設けている各企業とも年金の負担はかなり重く、また、その資産の運用による利益の確保は困難で、従前の制度をそのまま維持するということはなかなか難しい。そこでの問題は、単に従業員のみを対象とした説得や交渉ではなく、すでに退職している元の従業員の人たちが影響を受けるので、その元社員に対してどのように対応すればよいのかが必ずしも明確とはなっていないからである。確かに不利益変更の問題であるので、その時点で在籍している従業員については、就業規則や労働協約を変更することによりある程度は対応できるにせよ、元の従業員には就業規則も労働協約も適用がないので、年金規則（規程）の変更や個別の同意での対応をすることになる。

　その個人の同意がとれない場合には、企業年金を運営する際に、年金規則（規程）が定められているのが通常であるので、運営者である会社が、経営状況等により支給額が増減することがあり得る旨の抽象的な定めがあるが、その規定のみで、その規定によって、元の従業員に対して、個別の同意をとることなく、その減額措置を実行していけるのかということになる。

　また、そのような年金規則（規程）がない場合に、どこまでしなければならないのかという基準も明確ではない。

　以下、紛争となった事件について紹介する。

♟（1）松下電器産業年金支払請求事件

（①一審：大津地裁平成16年12月6日判決 判例時報1892号62頁、控訴審：大阪高裁平成18年11月28日判決 判例時報1973号62頁、②一審大阪地裁平成17年9月26日判決 判例時報1916号64頁、控訴審大阪高裁平成18年11月26日判決 判例時報1973号62頁）

昭和41年にY会社が退職者の福利のために退職者を対象として創設した福

祉年金制度は、Ｙ社が退職者の希望により預託された退職金の一部を原資として、一定の支給期間にわたり、預り原資の取り崩し部分と預り原資の残額分に一定の利率を乗じた利息分を合計した金額を年金として支給する基本年金と、基本年金の終了後から退職者本人の死亡時まで一定の金額を年金として支給する終身年金から構成されていたが、その利率が9.5％ないし8.5％の高率であったところ、Ｙ社の業績が低迷し、赤字経営となり、人件費の引下げを初めとするコスト削減の必要があったので、純利益中に占める割合が4分の1ないし6分の1に達する福祉年金制度の見直しが必要となり、年金の支給利率を一律2％引き下げたという事案である。

　いずれの判決も、支給利率の引き下げ措置を有効と判断して、原告の請求を棄却している。

　その根拠としてあげるのは、年金規程23条1項が「将来、経済情勢もしくは社会保障制度に大幅な変動があった場合、あるいは法制面での規制措置により必要が生じた場合には、この規程の全般的な改訂または廃止を行う」という定めがあること、本件年金制度は、既に発足から36年を経過し、一般金融市場の金利や同業他社等の私的年金制度と比較して、かけ離れた高い給付水準となっており、これを知った一般消費者から苦情が出るなど、およそ社会一般から容認されがたい状況になっていたこと、当該会社はこの改訂までに従業員や取引先にコストダウン施策への協力を要請し、株主への配当減少も余儀なくされている中で、本件年金制度にかかる当該会社の負担が増大していたことや本件改訂における負担額の減少効果等から給付利率を一律2％引き下げる必要性があったと認められること、給付利率は引き下げられたとはいえ、年8％ないし、5.5％であり相当高い水準にあったこと、原資である退職金を他の方法で運用するよりもかなり有利であること、加入者全体の約95％が本件改訂に同意していること等があげられている。

♠ （2）早稲田大学 大学年金受給権確認事件

（一審：東京地裁平成19年1月26日判決（労働判例939号36頁）、控訴審：東
　京高裁平成21年10月29日判決（判例時報2071号129頁））
....
　Ｗ大学では、昭和33年に私的年金制度を大学に勤務する教職員の退職後の生

活保障のために設けていたところ、1992（平成4）年頃から年金は財務的な危機を迎えて、給付総額が拠出金額を上回るようになった。また、1998（平成10）年には給付金総額が拠出金総額に運用益を加えた額を上回る事態にいたった。そのため、年金委員会は、制度見直しの検討にかかり、2004（平成16）年11月に年金規則の改正案を可決した。その内容は、次の①、②のような内容である。

　①2004（平成16）年12月支給分から普通年金及び遺族年金の受給額を年金規則に基づく受給額に100分の65を乗じた額とする、②年金規則による年金受給額を、以下のとおり、2004（平成16）年度から段階的に減額し、2008（平成20）年度以降は本件改訂前の本件年金規則に基づく支給額に比べて最高35％減額する。

　　2004（平成16）年12月及び平成17年3月支給分　　一律7％減
　　2005（平成17）年6月ないし平成18年3月支給分　　一律14％減
　　2006（平成18）年6月ないし平成19年3月支給分　　一律21％減
　　2007（平成19）年6月ないし平成20年3月支給分　　一律21％ないし28％減
　　2008（平成20）年6月ないし平成21年3月支給分　　一律21％ないし35％減

　W大学はこの決定を懇談会、説明会で周知し、全受給者に対して、説明書を送り、「同意意思確認書」も送ったところ、その結果は、同意738名、多数意見に従うという者1110名、不同意者268名であり、受給権者の3分の2の賛同を得ているが、不同意者の内の161名が本件訴えを起こした。

　結論は、一審判決は原告らの請求を認容したが、控訴審判決は逆転で、原告らの請求を棄却した。

　一審判決は、本件退職年金は退職金としての性格もあり、年金支給額は重要な要素であるから、当該大学は、原則として、年金契約者が承諾しない以上は、年金額を減額できない上、年金規定には年金支給額を減額する根拠たり得る規程が無く、また当該大学の財政が逼迫しているような状況は認められないということである。

　これに対して控訴審判決は、本件年金制度は、当該大学とその教職員との契約に基づき運営されているが、その契約内容は、多数の契約関係者を合理的画

一的に処理し、各加入者を平等に取り扱うために定められている年金規則に一律に規定されており、そこで定められた内容にしたがって決定されることは加入者も容認していたものと解され、また、本件年金規則の年金制度の見直し規定は、年金制度を維持するために必要な合理的な範囲内での給付額の減額を行うことも許容されていたものと解される、年金財政の悪化から改正の必要性が認められ、その内容も本件年金制度の維持、存続のために当該大学がその合理的裁量の範囲内で定めたものとして相当性を有し、その改訂手続においても、改訂内容の周知などにより受給者の3分の2を超える同意を得るなど、信義則上要請される相応の手続を履行しているものと認められる、というものであった。

♣ （3）りそな企業年金基金外1社退職年金額確認等請求事件
（一審：東京地裁平成20年3月26日判決、労働判例1965号51頁、控訴審：東京高裁平成21年3月25日判決、労働判例985号58頁）

りそな銀行は、大和銀行とあさひ銀行が合併してできた銀行であるが、その時期に大和銀行厚生年金基金、あさひ銀行厚生年金基金、近畿大阪銀行厚生年金基金が合併して、りそな厚生年金基金が発足した。その後、当該銀行は巨額の赤字を計上し、巨額の公的資金を投入されたため、大規模な人員削減と現役従業員を対象としての平均3割の年金水準の引き下げをした。その後、受給者、受給待機者の支給額減額（平均13・2％、最大21・8％の引き下げ）を実施することとして、受給者等全員に対して情報提供するとともにアンケート調査を実施し、地域別説明会の実施などを行い、受給者等の約80％の賛同を受け、りそな厚生年金基金は代議員会の決議に基づき、厚生労働大臣に対して規約変更につき、認可を求める申請をして、認可された。

原告Xらは、年金支給契約に基づく給付額を同意なく引き下げたとして訴えを提起した。一審判決、控訴審判決いずれも、原告Xらの請求を棄却したが、控訴審判決の理由は、①基金の年金給付加算部分は代行部分とともに、基金によって運用管理されており、基金の集団的、持続的、客観的運用の必要から、加算部分についても、国が認可を通して規約を規制することにしているものであり、基金と年金受給者との法律関係は、個別契約ではなく、法令と規約によって規律されること、②厚生年金基金の年金業務は、原資の確保、その運用による利率見込

みを含め、適正な年数処理に基づいて永続的かつ集団的に行うべきものであり、その事情に変更があった場合には、適正な団体的意思決定に従った規約変更により加算年金給付を減額することは、厚生年金基金制度において予定されていると解すべきであること、③規約変更による年金支給額の変更は、それによる不利益の内容、程度、代償措置の有無、内容変更の必要性、受給者への説明等を総合して、当該変更が受給者の不利益を考慮しても、なお合理的なものであれば、許されるというべきであり、本件規約の変更はその意味における合理性がある、というものである。

♨ （4）港湾労働安定協会事件

（神戸地裁平成22年4月9日判決、労働判例1013号147頁）

　港湾労働者年金制度は、港湾運送事業に従事する労働者の老後の生活の安定と良質の港湾運送労働力の確保という労使双方の要請に基づき、中央労使団体によって個別事業者と労働者との関係を超えて、産業規模での制度として設立された。被告であるＹ協会は、規程に基づいてその運営を行う責任を負い、受給権の裁定請求をした受給資格者に対して裁定を行っている。

　この関係は、受給資格者の裁定請求が年金支給契約の申込みであり、Ｙ協会が裁定は同契約の承諾の意思表示と認定されている。この裁定によって、受給権者の具体的な年金支払請求権が発生することになる。

　原告Ｘらは、支給開始から15年間、年金支給契約に基づいて年額30万円受け取っていたものを一方的に25万円へと5万円減額されたが、判決は、その減額について、Ｙ協会の方で、個別の同意を得ようとしたり、協議を行ったことはなく、また意見聴取も行っておらず、受給権者である原告らの手続き関与を全く欠いた形で決定され、決定後に一方的に本件減額が通知されたにとどまると認定し、このような減額措置を無効と判断した。

27　退職金割増について

　企業が規定の退職金を上乗せするのは、退職しなくてもよい労働者に対して、

企業側の都合により退職をしてもらう場合である。具体的には、①本来の定年よりも若い時点で定年を選択する選択定年の場合、②人件費削減の目的から中長期的に人員を削減する目的の早期退職優遇制度、③急激な経営悪化の状態でやむを得ず行う希望退職者募集の措置などがある。

（1）企業が退職金の割増を行う場合とは

使用者が退職金の割増を行うのは、労働者の退職を誘引する場合である。

使用者にとって、退職金は大きな負担であるが、その負担増を行うというのは、その負担増よりもさらなる利益があるということになり、その労働者に個別の事情により退職を求める場合か、あるいは、労働者の個性によることなく、全ての労働者または一定条件の労働者全体に退職を求める場合ということになる。

労働者の個別の事情により退職を求めるという場合については、その労働者が普通解雇または諭旨解雇、懲戒解雇に該当する事由があるか、仮にその事由が十分ではない場合であっても、使用者としては、解雇を希望せず、円満に退職により解決したいと考える場合である。労働者としても、会社の都合で退職することは不本意であるとしても、それを退職金の割増で補填するということになる。

労働者の個性によることなく全ての労働者または一定条件の労働者全体に退職を求める場合については、定年制の延長等で人員を整理しなければならない場合や企業の買収などで必要とされない人員を整理しなければならない場合等も考えられるが、多くは、その企業の経営が急速に悪化したか、または、将来に向けての採算ベースを確保するために、人件費を削減する必要性がある場合ということになるであろう。

ここでは、個別労働者の個性に基づく場合は触れずに、経営悪化や長期的にみた採算ベースを維持するために、使用者の都合により退職金の割増をする場合について検討してみる。

（2）定年制延長等の雇用の延長の場合－選択定年制

高年齢者雇用安定法の改正により 1998（平成 10）年 4 月 1 日より定年を定める場合には 60 歳を下回ってはならないことになり、かつ、2006（平成 18）年 4

月１日からは65歳(暫定的に経過措置がある)までの雇用確保の措置を講じなくてはならなくなっている。その後2012（平成24)年の法改正により、2013（平成25)年４月から希望者全員につき雇用確保義務を講じなくてはならないことになった。さらに、2020（令和２)年改正により、70歳までの雇用確保の努力義務が課された。企業は社員を抱える場合に定年は60歳以上、あるいは定年になった場合にもそれ以上65歳までの雇用確保の義務、さらには70歳までの雇用確保の努力義務が生じることになり、それだけ人件費の負担増にならざるを得ない。さらに社員の年齢構成も高齢化傾向がみられ、企業の成長の鈍化傾向から組織の拡大は無理で、ポストが増加するどころか逆に減少してしまい、勤続の長いベテラン社員がそのポストを占めることになると、企業の組織の活性化という観点からは解決すべき問題があると指摘されて、ベテラン社員のリタイアと若手の登用が期待される傾向にならざるを得ない。

　その解決の一つの方法として、「選択定年制」というものがあり、一定の年齢(概ね45歳以上か、または、50歳以上が多い)に到達した者の希望により一定の退職金の割増をすることにより本来の60歳前で退職した場合でも定年退職扱いするという取扱いである。これは高年齢者雇用安定法の定年とは異なる制度で、この選択定年制を「早期退職優遇制度」ということもある。

（３）早期退職優遇制度

　早期退職優遇制度とは、一般には、定年前に一定の年齢に達した社員に、本来の会社都合の退職金に割増金を加えて、自主的に退職を促す制度をいう。定年前に退職するのであるから、その企業としては人件費が軽減化されることになるが、その軽減化された見返りとして退職金に割増を付けることになる。その結果、定年に近く退職する社員は割増金は少なくなり、定年のかなり前に退職する場合には割増金は多くなるのが普通である。

　なお、早期退職優遇制度に分類されるものの中には、さらに、イメージアップもあって、その転職する社員の支援の措置を加え、さらには、転職先を探すための期間についても有給にするために転職のための休暇を与える場合もある。このような制度を、「セカンドキャリア支援制度」「ネクストキャリア制度」「ネクストライフサポート制度」等と呼ぶことがある。

早期退職優遇制度は、多くの場合には、中長期的な経営の視野に立ち、管理職構成のいびつさの是正や、社員の過剰傾向や年齢、性別、職種などの偏り傾向などを是正してバランスのとれた効率のよい生産性の高い企業を目指して行われるもので、構造的な人員構成の是正を目的とするものといえる。その意味では企業にとって緊急的な措置とはいえず、余裕を持って行うべきものといえる。

（4）希望退職者募集

　これに対して、定年前に退職を求める方法としては、希望退職者募集という方法もある。これは、経営状態が悪化して雇用調整を行う必要性が生じ、退職金の加算等を示して社員の退職を募る場合であり、通常は、期間を定めて時限的に実施される。一般には、経営悪化の際には、危機的な状況になれば、最終的には整理解雇を実施せざるを得ないことになるが、その整理解雇を行う際に判例が要求する要件として、「回避するために手段を尽くすこと」が挙げられており、希望退職者募集はその解雇を回避するための尽くすべき手段の一つとして位置づけられることになる。

　また、経営が相当に悪化しているのが前提であり、それほど多額の退職金の割増は予定されていないはずである（ただし、企業が実施している希望退職の中には、かなり高額の退職金割増を実施しているものもあるが、それは性格からみて、高度の経営危機にあるとは言い難く、後記の早期退職優遇制度と希望退職者募集の２分論でいえば、性格としては早期退職優遇制度に該当する場合が多いと考えられる）。

　ちなみに、早期退職優遇制度の適用の場合の割増金と希望退職募集の場合の割増金の統計については、少ない社数ではあるが、次の「退職金の算定方法」という統計がある（労政時報 3999 号（2020 年 9 月 11 日号）28 頁、特集 1 『早期退職優遇制度・希望退職の最新実態』）。

　算定方法としては次の統計表がある。

退職金の算定方法

区　分		早期退職制度	希望退職
	合　計	68社 (100%)	13社 (100%)
適用支給率	自己都合	20.6%	23.1%
	定年（会社都合と同じ場合）	36.8%	7.7%
	定年（会社都合と異なる場合）	5.9%	
	会社都合（定年と異なる場合）	13.2%	38.5%
	もともと事由別の格差がない	17.6%	23.1%
	その他	5.9%	7.7%

区　分		早期退職制度	希望退職
	合　計	69社 (100%)	13社 (100%)
適用勤続年数	退職時までの勤続年数	76.8%	76.9%
	定年まで在職した場合の年数	5.8%	7.7%
	退職金の算定に勤続年数は影響しない	8.7%	15.4%
	その他	8.7%	

			早期退職制度	希望退職
	合　計		69社 (100%)	13社 (100%)
特別加算の有無	退職金の割増や金額の加算を行う		88.4%	100%
	金額の加算等は行わない		11.4%	
	「退職金の割増や金額の加算を行う」場合の内容	小　計	59社 (100%)	13社 (100%)
		定年退職の場合と同じ	11.9%	
		定年退職の場合と異なる	88.1%	100%

加算額について会社数は少ないが統計があるので紹介する。労政時報同号 32 頁に掲載されている「自己都合退職の場合の退職金と早期退職優遇制度、希望退職利用時の加算額」がある。

3章 退職金

自己都合退職の場合の退職金と早期退職優遇制度、希望退職利用時の加算額

区分	45 歳で退職するケース				50 歳で退職するケース				55 歳で退職するケース			
	早期退職優遇制度		希望退職		早期退職優遇制度		希望退職		早期退職優遇制度		希望退職	
	自己都合退職	加算額	自己都合退職	加算額	自己都合退職	加算額	自己都合退職	加算額	自己都合退職	加算額	自己都合退職	加算額
社数	17	17	8	8	35	35	8	8	37	37	9	9
平均（万円）	725	598	693	859	1165	705	955	1125	1565	600	1403	1124
中央値（万円）	600	410	615	709	1200	670	850	1000	1500	480	1260	960
最高（万円）	1533	1590	1200	1800	2093	1910	1900	2000	2871	1910	2600	2000
最低（万円）	90	80	90	360	100	200	100	545	150	36	150	545

（5）早期退職優遇制度と希望退職者募集の２分論の妥当性

（3）、（4）で述べた「早期退職優遇制度」と「希望退職者募集」の区別は、法

的制度ではなく、無論、定義があるわけでもない。また、各企業が自由に名称を付けて実施しており、名称によってその性格が変わるわけではない。

　他方で、共通点としては、その人員削減の緊急性の程度はともあれ、企業にとって人件費の削減のために労働者に自主的な退職を求めることが挙げられる。割増金の額は、一概にどちらが高額であるとはいえないが、早期退職優遇制度といわれる方がより計画的な人員削減であるだけ、時間的に余裕をもって行えるので資金繰りができやすく、そのため高額であることが多いといえる。

　また、早期退職優遇制度の場合には、転職のための教育や特別の休暇を設定したり、さらにはアウトプレイスメント業者による紹介や教育の場を設けているものが多いという特色があるが、これらはいずれも付属ともいうべき内容であり、制度の本質的なものではない。つまり、早期退職優遇制度といい、希望退職者募集といっても、人員削減の必要性の緊急の程度の差異はあるにしても、その本質は労働者の自主的な退職と退職割増金であり、主要な要素は共通であるといえよう。

　なお、前述の労政時報では、その調査に当たっての定義としては、早期退職優遇制度は「定年前に退職する社員に対して退職金加算等を行う制度で、企業において恒常的に実施されているもの」とし、希望退職制度は「雇用調整など経営上の必要から、定年前の社員に退職金加算等を示して退職者を募る制度で、期間を定めて時限的に実施されるもの」と定義している。しかし、このような2分論は理論的には正しいとしても、各企業の実施する早期退職優遇制度とか、希望退職者募集とかいう各企業のつけた名称にこだわることなく、実態がどちらに分類できるのかで判断すべきことになる。

　なお、早期退職優遇制度を恒常的なものにして、その退職金の割増率を一旦はよくすると、後にその優遇措置を減額することや廃止することは労働条件の不利益変更となりかねない。もっと機動性をもった臨時的・暫定的な措置とするべきであろう。そのようにすると、早期退職優遇制度と希望退職者募集とは、いずれも臨時的・暫定的な措置となり、結局、経営危機の程度にあるかどうかの違いとなってくる。その意味で、早期退職優遇制度であるからどうであるとか、希望退職者募集であるからどうであるとか、2つを区分して性格や効果について区別して取り扱う実益はないというべきであろう。

（6）早期退職優遇制度の適用の拒否

　早期退職優遇制度を設けて労働者を募集する場合には、多くの場合には、急激な経営悪化の場合ではなく、中長期的にみた経営の是正の要請による。その場合には、十分な制度設計の時間があり、合理的な適用条件やその場合の待遇を決めることが可能である。

　早期退職優遇制度の適用に当たっては、会社がその退職の条件を提示する場合に、「退職の申込み」である場合と「退職の申込みの誘引」の場合がある。多くは年齢の限定をした上で、退職金の割増の基準を提示するのであるが、会社側の提示が退職の申込みであればその場合に本人の意思表示は応諾であって、それによって退職の合意が成立することになるし、会社側の提示が退職の申込みの誘引であれば本人の意思表示は退職の申込みになり、それに応諾するのかは会社側の意思によることになる。

　往々にして、早期退職優遇制度を実施した場合に、会社の期待する人材が転職することを決意して退職を申し出ることが多いが、その退職の申出を認めなくてはならないのかは、会社側の提示が申込みの誘引なのか、退職の申込みなのかによって判断されることになる。

　早期退職優遇制度の適用について、その適用を拒否した取扱いが有効か否かが争われた事案で、🏃浅野工事事件（東京地裁平成3年12月24日判決、判例時報 1411 号 125 頁）や 🏃大和銀行事件（大阪地裁平成 12 年 5 月 12 日判決、労働判例 785 号 31 頁）では、会社側の条件の提示を申込みの誘引と認定して、その適用を認めるに当たって会社側に裁量権がある旨を判示して、その適用を拒絶された元従業員の請求が棄却された。

（7）退職金割増の公平性

　会社が退職を募集して退職金の割増をする場合に、ほぼ同時期に退職した労働者に対しても同額同率の退職金の割増が必要かという問題である。

　会社が都合により人員の削減を企図して社員の退職を募集している場合には、何度も何度も繰り返し行うことがある。即ち、第一次募集では人数が不足するために何度も第二次、第三次と繰り返し募集を掛ける場合や、中長期的にみて

人員削減のための退職者募集をしていたときに方針が変わって大量の人員削減を実施することになった場合とか、急遽経営状況が悪化して、緊急に希望退職者募集をしなければならなくなった場合等が考えられる。その際に、募集毎に退職金を含む退職の条件が異なる場合に、しかもそれらが比較的短期間に実施された場合に、それはそれでやむを得ないと考えるべきなのか、それとも、労働者の方が低い条件で退職してしまった場合に他の高い条件との均衡ある待遇を要求できるのかという問題がある。

　これまでの裁判例では、
　①退職後に新しい制度が設けられたので退職者が自己が受け取った退職金との差額を申し出た場合にその請求を棄却したもの **長崎屋事件**（前橋地裁桐生支部平成 8 年 5 月 29 日判決、労働判例 702 号 89 頁）、

　②退職時期が後の者に加算金を支給しながら直前の退職者には加算金を付けない場合に、退職を勧奨する必要の度合いによりその時期や部署によってその支給額が変わってもやむを得ないとしたもの **住友金属工業事件**（大阪地裁平成 12 年 4 月 19 日判決、労働判例 785 号 38 頁）、

　③退職の合意が既に確定している場合には、既に実際の退職日前に同制度の採用について論議がなされていたとしても当該労働者には適用されないとしたもの **日本テキサスインストルメント事件**（東京地裁平成 11 年 11 月 12 日判決、労働判例 784 号 83 頁）、

　④退職の合意が既に確定している場合には、既に同制度が導入されている場合でも当該労働者には適用されないとされたもの **大阪府国民健康保険団体連合会事件**（大阪地裁平成 10 年 7 月 24 日判決、労働判例 750 号 88 頁）、

　⑤退職の合意がなされたが再就職先が決まらない間に同制度の導入がなされた場合でも当該労働者には適用されないとされたもの **イーストマン・コダック・アジア・パシフィック事件**（東京地裁平成 8 年 12 月 20 日判決、労働判例

750 号 88 頁)、等がある。

　そして、道幸教授によれば、早期退職優遇制度の判例法理について、「同制度の導入や実施につき使用者に広い裁量権が認められている。その時期や内容（対象者、優遇措置の内容等）については企業経営のその時どきのニーズに応じて決定される。したがって、その適用外におかれた労働者が当該制度設計の違法性を平等原則違反等で争うことは困難である。強行法規違反であれば別であるが」ということである（道幸哲也「実務解説早期退職優遇制度をめぐる法律問題」（労働判例 797 号 5 頁以下））。

　ところで、やむなく事業の廃止や事業の縮小をしなければならない場合、そのために早期の退職を求めるとか、希望退職を募る方法を採用する場合には、その企業において、早期退職優遇制度と希望退職者募集などの複数の退職を勧奨する退職制度や退職措置があり、その場合に制度や措置の間に退職金の割増金額にかなりの格差がある場合に、一方の割増金の少ない提案に応募した者が、後に提示された割増金の多い提案に対する応募の機会を奪われる場合が見受けられる。そのために、少ない割増金の制度に一旦応じた労働者が多い割増金との差額を求めることができるかという問題がある。これは退職金の公平性・均衡待遇の問題といえる。

　しかし、この場合にも、①～⑤の裁判例のように、また、道幸教授のように、当然に、または、単純に、基本的に企業の裁量であるとして、労働者は不利な取扱いを受けることを甘受しなければならないのであろうか。

　これまでの事案は、退職後になってから退職金の割増制度が設けられたとか（①の事例）、とにかく追加して多くの希望退職者を募集しなければならずそのために退職の条件を改善しなければならない事情がある場合（②の事例）、退職の意思表示をする時点で早期退職制度が検討されていたが、退職する時点では未だ早期退職者募集の手続はなされていなかった場合（③の事例）、在職中であっても自己都合で合意退職を決めた後に退職金の割増制度ができたといった事例（④、⑤の事例）等であって、在職中に複数の早期退職優遇制度が制定された場合に、先に設けられた制度に応募した場合にその退職金の割増額と、応募

後に後から設けられた早期退職優遇制度に応じた場合の退職金の割増額とに格差がある場合には、たとえその間の経営事情に変更があったとしても、在職中である以上は、公平性、平等原則はその適用において重要な判断要素になると考えるべきである。

即ち、一旦前の早期退職優遇制度に応じたからといって、同じ在職中なのに後からできた早期退職優遇制度での適用を排除されて割増金の格差の不利益を受けなければならないのは不合理といえる。

この点で、過去の裁判例の結論に引きずられて事例の違いを無視したと評価される⑥**日本板硝子事件**（東京地裁平成 21 年 8 月 24 日判決、労働判例 991 号 18 頁）がある。これは、当該会社の設定した早期退職優遇制度（ネクストライフサポート制度）の募集に応募して加算金を含めて退職金が 4,655 万円であった原告が、その退職の意思表示をして早期退職優遇制度（ネクストライフサポート制度）の適用の意思を表示した時点で、既に相当検討されていた別の大規模な早期退職優遇措置の存在を知らされず、その大規模な早期退職優遇措置が公表された後、その適用を申し入れたにも拘わらず、先の早期退職優遇制度の申し込みをしていたがために適用を拒否され、その結果、後の大規模な早期退職優遇措置の適用を受けられた場合の退職金 9,758 万円との差額 5,103 万円の損害を受けたという事案である。この判決は、初めの早期退職制度への応募をしたことで退職の意思表示の撤回は認められないから後の早期退職制度への応募が認められないのは当然であるとの判断で、原告の請求を棄却した。

しかし、会社の方針で大規模な早期退職優遇措置が検討されていたにもかかわらず、それを秘して、以前からある早期退職優遇制度（ネクストライフサポート制度）の適用退職者を募集したというのも不当であるし、その従前の早期退職優遇制度（ネクストライフサポート制度）の適用をする際に、現在大規模な早期退職優遇措置が検討されていることを知らされなかったのも不当であり、さらに、その大規模な早期退職優遇措置の募集期間にはまだ在職中であり、その適用を申し込んだにもかかわらず、別の早期退職優遇制度（ネクストライフサポート制度）に申し込んで退職の意思表示をしていることで適用を拒絶したのも不当な処遇であったといえるであろう。

4

賃金の取立て・確保の措置

I. 賃金の不払いの場合

01 賃金支払いの重大性

　賃金は、労働者の労働の対価であり、その支払いは確実になされなくてはならない。賃金の不払いは、労働契約違反の債務不履行であり、民事裁判において、または民事調停において支払いを求めることができる。しかし、それでは権利の行使に時間と費用、手間がかかってしまうが、生活に余裕のない労働者は賃金をもらえないまま無為に時を過ごすわけにはいかない。そこで、労働基準法は単なる債務不履行にとどめず、使用者に厳格な賃金の支払義務を定めて、それに違反した場合には刑罰を科するという措置を講じることによって、支払いが確実になされるように担保しているのである。

02 賃金債権の確保の方法

　リーマンショック後の企業の倒産などの関係で、賃金債権をどのようにして確保するのかという問題がある。現在、新型コロナウイルスの影響による企業経営の著しい悪化から回復しつつある状況ではあるが、賃金（休業手当を含む）の請求のための法的手段の活用は増加している。

（1）　会社倒産前には、賃金債権を確保するための労働審判の申立て、賃金支払請求訴訟などがあるし、契約書や給与明細書等の書証がそろっており労使間で事実関係に争いがないのであれば、簡易裁判所に対する支払督促の申立ても利用できると思われる。

（2）　会社の倒産後には、任意整理もあれば、法的な倒産手続もあり、いかに

して、労働者の賃金を確保するかという観点からの仕組みが用意されている。

03 民事法の賃金に関する定め

民事法は、とりたてて賃金についての規定をおいているわけではなく、債権の時効、先取特権などに若干の規定がある程度である。

（1）民法上の時効期間

時効に関しては、第4章第Ⅲ（238頁）において、詳しく解説するが、民法改正の施行（2020（令和2）年4月1日から）に伴う労基法の改正により、賃金の消滅時効の期間は5年とされたが、その付則により当分の間は3年間とされている。

（2）民法上の先取特権

先取特権とは、法律の規定に基づき、一定の債権につき、債務者の財産より優先弁済を受け得る権利である。一般先取特権とは債務者の総財産に対して及ぶ権利であり、特別の先取特権は特定の財産に対して及ぶ権利である。一般先取特権は、共益費用、雇用関係、葬式の費用、日用品の供給があり（民法306条）、優先順位はこの順位である（民法329条1項）。

一般先取特権と特別先取特権とが競合した場合の優先権は、特別先取特権が優先する（民法329条2項本文）。しかし、一般先取特権のうち共益の費用は各債権者の共同の利益のためになした債務者の財産の保存、清算又は配当に関する費用（民法307条1項）ということで、特別先取特権にも優先する（民法329条2項但書）。

労働者の給料等の雇用関係によって発生した債権は、一般先取特権が認められており（民法306条2号、308条）、旧民法では労働者が受けるべき最後の6か月間の給料について権利を行使できることになっていた（旧法308条）が、その制限がなくなり、給料等の雇用関係によって発生した債権は全額一般先取特権が認められる。

これについて、従来より、下記（3）の商法の株式会社、有限会社との間に大きな差異があるのは不合理との批判がなされていたため、この民法と商法との不統一を統一することにしたのである。従前は「雇人給料ノ先取特権ハ債務者ノ雇人ガ受クベキ最後ノ6カ月間の給料ニ付キ存在ス」と定めていたものを「雇用関係の先取特権は給料その他債務者と使用人との間の雇用関係に基づいて生じた債権について存在する」（改正民法308条）と改正し、6か月間の被担保債権の制限を廃止した。

　さらに、対象を「給料」のみならず、「雇用関係に基づいて生じた債権について」とされている。平成16年4月1日以降改正法が施行されている。

　特殊なものに農業・工業の労務による給料の動産先取特権があり（民法311条7、8号）、農業の労役者は最後の1年間の賃金についてその労役による果実の上に、工業の労役者は最後の3か月の賃金について製作物の上に動産の先取特権がある（民法323、324条））。

（3）旧商法上の先取特権

　旧商法では労働者が会社（使用者）との雇用関係に基づき生じた債権については、会社の総財産の上に先取特権を有し（旧商法295条1項）、その一般先取特権の順序は一般先取特権の中で共益費用に次ぐ順位とされていた（旧商法295条2項）。有限会社の労働者についても同様であった（旧有限会社法46条2項）。ところが、民法の改正により、民法の先取特権との差異がなくなったので、旧商法、旧有限会社法の規定は廃止された（平成18年5月1日より商法は一部に限定されて残り、有限会社法はなくなり、会社法が施行されている。その結果、2006（平成18）年以降、有限会社は設立されず、現在の有限会社は会社法施行（2006年5月1日）以前に設立された特例有限会社になる）。

04　賃金の不払いの場合の民事上の解決方法

　賃金の不払いは、通常時の賃金の不払いと会社倒産時の賃金の不払いとがある。会社倒産時の場合は特別な法的な処理がなされることになる。ここでは、

通常時の賃金不払いの場合の措置について主に論じて、倒産時のことについて
は簡単に述べるにとどめることにする。

（1）賃金の不払いの場合の法的な手段

　会社が倒産しないにもかかわらず、労働者に対して賃金を支払わない場合に
は、まず、労働基準監督署長に対する申告が行われることが多く、悪質な使用者
に対しては行政指導にとどまらず、労基法24条等違反として刑事手続に移行す
ることもある。また、都道府県労働局の紛争調整委員会への斡旋申立という方
法も設けられている。しかし、それでもその使用者が支払いをしなかったり、支
払いを拒む場合は民事事件として使用者と話し合い、または強制的に賃金を支
払ってもらう必要がある。勿論、労働基準監督署長への申告、告訴・告発等の
前に、あるいは、それと平行して民事事件にすることもできる。その方法として
は、次の方法が考えられる。

---

① 　仮差押命令の申立

② 　支払督促命令の申立（督促手続）

③ 　民事調停の申立

④ 　労働審判の申立

⑤ 　訴訟の提起

⑥ 　強制執行

　以下、これらの方法について解説をする。

① 仮差押命令の申立

　仮差押の申立は、民事保全手続であり、将来の本案訴訟、強制執行のために債
務者の資産を確保するために行うものであり、それ自体では終局的な解決には
ならない。ただし、仮差押命令を契機として、使用者と労働者との間で話し合い
による解決ができることもあるので、やはり、まず、最初に検討すべきであろう。
但し、仮差押申立の場合には、命令をもらう要件として保証金を供託することが
必要であり、さらに一定の資金の準備が必要になる。

a 仮差押命令申立手続

仮差押命令の申立は、本案訴訟の管轄裁判所または仮に差押えるべき物の所在地を管轄する裁判所に対して、書面で行わなければならない（民事保全法12条1項、民事保全規則1条）。申立書には、被保全権利と保全の必要性を明らかにして、かつ、疎明資料を添付して行わねばならない（民保法13条1、2項）。

b 仮差押命令の被保全権利

仮差押命令は、金銭支払いを目的とする債権について行うことができる（民保法20条1項）。なお、その債権が条件付きまたは期限付きでも発することができる（民保法20条2項）。賃金債権は当然対象となる。

c 仮差押命令の保全の必要性

仮差押は、債務者が資力が十分で、本案訴訟や強制執行手続を行ったとしても資力を有することが明らかな場合には、保全の必要性は認められず、仮差押申立は却下となる。

民事保全法も、「強制執行をすることができなくなるおそれのあるとき、又は強制執行するのに著しい困難を生ずるおそれがあるとき」に発せられる旨を定めている（民保法20条1項）。

d 仮差押命令の対象

仮差押命令を申し立てるには、目的物を特定する必要がある。ただし、動産については、性質上可動性があり、特定するのが困難であるから特定しなくてもよいことになっている（民保法21条）。

e 審尋、担保の供託

仮差押命令の申立の審理は口頭弁論で行われることはなく、専ら債権者一方の審尋によって行われており、債務者を審尋することはほとんどない。その代わり、仮差押命令を発するに当たっては、担保（保証金）を供託所に供託させている（民保法14条1項）。

f 仮差押命令の執行

仮差押命令の執行は、命令の正本に基づいて行われる（民保法43条1項）。保全執行は、債権者に対して命令が送達されてから2週間以内に行わなければならない。また、保全執行は債務者に送達される前であっても行うことができる（民保法43条2項、3項）。対象が不動産の場合には、仮差押の登記をする方法と強制管理の方法がある（民保法47条1項）。

対象が動産の場合には、執行官が目的物を占有する方法で行い、金銭の場合には執行官が供託しなければならない（民保法49条1、2項）。

② 支払督促命令の申立

金銭その他の代替物または有価証券の一定数量の給付を目的とする請求権につき、債権者が訴訟を提起することなく容易かつ迅速に債務名義を得る方法として支払督促命令の申立手続がある。賃金を支払わない使用者にも、支払う義務はないので労働者の請求に応じないという者もいれば、支払義務のあることは争わないがとにかく支払いたくない、払えないことはないが借入れしてまで支払いたくないという者もいる。賃金の支払い義務自体に争いがないのであれば、敢えて訴訟を提起しなくともこの支払督促命令の申立をして異議が出なければ支払督促命令は確定して債務名義となり、強制執行することができるのであり、債務者である使用者の関与なく一方当事者のみで権利の行使まで実施できるのであって、便利な制度ということができる。

a 請求の対象

債権者の請求債権は、金銭その他の代替物または有価証券の一定数量の給付を目的とするものに限られる（民事訴訟法382条本文）。

なお、債務者である使用者が行方をくらましており、支払督促命令の送達できない場合にはこの手続を利用できないのである。つまり、公示送達によらなければならない場合にはこの手続は利用できない（民訴法382条但書）。

b 申立方法

支払督促命令の申立は、債務者（使用者）の普通裁判籍の所在地を管轄する簡

易裁判所が管轄をする（民訴法383条1項）。申立は、書面又は口頭で裁判所の書記官に対して行うが、申立に合わせて疎明資料を提出する。従来は裁判官が支払督促命令を出していたが、現在の民訴法（平成10年1月1日施行）は裁判所書記官が命令を出すことになっている。

c　発令手続

申立があると、裁判所書記官は形式的な審査をし、さらに、疎明資料を見て、債権者の請求が理由があると判断した場合には、債務者（使用者）に審尋するまでもなく、支払督促命令を発することになる（民訴法386条1項）。

d　債務者の督促異議

仮執行宣言前の債務者の督促異議申立は、支払督促命令の送達を受けて2週間以内に行わなければならない（民訴法391条1項）。適法に督促異議がなされれば、支払督促命令はその督促異議の限度で効力を失う（民訴法390条）。適法な異議があった場合には、その督促異議にかかる請求については、簡易裁判所または地方裁判所に訴えの提起があったものとみなされる（民訴法395条）。

e　仮執行宣言の付与の申立

債務者が、dの異議申立を行わないときは、債権者の申立により裁判所書記官は仮執行宣言の付与を行わなければならない（民訴法391条1項）。債権者が申立をすることのできるときから30日以内に申立をしないときは、支払督促命令は効力を失う（民訴法392条）。

裁判所書記官は、債権者から仮執行宣言付与の申立のあった場合、支払督促命令に手続費用を付記して仮執行宣言を付与することになる（民訴法391条1項）。

f　仮執行宣言後の債務者の異議

仮執行宣言付の支払督促命令が債務者に送達されると、債務者は送達後2週間以内に異議を述べることができる（民訴法393条）。この仮執行宣言付支払督促命令に対して債務者が異議の申立をしない場合には、確定判決と同一の効力を有し、それを債務名義として強制執行することができる（民事執行法22条4号）。

仮執行宣言後に異議が出されると、支払命令の確定は妨げられるが、仮執行宣言の効力(執行力)は停止されない。

　適法な異議が出されれば、仮執行宣言前であろうが、仮執行宣言後であろうが、いずれの場合においても、支払命令申立時に遡って、請求の額に応じ、当該簡易裁判所または管轄地方裁判所に対して訴えの提起があったものとみなされ(民訴法395条)、通常の訴訟手続によって審理される。

③ 民事調停申立

　民事調停制度は、当事者間に民事上の争いがある場合に、調停委員という第三者を交えて話し合いで民事の紛争を解決しようという方法である。

　その目的は、当事者の互譲により、条理にかない実情に即した解決を図ることである (民事調停法1条)。

a　管轄裁判所

　調停事件の申立は、通常相手方の住所、居所、営業所、事務所の所在地を管轄する簡易裁判所に対してなされるが、当事者が合意で定めた地方裁判所もしくは、簡易裁判所に対しても行うことができる (民調法3条)。

b　調停委員会による調停

　調停は調停委員会で行う (民調法5条) が、実際は2人の調停委員が担当し、節目節目に裁判官がその席につくこともある。また、裁判官だけで行うこともできる。

c　調停が成立しない場合

　調停は、あくまでも話し合いによる解決であり、成立しないということもよくあることである。調停が成立する見込みがない場合又は成立した合意が相当でないと認める場合には、事件を終了させることができる(民調法14条)。裁判所は、調停が成立する見込みがない場合においては、民事調停員の意見を聴き、当事者双方のために公平を考慮して一切の事情を見て職権で当事者双方の申立ての趣旨に反しない限度で、事件解決のために必要な決定をすることができる

が（「調停に代わる決定」（17条決定という））、当事者はその決定の告知を受けてから2週間以内に異議の申立をすることができ、その場合には決定は効力を失う（民調法17条、18条）。

調停が不成立などで終了した場合には、申立人が2週間以内に調停の目的となった請求について訴えを提起したときは調停の申立時にその訴えの提訴があったものとみなされる（民調法19条）。

d 調停成立の場合

当事者間において合意が成立した場合には、調書を作成し、これをファイルに記録したときは調停が成立したものとし、裁判上の和解と同様の効力がある（民調法16条）。したがって、強制執行の債務名義となる（民事執行法22条7号）。

④ 労働審判の申立

2006（平成18）年4月1日より、個別的労働関係民事紛争について、裁判官である労働審判官と労使の団体それぞれからの推薦を受けた2名の労働審判員の3名による労働審判委員会が、最高で三開廷で審理して審判をするという短期間で結論を出すという制度である（労働審判法15条）。訴訟と異なって速やかに結論が出るので、とりわけ労働者側にとっては極めて有用な制度であり、重宝がられて利用されている。

ただし、三回の期日を開催することにはなっているが、実質的な審理は1回目だけの場合が多く、その意味では複雑な事案には適さないものであり、そのような複雑かつ難解な論点が多い事案には適さないこととされている。ただ、解決を急ぐためか、そのような複雑かつ難解な事件でも、結局は労働審判が行われているのが実態であり、運用に問題があると指摘されているところである。

労働審判の申立は、相手方の住所、居所、営業所もしくは事務所の所在地を管轄する地方裁判所、個別労働関係民事紛争が生じた労働者と事業主との間の労働関係に基づいてその労働者が現に就業し若しくは最後に就業した事業主の事業場の所在地を管轄する地方裁判所、当事者が合意で定める地方裁判所に申し立てる（労働審判法2条1項）。

労働審判に対しては、その当事者は2週間以内に異議の申立をすることがで

き（労働審判法21条1項）、その場合は労働審判は効力を失い（労働審判法21条3項）、労働審判の申立時にその地方裁判所に訴えの提起があったものとみなされる（労働審判法22条1項）。労働審判に異議がなかった場合には裁判上の和解と同一の効力を有する（労働審判法21条4項）。

審判委員会は審理が集結するまで、何時でも調停を行うことができる。

⑤ 民事訴訟

民事訴訟は、原告からの訴えがあり、それに対して被告が認否して反論し、その後互いに証拠を提出したり、本人尋問、証人尋問などを行うことにより各当事者が自己の主張を裏付けて立証を行っていくのであり、基本は法廷を開いて口頭弁論手続の中で審理を進めるという構造になっている。

これまで紹介した仮差押命令申立手続、支払督促申立手続、民事調停手続、労働審判手続等に比べて、双方の主張を十分に聴き、さらに双方当事者に立証の機会を与えるなど本格的な紛争解決の方法といえる。

しかしながら、迅速性にかける、弁護士に依頼せざるを得ないなど費用がかかる、地裁、高裁、最高裁と3回判決をしてもらう機会があるが債務者（被告）が引き伸ばしに利用する、基本的に手持ちの証拠で争うために社会的な力の差が現れる、職業裁判官が社会的な経験が少ないために非常識な判断が下される、嘘の証言をしても誰も処罰されずに偽証がまかり通っている等の様々な弊害が指摘されているところであり、現在民事の司法改革が国家的な課題として遂行過程の途上にある。

a　管轄裁判所

事物管轄は、訴額が140万円超が地方裁判所であり、140万円以下が簡易裁判所である（裁判所法33条1項。以前は90万円であった）。

どこの裁判所に訴えるかという問題は、原則は被告の普通裁判籍を所在する裁判所ということになり、普通裁判籍とは、人の場合は住所、法人の場合は主たる事務所又は営業所によることになっている（民事訴訟法4、5条）。したがって、賃金請求事件においては、使用者（個人事業主の場合）の住所、会社の主たる事務所（本社、本店など）の所在地を管轄する裁判所ということになる。

b　少額訴訟

　平成 10 年 1 月 1 日施行の改正民事訴訟法において新設された少額訴訟は、簡易裁判所が管轄するが、比較的少額の賃金請求訴訟については利用しやすい制度であるといえる。この手続の対象となるのは、60 万円以下の金銭の支払いを目的とする事件であり、原告は、訴え提起時に少額訴訟を選択する旨の申述が必要である（民訴法 368 条 1 項、2 項、3 項。但し、従来は 30 万円であった）。

　少額訴訟は、原則として 1 回の口頭弁論で審理を完了するという迅速な手続であり（民訴法 370 条）、そのため、証拠調べは即時に取り調べることができる証拠に限る（民訴法 371 条）。判決は、口頭弁論終結後、相当でないと認める場合を除き、直ちに行う（同法 374 条 1 項）。なお、同一の当事者が同一の簡易裁判所において少額訴訟手続を求める回数は同一年で 10 回が限度である（民訴法 368 条 1 項、民訴法施行規則 223 条）。

　少額訴訟では行いたくないという被告は、訴訟を通常の手続に移行するように申述することができ、その場合は通常の手続に移行する。ただし、被告が最初の口頭弁論期日において弁論をし、その期日が終了した後は通常手続に移行するように申述することはできない（民訴法 373 条 1 項）。

　裁判所は、請求を認容する判決についても、被告の資力その他の事情を考慮して判決言い渡しの日から 3 年以内で支払いの時期や分割払いの定め（分割払いの場合には支払いを怠った場合の期限の利益喪失約款をつけなくてはならない）や、訴え提起後の遅延損害金の支払いの免除の定めをすることができる（民訴法 375 条 1 項、2 項）。請求を認容する判決には職権で仮執行宣言をつけなくてはならない（民訴法 376 条 1 項）。少額訴訟の終局判決には控訴できない（民訴法 377 条）が、異議を申立てることができ（民訴法 378 条 1 項）、その場合は口頭弁論終結前の状況に復し、通常の手続により審理及び裁判し（民訴法 379 条 1 項）、その判決に対しては控訴できない（民訴法 380 条 1 項）。

c　和解に代わる決定（民訴法275条の2）

　簡易裁判所の金銭支払請求事件について、被告が原告の主張する事実を争わず、その他何らかの防御の方法も提出しない場合において、相当であると認めら

れるときは、裁判所は、原告の意見を聴いて、支払期限の猶予や分割払い等を認める和解に代わる決定（金銭債務の５年以内の支払猶予または分割払い）をすることができることとし、これに対して当事者から異議申立てがない場合は、その決定に裁判上の和解と同一の効力を認めることにした。

⑥ 強制執行

　強制執行とは、債務者が負っている債務のうち、裁判所によって履行すべきとされたものを任意に履行しない場合に、債権者のため、国家機関が関与して強制的に実現を図るための法的な制度である。そして、その手続を定めるのが、民事執行法であるが、同法は、強制執行と担保権の実行、形式的競売、保全執行についても権利実現手続を定めている。これまで、①ないし⑤で、実体面での債権の請求手続を述べてきたが、その確定した債権について債務者が任意に履行しない場合に、強制執行によって、その権利を実現していくのである。

　なお、公法上の請求権の実現を図るための税の徴収手続や罰金・過料・没収などの執行は、民事執行法の予定している強制執行ではない。

a　債務名義の必要性

　強制執行をするには、債務者の義務が確定しているものでなくてはならない。その強制執行により実現されるべき給付請求権の存在、内容を表示した公正の文書を債務名義と呼ぶが、債務名義には次の種類がある（民事執行法 22 条 1 号ないし 7 号）。

イ　確定判決（22 条 1 号）

ロ　仮執行の宣言を付した判決（同条 2 号）

ハ　抗告によらなければ不服を申し立てることができない裁判（確定しなければその効力を生じない裁判にあっては確定したものに限る。同条 3 号）

ニ　仮執行宣言のついた支払督促（同条 4 号）

ホ　訴訟費用、和解費用、非訟事件、家事事件等の手続の費用の負担の額を定める裁判所書記官の処分、執行費用及び返還するべき金銭の額を定める裁判所書記官の処分（同条 4 号の 2）

4章

賃金の取立て・確保の措置

ヘ　執行証書（同条5号）

　　金銭の一定額の支払またはその他の代替物もしくは有価証券の一定の数
　　量の給付を目的とする請求について公証人が作成した公正証書で、債務
　　者が直ちに強制執行に服する旨の陳述が記載されているもの。

ト　確定した執行判決のある外国裁判所の判決（同条6号）

チ　確定した執行決定のある仲裁判断（同条の6号の2）

リ　確定した執行等認可決定のある仲裁法50条に規定する暫定保全処置命
　　令（同条の6号の3）

ヌ　確定した執行決定のある国際和解合意（同条の6号の4）

ル　確定した執行決定のある特定和解

ヲ　確定判決と同一の効力を有するもの（ハを除く。同条7号）

　　裁判上の和解における和解調書、認諾調書、民事調停・労働審判におけ
　　る調停調書、家事調停における調停調書、家事審判、調停に代わる裁判、
　　破産手続における債権表、会社更生手続における更生債権者表、更生担
　　保債権者表など。

b　請求異議の訴え

　債務名義に表示されている請求権の存在または内容について、債務者がこれ
を争う場合には、強制執行の手続外で請求権の不存在などを主張し、その債務
名義の執行力を奪う必要があり、そのための制度が請求異議の訴えである（民
執法35条）。

　確定判決についての異議の理由は口頭弁論終結後に生じた事由に限られる
（民事執行法35条2項）。

c　第三者異議の訴え

　債務名義の執行力の及ばない第三者が強制執行によって自己の権利を害され
る場合に至ったときに、執行の取消を求め、自己の権利を守る必要が生じるが、
その制度が第三者異議の訴えである（民執法38条）。

d　執行文の付与

強制執行は、執行文の付与された債務名義の正本に基づいて実施する（民執法25条）。執行文は、債務名義の執行力が現存すること、及び、執行の内容である執行力の及ぶ主観的・客観的範囲を公証するため、執行文付与機関が債務名義の正本の末尾に付記した公証文言をいう。

　執行文は、債権者の申立により、事件記録を保管する裁判所の裁判所書記官、執行証書についてはその原本を保存する公証人がこれを付与する（民執法26条1項）。

　但し、少額訴訟における確定判決、仮執行宣言を付した少額訴訟判決、仮執行宣言を付した支払命令についての強制執行は執行文の付与は必要ない。

e　執行文付与等に関する異議の申立

　執行文の付与の申立に関する処分に対しては債務者または債権者は、裁判所書記官の所属する裁判所又は公証人役場の所在地を管轄する地方裁判所に異議の申立をすることができる（民執法32条1項）。

f　執行手続

　ここでは、金銭の支払いを目的とする債権の強制執行に限定して説明する。

　執行の対象となる財産の種類にしたがって、不動産に対する強制執行、船舶に対する強制執行、動産に対する強制執行、債権に対する強制執行、その他の財産権に対する強制執行に分けることができる。

　イ　不動産に対する強制執行
　　強制競売または強制管理のいずれか、または併用により行い（民執法43条）、不動産所在地を管轄する地方裁判所が執行裁判所となる（民執法44条1項）。

　ロ　船舶に対する強制執行
　　強制競売の方法によって行われ（民執法112条）、船舶所在地を管轄する裁判所が執行裁判所として管轄する（民執法113条）。

　ハ　動産に対する強制執行
　　執行官が動産を差押えの上で占有し（民執法122条、123条）、入札は競り売りなどの方法でこれを売却する方法で行う（民執法134条）。執行機

関は、動産所在地の執行官である。

ニ　債権に対する強制執行

債務者の第三債務者に対する債権を差押え、執行裁判所は債務者に対して債権の取立てその他の処分を禁止し、かつ第三債務者に対し債務者への弁済を禁止しなければならない（民執法 144 条、145 条）。そして、債権者はその債権を取り立て（民執法 155 条）、転付命令を受ける（民執法 159 条）方法で行う。執行裁判所は債務者の普通裁判籍を管轄する地方裁判所である（民執法 144 条 1 項）。

ホ　その他の財産権に対する強制執行

その他の財産権（電話加入権、特許権、実用新案権などの工業所有権、著作権、社員権、賃借権等）については債権に対する強制執行の例によるとされている（民執法 167 条 1 項）。

（2）会社倒産時の賃金の取扱い

　会社が、倒産して数多くの債権者が会社に債権の返済を迫り、会社としては現実に労働者に賃金を支払えない場合についてどのような法律関係になるのかということである。会社の倒産の場合に、その会社を清算するのか、それとも再建するのか、その他法定の手続で行うのか、法定の手続にのらない任意の手続で行うのか種々選択肢がある。一般に法的整理と任意整理に分けられ、法的整理は清算型と再建型に分けられる。清算型とは会社を清算し、財産を処分し債権者や株主で分配するという方法であり、会社法上の特別清算と破産法の破産手続がある。再建型は、会社更生法の会社更生手続、2000（平成 12）年 4 月 1 日から施行された民事再生法の民事再生手続がある（なお、会社整理という会社再建型の手続が旧商法で定められており、債権者全員の同意によって会社を再建させるという制度だったが、民事再生法の施行によって存在意義がなくなったことから、2006（平成 18）年 5 月 1 日施行の会社法には取り入れられず、廃止された）。

　ここでは、法的整理について賃金債権の取扱いについて簡単に説明し、「賃金の支払の確保等に関する法律」（以下、「賃確法」という）の立替払いの内容も簡略説明する。

① 破産手続

　破産債権者は、破産債権の届出にあたり破産債権の額と原因、優先債権か劣後債権かその区分をも届け出る必要がある（破産法111条1項）。要は、少ない破産財団の中から公平に分配していくのであるが、まず、財団債権に対して支払われ（同法151条）、次に破産債権のうちの優先的破産債権（同法98条1項）、一般的破産債権（同法2条5項）、劣後的破産債権（同法99条）の順番で支払われることになる。

a　財団債権

　主として破産宣告後に破産財団に対して生じた請求権で、破産手続によらずに随時破産財団から破産債権に先立って弁済を受ける権利である（同法2条7項）。改正された破産法により、破産手続開始前3か月間の未払給料債権、破産手続の終了前に退職した者の退職前3か月間の給料総額に相当する額の退職金債権は財団債権となり優先弁済を受けられるようになった（法149条1項、2項）。

b　破産債権

　破産宣告前の原因について生じた債権である。破産債権は、破産手続によらなければこれを行使することはできない（同法100条）。

　破産債権は、優先債権と一般債権、劣後債権に分けられるが、賃金債権は一部は財団債権であり、残りは優先的破産債権となる。破産手続開始後の給与については、破産財団の管理、換価及び配当に関する費用または破産財団に関し破産管財人がした行為によって生じた請求権として財団債権となる余地がある（破産法148条1項2号、4号）。

　一般債権としての賃金債権は、「一般の先取特権その他一般の優先権がある破産債権は他の債権に優先する（同法98条1項）」とされており、他の一般債権よりも優先される。なお、民法308条の改正により、雇人の給料等の先取特権は破産者の雇人の給料全額について認められることとなったので、aで述べたとおり財団債権とされない給料、退職金、賞与などは全額優先破産債権という取扱いとなった（旧民法では雇人が受けるべき最後の6か月間に限定されていたので、6か月分のみ優先権が認められ、それ以上は一般的破産債権となるにとど

まっていた)。

　破産法改正により、優先的破産債権である給料請求権又は退職手当の請求権について届出をした破産債権者が、これらの破産債権の弁済を受けなければその生活の維持を図るのに困難が生じるおそれのあるときは、裁判所は最後配当、簡易配当、同意配当、中間配当の許可があるまでの間、破産管財人の申立てにより又は職権で、その全部又は一部の弁済を許可することができる。ただし、その弁済により財団債権又は他の先順位若しくは同順位の優先破産債権を有する者の利益を害するおそれがないときに限ると定めている (同法101条1項)。

　破産制度は、一定の資格を有している者 (保険会社の外務員、証券会社の外務員、警備会社の警備員、弁護士、公証人、公認会計士、司法書士、行政書士、税理士) が資格を剥奪されたり、その業務にはつけなくなるという意味で利用しづらい面がある。また、破産申立をすると住宅を残すことはできない。その意味で、一定の資格のある者や職務に就いている者は利用しづらいし、自宅を確保したいという者は利用できない。

② 会社法上の特別清算手続 (会社法510条ないし574条)

　特別清算とは、清算中の会社において、一定の事由がある場合 (会社の清算の遂行に著しい支障をきたすべき事情があるか、または、債務超過の疑いがある場合に会社法510条1号、2号) に清算人らによる申立により (同法511条)、裁判所の命令によって開始され (同法514条)、かつ、その監督の下に行われる特別の清算手続である。

　債務の弁済について、優先的とか劣後的といった債権についての分類はなく、清算株式会社が協定において債権額の割合に応じて弁済することを定めることが原則である。その協定においては、協定債権者の権利の全部または一部の変更に関する条項を定めることになるが、その権利の変動の内容は協定債権者の間では平等でなければならない (同法565条)。よって、労働債権も特に優先的な取扱いを受けるという保障は定められていない。

　この協定は清算株式会社が案を作成して債権者集会に対して協定の申出をする (同法563条) が、協定案を債権者集会が可決し (同法567条)、かつ裁判所が認可し (同法568条、569条)、その認可が確定すれば協定は効力を生じる (同法

570条)。その効力は清算株式会社及びすべての協定債権者のために効力が及び(同法571条)、不賛成な債権者も含め協定に従い弁済すればよいことになる。協定による権利の変更については、各債権者間に平等であることが必要である(同法565条)が、賃金債権などの一般の先取特権等の優先権がある債権を有する債権者に対しては清算株式会社は協定案の作成に当たってその債権者の参加を求めることができると定められている(同法566条2号)ので、賃金債権については優先的な取扱いを盛り込んだ協定案が作成される可能性がある。

③ 会社更生手続(改正会社更生法は2005(平成17)年3月1日から施行)

　更生債権とは、更生会社に対して更生手続開始前の原因に基づいて生じた財産上の請求権をいう(会社更生法2条8項)。これに対して、更生手続開始後の原因に基づいて生じた財産上の請求権等は共益債権となる(同法127条)。

　更生開始後の会社の事業の運営財産の管理ならびに処分に要した費用は共益債権となるので労働者の賃金、退職金も共益債権となる。ただし、株式会社について更生手続開始の決定があった場合において、更生手続開始前の6か月間の使用人の給料請求権(同法130条1項)、更生計画認可決定前に退職した使用人の退職手当の請求権は、退職前6か月間の給与の総額に相当する額または退職手当の額の3分の1に相当する額のうちいずれか多い額を限度として共益債権とするとされている(同法130条2項)。

　更生債権は、①更生担保権(同法168条1項1号)、②優先的更生債権(同項2号)、③一般的更生債権(同項3号)、④約定劣後的更生債権(同項4号)、⑤残余財産の分配に関し優先的内容を有する種類の株式(同項5号)、⑥⑤以外の株式、⑦税金等の請求権(同法169条)に分類され、更生計画においてはこれらの順序を考慮して計画の条件に公正、公平な差等を設けなければならないとされている(同法168条3項)。その場合、更生計画の内容は同一の権利を有する者の間ではそれぞれ平等でなければならない(同法168条1項)。

　賃金債権は、一般の先取特権その他一般の優先権ある更生債権であり優先的更生債権(同法168条1項2号)となる。ただし、会社更生手続は更生計画を建てて裁判所により認可されることが必要であり、当然に全額支払われるわけではない。

231

④ 民事再生手続(民事再生法)

和議制度の改正として 2000 (平成 12) 年 4 月 1 日より施行されたのが、民事再生手続である。

民事再生法は、経済的に窮境にある再生債務者について、債権者の多数の同意と裁判所の認可を受けた再生計画を定めることなどにより、再生債務者と債権者の民事上の権利関係を適切に調整し、再生債務者の事業の維持または経済生活の再生を図ることを目的とする (民事再生法 1 条)。債務者が経営を続けることが原則である。最低弁済額などの一定の要件を満たすことを前提に、債務について残元金を含めて免除を受けつつ無理のない返済計画案を策定することができる。相当部分を免除する計画案を立てることが可能である。

共益債権は、再生債権者の共同の利益のためにする等の請求権であり (同法 119 条)、再生手続によらないで再生債権に先立って随時返済される (同法 121 条 1 項、2 項)。再生手続開始後の賃金債権は全額共益債権となる。

再生債権は、原則として、再生債務者に対して再生手続開始前の原因に基づいて生じた財産上の請求権であり (同法 84 条 1 項)、賃金債権などの破産法や会社更生法で優先的破産債権 (破産法 98 条 1 項)、優先的更生債権 (会社更生法 168 条 1 項 2 号) とされる一般優先取特権付の債権は一般優先債権として、手続外で随時弁済される (同法 122 条 1 項、2 項)。

破産法や会社更生法での一般債権や劣後的債権とされる債権は一般再生債権とされる (民事再生法 84 条 1 項)。

したがって、賃金債権は民事再生手続にかかわらず、通常どおり請求でき、支払われることになる。

⑤ 民事再生法による個人債務者の生活再建型の債務処理手続

民事再生法は、事業者であれ、非事業者であれ、法人にも個人にも適用される (百貨店そごうも民事再生法の適用の申請をしていた)。そして結局大企業の再建に利用され、個人債務者には利用しづらいという面があり、個人債務者のための手続が設けられた。即ち、ⅰ小規模個人再生制度 (同法 221 条ないし 238 条)、ⅱ給与所得者等再生制度 (同法 239 条ないし 245 条) が設けられた。ⅰ、ⅱともに、

個人債務者が法の定める一定の要件を満たした上で、抱えている債務の一定割合について債務の免除を受けた上で、残った債務を原則3年、例外的に5年以内に分割して弁済することを骨子とする再生計画案を自らつくるという方法である。ⅰ、ⅱともに「住宅資金貸付債権についての特則」(同法196条ないし206条)を利用することができ、住宅が競売手続で売却されるのを防ぎ住宅を確保できるが、他の債務は一定割合で免除を受けられるもののその代わりとして住宅ローン債務については全額支払わなくてはならないことになっている。

なお、この個人債務者に対する賃金債権の特則はない。

ⅰ　小規模個人再生制度

農業、自営業など収入はあるが将来において定期収入が安定しない個人債務者で無担保再生債権の総額が5,000万円を超えない場合(民事再生法221条1項)、債権額に応じて一定の弁済総額を定め、これを原則3年（特別な事情ある場合には5年まで延長可)で弁済するという再生計画を立てる(民事再生法229条2項)。

ⅱ　給与所得者再生に関する特則

ⅰの小規模個人再生のうち、給与などの定期収入の額の変動の幅が小さいとして見込まれる個人債務者が対象である（民事再生法239条1項）。債務者の収入や家族構成等を基礎にして、債務者の可処分所得を算出し、その2年分を原則3年間で返済するという再生計画を立てる(民事再生法241条2項、3項)。

⑥　賃金の支払いの確保等に関する法律(「賃確法」)による立替払い

労災保険法の適用事業に該当する事業の事業主が倒産して労働者に賃金が支払われないとき、賃金の支払いの確保等に関する法律（「賃確法」という）に基づいて、その未払賃金のうち一定範囲のものを労働者健康福祉機構が事業主に代わって立替払いする制度として未払い賃金の立替払い事業がある(賃確法7条)。立替払いをした場合、労働者健康福祉機構は、労働者の賃金債権を代位取得する(民法499条1項)。破産等の場合には、裁判所または管財人等に対して弁済請求を行うことになる。

詳細は省略するが、立替払いを受けることのできる労働者は、次のaないしc

のいずれの要件も満たした場合に限られる（賃確法施行令2条ないし4条）。

---

a　事業主に関する要件

ア　労災保険法の適用事業の事業主であること（法7条）。

イ　1年以上事業活動を行ってきた事業主であること（施行規則7条）。

ウ　その事業主が倒産したこと（施行令2条）

　　i 破産宣告を受けたこと、ii 特別清算開始の命令、iii 再生手続開始の決定、iv 更生手続き開始の決定、v 中小企業事業主が事業活動に著しい支障が生じたことにより労働者に賃金を支払うことができない状態となったことについて労働基準監督署長の認定があったこと。

b　労働者に関する要件

ア　労基法9条に定める労働者であること。

イ　裁判所への破産等の申立や労働基準監督署長に認定の申請をした日から起算して、6か月前の日から2年間の間にその事業主を退職した労働者であること（施行令3条）。

ウ　未払賃金があり、その額や退職日について、裁判所等の証明書、労基署長の確認を受けた者であること（施行規則12条ないし15条）。

c　未払賃金に関する要件（施行令4条2項）

ア　立替払いを請求する者の基準退職日以前の労働に対する賃金、基準退職日にした退職に係る退職手当であること（賞与や解雇予告手当は含まれない）。

イ　退職日の6か月前の日から退職日までの間の定期給与または退職手当に未払いがあること。

ウ　立替払い請求の日の前日までに支払期限が到来していること。

エ　未払いの総額が2万円以上であること。

オ　不相当に高額な部分の額を除いた額であること。

賃確法での立替払いの対象となる賃金とは、労働基準法第11条に規定する賃金をいうこととされ（同法第2条）、「賃金、給料、手当、賞与その他名称の如何を問わず、労働の対償として使用者が労働者に支払うすべてのものをいう」ことになる。この定義からすると、賃確法上、賞与は賃金ということになるし、一時金も、それが労働の対償として労働者に支払われるものであれば賃金ということになるが、実務的には、未払賃金の立替払いの対象となる賃金は定期給与及び退職金に限られ、賞与や一時金は、未払賃金の立替払いの対象とならないことに注意が必要である（賃確法第7条、賃確令第4条）。

　具体的には、退職日6か月前の日以後の立て替払請求月の前日までの期間において支払日が到来している給与及び退職金（30歳未満は110万円、45歳未満は220万円、45歳以上は370万円が上限）の未払総額の80％である。

（3）建設業の元請事業者による賃金の立替払い

　請負金額が8,000万円以上の工事を請け負うことのできる財政的基盤を有する建設業者として国土交通大臣又は都道府県知事の許可を受けた者（特定建設事業者）が発注者から建設工事を請負った場合、その建設工事の全部又は一部を行う建設業者が賃金支払いを遅滞した場合、国土交通大臣又は都道府県知事は特定建設事業者に対し、遅滞額を立替払いする等の勧告を行うことができる（建設業法41条2項）。この場合には、下請会社の労働者の賃金の支払いがなされなかったときには、下請会社の労働者は特定建設事業者（元請業者）から賃金の支払いを受けることができる。ただし、その元請業者が下請業者に既に請負代金を支払済である場合はこの限りではない。

II. 賃確法

　賃金の支払いの確保等に関する法律は、前述のように倒産などの場合の労働者に対する賃金の立替払いを定めているが、その他にも、退職金の保全措置や退職日までに未払いの賃金に対する遅延損害金の特則についての定めをおいている。

01　退職手当の保全措置は

　賃確法は、事業主が労働契約又は労働協約、就業規則その他これらに準ずるものにおいて労働者に退職手当を支払うことを明らかにしたときは、当該退職手当の支払いに充てるべき額として厚生労働省令で定める額について、貯蓄金の保全措置に準ずる措置を講ずるよう努めなければならない旨規定している（同法第5条）。

　具体的には、従業員全員が自己都合退職をすると仮定して計算した場合に支払われるべき退職金総額の4分の1に相当する額について、金融機関との間での債務保証契約の締結、信託会社と信託契約を締結する等の方法で保全措置を行う努力義務を負うことになる（同法施行規則5条の2）。これはあくまで努力義務にとどまるため、こうした保全措置が実施されているケースは必ずしも多くないのが実情である。

　なお、詳細につき割愛するが、特殊法人の事業主、退職金支払資金を社外に準備している場合、労使協定を締結した場合については、同条所定の保全措置を要しないことになる。

02 退職日までに未払いの賃金の遅延損害利率

賃確法は、事業主が退職労働者に対する賃金（退職手当を除く）の全部又は一部をその退職の日（退職の日後に支払期日が到来する賃金にあっては当該支払期日）までに支払わなかった場合には、当該労働者に対し、当該退職の日の翌日からその支払いをする日までの期間について、その日数に応じ、当該退職の日の経過後まだ支払われていない賃金の額に年14.6パーセントを超えない範囲内で政令で定める率を乗じて得た金額を遅延利息として支払わなければならない旨規定している（同法第6条第1項）。現在は年14.6パーセントである（同法施行令1条）これは、営利企業であればかつて商法上年6パーセント（現在は3パーセント）となるべき賃金支払遅延の場合の遅延利息について（旧商法第514条）、退職労働者に対する賃金支払遅延の場合により高い利率を課すことで使用者への支払圧力を高め、退職労働者の保護を図った規定である。

なお、同法は、賃金の支払いの遅滞が天災地変その他のやむを得ない事由で厚生労働省令で定めるものによるものである場合には、その事由の存する期間について適用しない旨規定している（法第6条第2項）。

03 その他

その他に賃確法は、3条、4条において、労働者の貯蓄金についても事業主に一定の義務を課している。

即ち、事業主は、労働者の貯蓄金を受け入れて管理する場合には、毎年3月31日における受け入れ貯金額について1年間にわたる保全措置を講じる義務がある（同法3条）。また、労働基準監督署長は、その保全措置を講じていないときは、期限を定めてその是正を命ずることができる（同法4条）。この是正命令に違反した事業主は30万円以下の罰金に処せられる（同法18条）。

III. 民法改正に伴う労基法の改正

01 賃金請求権の時効

　改正前労基法115条は、「この法律の規定による賃金（退職金は除く）、災害補償その他の請求権は2年間、この法律の規定による退職手当の請求権は5年間行わない場合においては、時効によって消滅する」と定めていた。通常の賃金請求権の時効は2年、退職金については特別に5年が時効期間とされていたのである。

　ところが、改正労基法では、これらの退職金を除く請求権の消滅時効を、民法の規定に合わせて5年に延長し、さらに、労基法上の請求権の消滅時効の起算点を「行使することができる時から」、即ち、客観的起算点（賃金支払日）からと明確にした。これは、2020（令和2）年4月から施行される改正民法において、労基法115条を設ける際の契機となった改正前民法174条の1年の短期消滅時効が削除され、一般債権の消滅時効については、改正民法166条で、①債権者が権利を行使することができることを知ったときから（主観的起算点）5年間、②権利行使をすることができる時（客観的起算点）から10年と定めていることから、賃金等の労基法上の請求権も既に5年とされている退職金を除き、平仄を合わせて5年にするというものである。

　ところで、この点につき、賃金請求権については、消滅時効期間を2年から5年にすることは、法的な安定性を害するおそれのあることや、現在、残業代請求事件が頻発していることから、経過措置として、3年間とすることになったのである。即ち、労基法改正法の経過措置として付則143条3項で、「賃金（退職手当を除く）の請求権はこれを行使することができる時から3年間」とする旨の定めが設けられた。したがって、当分の間は、3年間が消滅時効の期間となる。

02 記録の保存

　労働者名簿や賃金台帳等の保存義務（労基法109条）については、使用者に対して紛争解決や行政上の監督の必要から、その証拠を保存する意味で改正前労基法は3年間の義務を命じているところであるが、これも2020年の改正により5年間の保存義務となった（改正労基法109条）。ただし、これについても、賃金請求権の時効に合わせて、経過措置として、当分の間は3年とされた（付則143条1項）。

　なお、ついでながら、賃金台帳についても、他の労働者名簿等の書類と同様に電子データによる保存が認められている。これについては、「民間事業者等が行う書面の保存等における情報通信技術の利用に関する法律」、及び、「厚生労働省の所管する法令の規定に基づく民間事業者等が行う書面の保存等における情報通信の技術の利用に関する省令」の定めるところによる。

03 付加金制度の適用

　付加金とは、解雇予告手当、休業手当、割増賃金、年休中の賃金の支払いについて違反をした使用者が、労働者の請求により、支払わなければならない額と同一額の支払いをしなければならないというものであるが、2020（令和2）年の労基法改正がなされた（改正労基法114条）。性質としては、使用者に対する一種の制裁として支払いが命じられる金銭であるとされる。本来支払義務を負う額を限度として、使用者の違法性等を考慮して裁判所が決定するものであり、したがって、付加金支払が命じられる場合には、本来の請求額の最大で2倍の額の支払義務が生じることになる。付加金請求については「ただし、この請求は、違反のあった時から2年以内にしなければならない」とされ、2年間の除斥期間が定められていることが、通常の賃金債権などとの違いであった。この除斥期間について、改正法は、賃金請求権の期間に併せて5年とされた。

　ところで、近年、残業代請求が労働審判を通じて行われることが極めて多く

なっており、本来は、付加金請求は労働審判においてすることができない。114条の付加金の請求は、裁判所での訴訟においてのみ、みなし得ると解されており、労働審判は労働審判委員会が行う「審判」であるので、付加金の支払いを命じることはできない。したがって、付加金の支払いを労働審判で申し立てても、それを命じる労働審判がなされることはない。もっとも、付加金請求は、2年の除斥期間内に行う必要があるため、除斥期間を徒過しないよう、労働審判でも付加金支払の申立てをすることは認められている。

　今回、前述のように付加金の除斥期間の適用の期間が2年から5年に延長されたが、これについても経過措置により、当分の間は3年とされた(改正労基法付則143条(2項))。

5

不利益変更論

01 労働条件の不利益変更の有効性

　労働契約法は、使用者は、労働者と合意することなく、就業規則を変更することにより、労働者の不利益に労働契約の内容である労働条件を変更することはできないとしながら（同法第9条本文）、一定の場合に例外を認めている（同条ただし書、同法第10条）。労働契約法第10条本文は「使用者が就業規則の変更により労働条件を変更する場合において、変更後の就業規則を労働者に周知させ、かつ、就業規則の変更が、労働者の受ける不利益の程度、労働条件の変更の必要性、変更後の就業規則の内容の相当性、労働組合等との交渉の状況その他の就業規則の変更に係る事情に照らして合理的なものであるときは、労働契約の内容である労働条件は、当該変更後の就業規則に定めるところによるものとする」旨規定し、労働者の合意なくとも不利益変更に合理性が認められれば変更が有効である旨定めている。

　菅野和夫東大名誉教授は「体系的にとらえれば、就業規則の合理性判断は、……変更の内容（変更による不利益の程度、変更後の労働条件の相当性）と変更の必要性の比較衡量を基本とし、これに労働組合や従業員集団との交渉の経緯や変更の社会的相当性を加味して総合判断するというものであるといえるが、判断要素が整理されて法定された以上は、今後は規定された要素に即して判断が行われることとなる」（労働法第13版、244頁）と説明をされており、参考になる。

　就業規則の不利益変更を検討する企業は、まず当該変更が真に必要なものであるか、変更後の労働条件が真に相当なものであるかをしっかり吟味することが大切で、次に、労働者に真摯な説明を行って変更合意を得ることに努力しつつ、経過措置や代償措置などの激変緩和措置をとって労働者の受ける不利益を減殺したり、労働組合等への説明や交渉を真摯に行っていく必要がある。

　変更後の就業規則を労働者に周知させることも変更を有効とするための要件のひとつである。したがって、周知の徹底を図るべきである。

02 月額給与の不利益変更

　労働条件の中でも、賃金はとりわけ労働者の生活に直結する重要な条件であることから、これを不利益に変更するためのハードルも、他の労働条件に比して高く設定されている。後述するとおり判例は、賃金・退職金を不利益変更するには高度の必要性を要求してきた。

　月額給与を不利益変更する際には、当然、合理性の問題となる。

03 賞与の不利益変更

　賞与も労働の対償として支払われている限り、賃金にあたる。そして賞与は通常、就業規則等において、支給時期と、組合と交渉して額を定める旨、あるいは、会社の業績等を勘案して使用者が定める旨規定されている。また、企業業績が著しく低下した場合の不支給や支払延期についても規定されていることが多い。

　このような場合、就業規則等に規定された事由に即して、支給額が決定されることになるが、その結果として、たとえば、前年度よりも支給額が低下したからといって、既得権の侵害とはいえず、不利益変更の問題にはならないと思料される。

　賞与の不利益変更が問題となるのは、年俸制で賞与の金額（月数）が予め、決められている場合や就業規則等に賞与の計算式が定められており、その計算式を修正変更することで、同一条件下における賞与支給額が低下することとなるような場合であろう。

　このような場合、不利益変更の合理性が問われることになる。

04 退職金の不利益変更

　退職金の不利益変更に関しても、不利益変更論の一般的問題の他に、定年延

長との関係で退職金をどのように取り扱うかという問題がある。

　定年延長と無関係での退職金の減額については、退職金が賃金と並んで労働者について最も重要な労働条件であるから、減額についての高度の必要性に基づく合理的な内容でない限り、不利益変更の合理性はないというのが裁判所の考え方である（大曲市農協事件（最高裁三小昭和63年2月16日判決）、労働判例512号7頁）。詳しくは、同事件の紹介の箇所を参照のこと。

▌05　定年後再雇用と労働条件の不利益変更

　定年後再雇用する場合に、定年前と賃金、賞与、退職金等の労働条件が異なることは、就業規則の不利益変更の問題ではなく、再雇用時に労使が締結する労働契約の内容が、従前の雇用時の労働契約より良くない条件であることの可否、という問題である。即ち、定年後の再雇用では、一旦、これまでの労働契約が終了し、新しい労働契約を締結するわけであるから、不利益変更の問題として捉える必要はない。

　従前の高年齢者雇用安定法は、使用者に対し、労働者を65歳まで継続雇用することを義務づける一方で、具体的な労働条件をいかに決するかについては明文の規定を置いていない。しかし、改正前の労働契約法は「有期労働契約を締結している労働者の労働契約の内容である労働条件が、期間の定めがあることにより同一の使用者と期間の定めのない労働契約を締結している労働者の労働契約の内容である労働条件と相違する場合においては、当該労働条件の相違は、労働者の業務の内容及び当該業務に伴う責任の程度……、当該業務の内容及び配置の変更の範囲その他の事情を考慮して、不合理と認められるものであってはならない」旨規定し（改正前労働契約法第20条であり、現在はパート・有期労働法8条に引き継がれている）、有期契約労働者と無期契約労働者との間で、期間の定めがあることによる不合理な労働条件の相違を設けることを禁止するルールが定められたことは要注目とされたが、それでは、定年後再雇用の有期契約における労働条件が定年前と比較して低下する場合にそれが問題となるのかという疑問が生ずる。

244

60歳で定年を迎えて再雇用される労働者は、嘱託契約といった1年更新の有期契約労働者として働くことが多いのが実情である。このような労働者が、定年前、すなわち無期契約労働者であったころと、全く同じ就労条件で働いているにも拘わらず、労働条件は定年前と比較して相当低下しているという場合、この規定に抵触して、労働条件の定めが無効と判断されてしまうリスクが存するということである。この点は、⚓**長澤運輸事件判決**（最高裁平成30年6月1日判決、判例時報2389号107頁）を参照されたい。

　再雇用にあたり労働条件を相当程度低下させる場合には、再雇用後の業務の内容、当該業務に伴う責任の程度、人事異動の有無や本人の役割などの要素を、定年前との比較という視点から分析考慮したうえ、合理性判断に堪えられるかをしっかり吟味しておく必要がある。

　まして、定年後再雇用の場合には、退職金については、定年後再雇用制ではないのが普通であり、不利益な労働条件ではない。

06　労働条件の不利益変更に関する判例の紹介

　労働条件の不利益変更の効力が争われた事件は多いが、その事案内容は殆どが、賃金、退職金関係である。

　判例としては、①**秋北バス事件**（最高裁大法廷昭和43年12月25日判決、労働判例71号10頁）、②**御国ハイヤー事件**（最高裁二小昭和58年7月15日判決、労働判例425号75頁）③**タケダシステム事件**（最高裁二小昭和58年11月25日判決、労働判例418号21頁）、④**大曲市農協事件**（最高裁三小昭和63年2月16日判決、労働判例512号7頁）⑤**第四銀行事件**（最高裁二小平成9年2月28日判決、労働判例710号12頁）、⑥**みちのく銀行事件**（最高裁一小平成12年9月7日判決、労働判例787号6頁）⑦**株式会社ノイズ研究所事件**（東京高裁平成18年6月22日判決、労働判例920号5頁、一審横浜地裁川崎支部平成16年2月26日判決、労働判例875号65頁）等多くがある。以下、概略を紹介する。

①秋北バス事件

　定年のなかった主任以上の職にある労働者に対して、会社に55歳定年制を導入することが労働条件の不利益変更に当たるか否かが問題になった事案であり、判決は、55歳定年制を導入することは不利益変更ではないといいながら、一般論として次のように述べた。

　「新たな就業規則の作成又は変更によって、既往の権利を奪い、労働者に不利益な労働条件を一方的に課することは、原則として許されないというべきであるが、労働条件の集合的処理、特にその統一的かつ画一的な決定を建前とする就業規則の性質からいって、当該規則条項が合理的なものであるかぎり、個々の労働者において、これに同意しないことを理由として、その適用を拒否することはできないと解すべきである」

②御国ハイヤー事件

　経営が悪化したので、退職金支給規定を変更して、ある特定日以降の就労期間が退職金算定の基礎となる勤続年数に算入されなくなるという取扱いの有効性につき、会社は、その代償となる労働条件を何ら提供できておらず、また、その不利益を是認させるような特別な事情も認められないので、その変更は合理的ということはできず、効力を生じないと判断された。

③タケダシステム事件

　女性の有給生理休暇について、有給休暇の取得日数の制限と有給率の削減を課したことについて無効と訴えた事件であるが、合理性の判断についての基本的な枠組を作ったという判決である。この点につき、その合理性の判断基準とは、まず大きな柱としてⅰ変更の内容とⅱ変更の必要性とがあるとしたが、具体的には、「右変更により従業員の被る不利益の程度、右変更との関連の下に行われた賃金の改善状況のほか、上告人主張のように、旧規定の下において有給生理休暇の取得についての乱用があり、社内規律の保持及び従業員の公平な処遇のため右変更が必要であったか否かを検討し、さらには労働組合との交渉の経過、他の従業員の対応、関連会社の取扱い、我が国社会における生理休暇制度の一

般的状況等の諸事情を総合勘案する必要がある」と述べて、その変更を無効とした原判決（東京高裁昭和54年12月20日判決、判例時報954号3頁）を破棄して、差し戻した。

④大曲市農協事件

7つの農協が合併してできた農協で、賃金や退職金等の労働条件を統一化するところ、退職金については他の6つの農協では既に新規定とほぼ同じ内容になっていたが、1つの農協だけ調整がつかず、折衝がなされてきたが、結局調整がつかず格差を是正できず、そのため、その農協だけが給与規定は改定したものの退職金規程は変更できずに、新規定を適用した。なお、給与は、最も高額であった農協の水準に合わせて調整していた。

判決は、一般論として、「特に、賃金、退職金など労働者にとって重要な権利、労働条件に関し実質的な不利益を及ぼす就業規則の作成又は変更については、当該条項が、そのような不利益を及ぼす就業規則の作成又は変更については、当該条項が、そのような不利益を労働者に法的に受忍させることを許容できるだけの高度の必要性に基づいた合理的な内容のものである場合について、その効力を有すべきである」と述べた上で、退職金の新規定への変更は合理性があり有効であるとして、その労働者の請求を認容した控訴審判決を破棄した上で、労働者側の請求を棄却した。

⑤第四銀行事件

定年年齢を55歳としていた銀行で、特に健康上問題がなく、本人が希望し、銀行も能力的に見て問題がないと見られる場合には概ね58歳までの定年後在職制度が認められてきたものの、定年制を60歳に延長するに当たって、55歳からの賃金水準を約3分の2にしたために、定年後在職制度が認められたであろう55歳〜58歳の社員については賃金を不利益に変更されたものとして無効として争われた事案であるが、判決は、次のように述べている。

「新たな就業規則の作成または変更によって労働者の既得の権利を奪い、労働者に不利益な労働条件を一方的に課することは、原則として許されないが、労働条件の集合的処理、特にその統一的かつ画一的な決定を建前とする就業規則の

性質からいって、当該規則条項が合理的なものである限り、個々の労働者において、これに同意しないことを理由として、その適用を拒むことは許されない。そして、右にいう当該規則条項が合理的なものであるとは、当該規則条項の作成または変更が、その必要性及び内容の両面からみて、それによって労働者が被ることになる不利益の程度を考慮しても、なお当該労使関係における当該条項の法的規範性を是認することができるだけの合理性を有するものであることをいい、特に賃金、退職金など労働者にとって重要な権利、労働条件に関し実質的な不利益を及ぼす就業規則の作成または変更については、当該条項が、そのような不利益を労働者に法的に受忍させることを許容することができるだけの高度の必要性に基づいた合理的な内容である場合において、その効力を生ずるものといわなければならない。

　右の合理性の有無は、具体的には、就業規則の変更によって労働者が被る不利益の程度、使用者側の変更の必要性の内容・程度、変更後の就業規則の内容自体の相当性、代償措置、その他関連する他の労働条件の改善状況、労働組合等との交渉の経緯、他の労働組合または他の従業員の対応、同種事項に関する我が国社会における一般的な状況等を総合考慮して判断すべきである」

　その上で、最高裁の中でも意見は割れたが、多数は合理性ありとして、変更は有効とされた。

⑥みちのく銀行事件

　他の地方銀行に先駆けて60歳定年制を実施していた銀行において、55歳に達した行員を役職から外して専任職に移行させた。制度の変更は二段階になっており、一次変更は55歳以上の行員を役職から外して専任職とし、基本給を凍結した。二次変更は専任職手当を段階的に削減・廃止し、基本給のうちの業績給50％を削減した。最終的には原告6名の給与のうち、30％から40数％の削減をした。管理職手当及び役職手当を支給せず、賞与の支給率も削減し、他方でその原資を若手や中堅層に厚く配分をするという趣旨の変更をした事例である。一審判決（青森地裁平成5年3月30日判決、労働判例631号49頁）は一次変更は合理性あり有効、二次変更は合理性なく無効、それらの措置は無効、控訴審判決（仙台高裁平成8年4月24日判決、労働判例693号22頁）は逆転で一次変更、

二次変更ともに合理性を認めて有効と判断した。

　最高裁の判決は、次のように述べて、一次変更、二次変更ともに合理性なく無効と判断し、原判決を取り消し、破棄差し戻した。

　「…しかしながら、本件における賃金体系の変更は、短期的にみれば、特定の層の行員にのみ賃金コスト抑制の負担を負わせているものといわざるを得ず、その負担の程度も前示のように大幅な不利益を生じさせるものであり、それらの者は中堅層の労働条件の改善といった利益を受けないまま退職の時期を迎えることとなるのである。就業規則の変更によってこのような制度の在り方を行う場合には、一方的に不利益を受ける労働者について不利益性を緩和するなどの経過措置を設けることによる適切な救済を併せ図るべきであり、それがないままに右労働者について大きな不利益のみを受忍させることには、相当性がないというほかはない。本件経過措置は、前示の内容・程度に照らし、本件就業規則等変更の当時既に55歳に近づいていた行員にとっては、救済ないし緩和措置としての効果が十分でなく…上告人らとの関係で賃金面における本件就業規則等変更の内容の相当性を肯定することはできないものといわざるを得ない」

　「…専任職制度の導入に伴う本件就業規則等変更は、それによる賃金に対する影響の面からみれば、上告人らのような高年齢層の行員に対しては、専ら不利益のみを与えるものであって、他の諸事情を勘案しても、変更に同意しない上告人らに対しこれを法的に受忍させることもやむを得ない程度の高度の必要性に基づいた合理的な内容のものであるということはできない」

　このように最終的には、この制度変更、賃金制度変更措置は全面的に無効とされたのである。

⑦株式会社ノイズ研究所事件

（東京高裁平成18年6月22日判決、労働判例920号5頁
　一審横浜地裁川崎支部平成16年2月26日判決　労働判例875号65頁）

　賃金制度を年功序列型から成果主義型に変更するにあたって、原告ら3名は、降格の上給与を減額されたので、その賃金体系の変更を争い、新賃金制度以降の差額賃金を請求した事案である。一審判決は、この賃金制度の変更は無効であるとして、原告らの請求を一部認容したが、控訴審は、次のように述べて本件

5章
不利益変更論

249

変更は合理性があって有効と判断した。

「…本件賃金制度の変更の内容は、職能資格制度を基本としつつも実質的に年功型の賃金制度であった旧賃金制度を、個々の従業員が取り組む職務の内容とＹ社が個々の従業員について行うその業績、能力の評価に基づいて決定するという仕組みから成る成果主義の特質を有する新賃金制度に改めるものである。新賃金制度における職務給制度は、Ｙ社が、経営上の判断に基づき、経営上の柱として位置づけた業務との関係において、個々の従業員の取り組む職務の重要性の観点から区別し、Ｙ社にとって重要な職務により有能な人材を投入するために、従業員に対して従事する職務の重要性の程度に応じた処遇を行うこととするものであり、かつ、職務との関係において行った従業員の格付けを固定的なもの、獲得済みのものとせず、従業員がどれだけ自己開発し、努力したか次第で昇格も降格もあり得ることとするものであって、このような賃金制度の構造上の変更は、上記の経営上の必要性に対処し、見合ったものであるということができる。そして、本件賃金制度の変更は、従業員に対して支給する賃金原資総額を減少させるものではなく、賃金額の決定の仕組み、基準を変更するものであって、新賃金制度の下における個々の従業員の賃金額は、当該従業員に与えられる職務の内容と当該従業員の業績・能力の評価に基づいて決定する格付けとによって決定されるのであり、どの従業員についても人事評価の結果次第で昇格も降格もあり得るのであって、自己研鑽による職務遂行能力の向上により昇格し、自己研鑽による職務遂行能力等の向上により昇格し、昇給する事ができるから、新賃金制度の下において行われる人事考課査定に関する制度が合理的なものであるということができるのであれば、本件賃金制度の変更の内容もまた、合理的なものであるということができる」

無論、Ｙ社においては、この変更に当たってあらかじめ従業員に変更の概要を通知して周知に努め、労働組合と団体交渉し、緩和措置等の経過措置（２年間に限る）を採っていることも変更の合理性を支えているのである。

07　労働契約法の定め

06で紹介した多くの判例を受けて労働契約法が制定され、平成20年3月1日

から施行されている。条文の9条、10条は以下のとおりである。ほぼ、判例を条文化したものといえる。

> **9条**
>
> 　使用者は、労働者と合意することなく、就業規則を変更することなく、就業規則を変更することにより、労働条件を不利益に労働契約の内容である労働条件を変更することはできない。ただし、次条の場合は、この限りではない。
>
> **10条**
>
> 　使用者が労働条件の変更により就業規則を変更する場合において、変更後の就業規則を労働者に周知させ、かつ、就業規則の変更の内容が、労働者の受ける不利益の程度、労働条件の変更の必要性、変更後の就業規則の内容の相当性、労働組合等との交渉の状況その他の就業規則の変更に係る事情に照らして合理的なものであるときは、労働契約の内容である労働条件は、当該変更後の就業規則に定めるところによるものとする。ただし、労働契約において、労働者及び使用者が就業規則の変更によっては変更されない労働条件として合意していた部分については、第12条に該当する場合を除き、この限りではない。

08　定年延長に伴う算定率の引下げと退職金の前払い制の有効性

　最近、定年延長に伴い、勤続年数に対応している退職金の算定率を引き下げ、退職金カーブ全体を引き下げ、それに伴い、現在の60歳定年時の退職金水準は減額となるという場合があり、その場合には社員にとっては、定年延長というメリットがある反面、60歳前に退職した場合の退職金は減額になるが、そのような変更はできるのかが問題となっている。

また、退職金の前払い制という方法が注目されているが、退職金を廃止して前払い制に変更することは可能かが問題となっている。

（1）定年延長に伴う退職金の算定率の引き下げ

　ここでは、定年延長前の再雇用時にも退職金が支給されていたということを前提とする。退職金の算定率を引き下げることは、労働条件の不利益変更であり、社員の同意がない限り、原則として無効となると思われる。しかしながら、定年延長は代替措置として合理性が認められる場合も考えられる。この合理性の判断については、多くの裁判例があり、合理性のある場合には有効と認められる。合理性は、変更の必要性と変更の内容で検討され、変更の内容としては、不利益の程度、変更後の相当性、他の代償措置、労働組合や労働者の対応、社会一般の状況等によって総合判断される。定年延長がされることは代償措置であるが、合理性の一事情に過ぎない。その意味では、不利益変更としての合理性につき慎重に検討することが必要である。

（2）退職金の前払い

　退職金を廃止して退職金を前払いにすることも、一応は不利益変更として考え、社員本人が同意しているのであれば有効だが、必ずしもそういえないときは、不利益変更として合理性があるといえるか否かで判断する。

　退職金は、退職後に一時金又は年金として支給を受けるのが一般的であるが、これを退職前の勤続中に割り振って、勤続中の給与又は賞与を増額するという方法で、退職金をなくすことは労働条件の不利益変更と考えることになり、前払いによって給与又は賞与を増額することは代償措置として合理性の問題として考えることになる。

　退職金はなくなっても、その分、在職中に上乗せされるということで、会社は総額としては同額負担するということであれば、不利益ではないとも考えられるので、不利益変更とはいえないとも一応は考えられるが、労働者本人の選択に任せるのであれば、不利益変更にはならないので一番よい方法ではないかと思われる。

　その両者のメリット、デメリットであるが、税金面ではおそらくは退職一時金を多くもらった方が基礎控除が多くなり、税金額は少なくなるものと思われる

ので有利であり、退職後に一時金又は年金をもらった方が得であろう。退職所得の基礎控除額は、20年以下1年につき40万円、20年超は1年につき70万円となっている。他方で、何十年か後の将来の退職時にまとめて賃金をもらったからといって、それは意味がなく、その分は早目にもらって少しでも豊かな生活をしたいということにもそれなりの意味があるという考え方によると、会社がその退職時にまで健全に存在しているかの保障もなく、また、経営が健全でその退職金相当分をもらえるうちにもらえるようにするという考え方も理解できる。

退職金前払い制を希望する社員は、おそらくは近い将来転職を考えているのではないかと思われる。即ち、退職金は、どうしても若い時点での増加は少なく、年齢を負う毎に積増分は多い傾向があり、そうだとすると、定年のかなり前に退職するとすれば、勤続年数に比して退職金は低い傾向になるので、退職金の前払いの方が得であるとの気持ちになるということも理解できる。その意味で、労働者の選択に任せるのがよりベターであると思われる。

09 高年齢者雇用確保と定年延長、賃金・退職金の取扱い

（1）高齢者の雇用確保の必要性

既に、高年齢者雇用安定法の改正により、60歳定年、65歳までの雇用確保義務が定められており、更に、2020（令和2）年3月にはさらなる延長として70歳までの雇用確保の努力義務が定められ、2022（令和4）年から施行されている。

定年延長、定年後の雇用確保措置（定年後再雇用、定年廃止、定年延長）により、自然に推移すれば当該事業場の労働者の数は増大することになり、当該事業場の賃金額は増大することになる。そのため、賃金の労働者1名当たりの金額を抑えなければ企業は雇用を確保することは難しくなる事態が考えられていたが、現時点で人手不足のために高齢労働者の雇用の確保も重要ということで定年後の高齢労働者の賃金水準も上がりつつあるのが現状である。

（2）過去の判例

　定年延長に絡んで賃金水準を引き下げた事例としては、前述の第四銀行判決（最高裁平成9年2月28日判決、労働判例710号12頁）がある。事案の内容は、当時55歳定年の企業で、60歳の定年への延長を検討しており、55歳から60歳までの給与の額を約3分の2に減額しようというものであった。ただし、55歳から何もないところに60歳まで延長したのではなく、元々、第四銀行には、58歳までの定年後在職制度があり、それは、健康で一定の能力があり、本人が希望した場合には同じ給与水準で最長3年間は勤務できるという制度であった。そのため、定年後在職制度の適用があった場合には、その適用を受けて3年間で勤務した給与総額と定年延長を受け約3分の2に下がった賃金水準で5年間就労した給与総額がほぼ同額というものであり、その意味では、非常に微妙な事例であったといえる。定年を延長するからといって、安易に賃金や退職金を減額してよいということではなく、要は、不合理といえる内容であってはならないということである。裁判の結果としては、会社の主張が認められ変更はかろうじて有効とされた。

　また、経営悪化により、将来分についての積み増しを廃止した御国ハイヤー事件では、何らの代償措置がないという理由で、その変更は合理性がなく無効と判断されている。

6 同一労働 同一賃金 の原則

01　はじめに

　正社員と非正規社員（短時間勤務労働者（パート労働者）、有期労働者、派遣労働者）との間の賃金等の労働条件の格差是正を念頭にして、働き方改革の大きな柱として、同一労働同一賃金の原則の導入が図られている。既に、2018（平成30）年6月には関連法は成立し、2020（令和2）年4月1日から、改正パート有期労働法、労働契約法は施行され（ただし、中小企業は2021（令和3）年4月1日から）、改正派遣法は2020（令和2）年4月1日から施行されている。

　しかしながら、同一労働同一賃金というと、何やら、広く労働者間の賃金格差を是正するかのようなイメージであるが、たかだか、同一企業内の、正社員と非正規社員間の労働条件格差を是正するものにすぎず、しかも、かなり無理矢理導入されたものであって、対象とされた企業からすると、制度やその運用が極めて複雑であり、その対応は生半可なものではなく、そのために混乱も未だに収まっていない。

　また、不運にも、施行の前後から新型コロナウィルスの流行と企業の活動自粛、賃金補償、雇い止め等の極めて深刻で喫緊の課題が噴出し、企業にとっては、企業そのものの存続や労働者の解雇、雇い止めの問題、雇用調整助成金の申告等諸問題が深刻であり、当面そちらの方を優先させざるを得ない状況であったが、2023年秋にはコロナもようやくおさまりつつあり、また、後述のとおり、複数の同一労働同一賃金に関する判決が出されたこともあって、この同一労働同一賃金制度や考え方が、企業にある程度浸透しつつある状況といえよう。

02　何故、同一労働同一賃金が出てきたのか

　この同一労働 同一賃金の導入は働き方改革を実現するためには、現在の長期継続雇用慣行と長時間労働、年功的処遇制度の見直しが不可欠であり、正規・非正規雇用労働者間の所得格差の是正が不可欠であるという考え方から出発している。総論的には、その方向性は正しいものと思われるが、問題は大きく言っ

て３つあるように思われる。

　第一は、この同一労働 同一賃金問題は、あくまで「同一企業（事業場）内」の「正規雇用労働者と非正規雇用労働者社員との間」の待遇の格差の問題（範囲が限定的）に限定されていることである。真に、労働者間の格差是正、不公平是正を目的にするとすれば、企業の枠を超えた格差是正、不公平是正にすべきであるし、また、正社員と正社員との間の格差是正、不公平是正を目指すべきである。無論、そのような大仰なことは一気には無理であるということはわかっているという反論が出るであろうが、それならば、同一労働 同一賃金等という大仰な用語を用いるのは問題である。

　第二は、正社員と非正規社員との比較であるが、「同一労働」であることが前提であり、職務・業務の内容が同一というのは、中小・零細企業であれば、比較的、正社員と非正規社員との同一職務・業務であるとの認定は可能であるが、ある程度の規模の企業や大企業では、正社員と非正規社員で同一労働であるとの認定は難しいのではないかと思われる点である。特に、職務（業務）の内容の同一性ということであり、その内容として責任についての同一性も含まれるということであるから、少なくとも職位職階制度が整っている企業の場合には、正社員と非正規社員の職務・業務面の同一性の認定は殆ど不可能に近いのではないであろうか。確かに、長澤運輸事件、ハマキョウレックス事件のような正社員も非正規社員も同じトラックの運転手で職種の変更もないような場合には有り得るであろうが、その範囲は極めて限定されよう。また、その職務における責任をも考慮するのであれば、少なくとも、今後は正社員に一定の権限を与え、責任を課することによって、かなりの部分は、同一労働ではないということで、格差は違法なものではないとして解決できるのではないかと思われる。それに、対象となる非正規社員との格差是正を求められる正規社員についての選抜が極めて難しいということも指摘できる。ガイドラインや通達でその辺は示されているようであるが、これも主張の相手方とされる企業が積極的に協力しない限りなかなか対象となる正社員を割り出すのは難しいのではないかと思われる。

　第三に、そもそも念頭におかれている同一労働 同一賃金の考え方は、ヨーロッパのオランダ、フランス、ベルギー等を前提とした、その地域全体の企業における職種別賃金を前提としており、その地域の労働組合は職種別労働組合であり、

6章 同一労働 同一賃金の原則

そのため、その地域のその職種であれば、何処の企業でも同一の賃金であるとの前提に立っている。その職種別賃金を前提として成り立っているのが同一労働同一賃金の原則である。即ち、その立っている基盤が同質であるという前提に立っている。ところが、その前提を欠いた日本で、いきなり、正社員と非正規社員の間の賃金・労働条件の格差の是正を求めるというのは到底無理である。日本企業の賃金制度は、正社員について現時点では大半が職能給的な考え方であり、正社員個々人の能力に応じた賃金体系のはずである。仮に、正社員同士が同じ職務についていたとしても、正社員Ａと正社員Ｂとの能力が違うと判断されれば、賃金の差異があっても許されるのであり、むしろ当然であるとされている。非正規社員の賃金についてはどのような考え方で、決定されているのかはまちまちであろうが、多くは需要と供給の関係でその都度決定されてきたのであり、職務給、職能給のような考え方は殆んどないのであろう。したがって、この正社員と非正規社員の賃金・労働条件の格差の是正のためには、その労働条件決定の基盤の同質性を確保することが必要であり、少なくとも、賃金制度や就業規則に定める労働条件につき、契約締結時及び就業規則の作成・変更時での意見聴取、労働組合があれば団体交渉時において、労働条件設定について正社員と非正規社員とで同じ考え方、同じ基準での定めをし（例えば、職務給の考え方で賃金額を設定するという考え方）、最低5年、10年間くらいは準備期間を設けてから実施するべきであると考える。

03 ガイドラインの策定

なお、政府もいきなり法改正のみで施行するのは大混乱を招くということで、法改正前の2017（平成29）年12月20日に、働き方改革実現会議から「同一労働同一賃金ガイドライン案」が示され、さらには、法改正後の2018（平成30）年12月28日に、「同一労働 同一賃金ガイドライン」（正確には「短時間・有期雇用労働者及び派遣労働者に対する不合理な待遇の禁止等に関する指針」）を示し、企業や労働者に対して、どのようにしていくべきかの道しるべを示そうと努力をしているが、元々、賃金制度の土台基盤が異なっているとされる多くの企業

において、いきなり正社員と非正規社員との賃金格差・労働条件格差の是正を求めるのは難しいと思われる。

　そのため、後述するように、企業も対応に苦慮し、裁判例の蓄積を待つしかないというのが現状であると思われる。

04　均衡待遇・均等待遇について

　ここでは、まず2017（平成29）年改正前のパート労働法、労働契約法につき紹介し、その後に2018（平成30）年改正法の内容を紹介する。なお、改正法の施行は、大企業については2020（令和2）年4月1日、中小企業は2021（令和3）年4月1日である。

（1）法改正前

---

① 均等待遇規定

パート労働法9条

　①職務内容、②職務内容・配置の変更範囲が同じ場合は差別的取り扱いの禁止。有期雇用労働者には、規定無し。

② 均衡待遇規定

パート労働法8条、労働契約法20条

　①業務の内容、責任の程度、②職務内容・配置の変更範囲、③その他の事情の相違を考慮して、不合理な待遇差を禁止。

③ 説明義務

　短時間労働者、派遣労働者について、待遇内容や待遇決定に際しての考慮事項に関する説明義務（有期雇用労働者には規定無し）。

　しかも説明義務の対象は基本的に「本人の待遇」に関することのみに限定し、正規雇用労働者との待遇差の内容やその理由についての説明義務なし。

6章　同一労働 同一賃金の原則

（2）改正法の内容

改正法は、以下のとおり、短時間労働者、有期雇用労働者、派遣労働者について、正規雇用労働者との待遇差の是正をするとともに、その待遇の内容・理由等に関する説明を義務化した。

① 基本的な理念

正規労働者と非正規労働者（パート、有期雇用、派遣労働者）との不合理な待遇差をなくすということである。

同一企業内において、正規労働者と非正規労働者との間で、基本給や賞与などの個々の待遇ごとに、不合理な待遇差を設けることは禁止される。

その上で、ガイドラインを策定し、どのような待遇差が不合理に当たるかを明確に示す。均衡待遇と均等待遇の要件は次のとおりである。

均衡待遇規定
3点の違いを考慮した上で、不合理な待遇差を禁止する。 ⅰ　職務内容（業務の内容、責任の程度） ⅱ　職務内容・配置の変更の範囲 ⅲ　その他の事情

均等待遇規定
2点が同じ場合、差別的取扱いを禁止する。 ⅰ　職務内容（業務の内容、責任の程度） ⅱ　職務内容・配置の変更の範囲

（3）パート労働法の対象の改正

新たに「有期雇用労働者」も均等待遇規定の対象とする。その結果として、労働契約法20条（期間の定めがあることによる不合理な労働条件の禁止）が削除された。

パート労働法は、保護の対象を「短時間労働者」から「短時間・有期労働者」となり、名称もパート・有期労働法となった。

　以下、主要な改正部分を示す。

① パート労働法８条の改正

> **均衡待遇**
>
> 　事業主は、その雇用する短時間・有期雇用労働者の基本給、賞与その他の待遇のそれぞれについて、当該待遇に対応する通常の労働者の待遇との間において、当該短時間・有期雇用労働者及び通常の労働者の業務の内容及び当該業務に伴う責任の程度（以下、「職務の内容」という）、当該職務の内容及び配置の変更の範囲その他の事情のうち、当該待遇の性質及び当該待遇を行う目的に照らして適切と認められるものを考慮して、不合理と認められる相違を設けてはならない。

② パート労働法９条の改正

> **均等待遇**
>
> 　事業主は、職務の内容が通常の労働者と同一の短時間・有期雇用労働者…であって、当該事業所における慣行その他の事情からみて、当該事業主との雇用関係が終了するまでの全期間において、その職務の内容及び配置が当該通常の労働者の職務内容及び配置の変更の範囲と同一の範囲で変更されることが見込まれるもの（…「通常の労働者と同視すべき短時間・有期雇用労働者」という）については、短時間・有期雇用労働者であることを理由として、基本給、賞与その他の待遇のそれぞれについて、差別的取扱いをしてはならない。

6章　同一労働 同一賃金の原則

③ パート労働法10条の改正

> **賃金**
>
> 　事業主は、通常の労働者との均衡を考慮しつつ、その雇用する短時間・有期雇用労働者（通常の労働者と同視すべき短時間・有期労働者を除く。…）の職務の内容、職務の成果、意欲、能力又は経験でその他の就業の実態に関する事態を勘案しその賃金（通勤手当その他の厚生労働省令で定めるものを除く）を決定するように努めるものとする。

④ パート労働法11条の改正

> **教育訓練**
>
> 　通常の労働者が従事する職務の遂行に必要な能力を付与するためのものについては、職務内容同一短時間・有期雇用労働者（通常の労働者と同視すべき短時間・有期雇用労働者を除く。…）に対しても教育訓練を実施しなければならない。

⑤ パート労働法12条の改正

> **福利厚生施設**
>
> 　通常の労働者に対して利用の機会を与える福利厚生施設であって、健康の保持又は業務の円滑な遂行に資する…ものについては、その雇用する短時間・有期雇用労働者に対しても、その利用の機会を与えなければならない。

⑥ 均衡待遇規定の明確化を図る

　それぞれの待遇ごと（基本給、賞与、役職手当、食事手当、福利厚生、教育訓練等）に、当該待遇の性質・目的に照らして適切と認められる事情を考慮して判断されるべき旨を明確化した。

均等待遇規定、均衡待遇規定の解釈の明確化のため、ガイドライン（指針）の策定根拠を規定した。2018（平成30）年12月28日に、同一労働同一賃金ガイドラインが設けられた。

⑦ 説明を求めた際の不利益取扱いの禁止が定められた（改正パート法14条3項）

⑧ 均衡・均等待遇義務や説明義務について、行政による履行確保措置及び行政ＡＤＲを整備した。

紛争解決援助・調停（改正パート法22条～26条）等。

都道府県労働局において、無料・非公開の紛争解決手続を均衡待遇や待遇差の内容、理由に関する説明についても対象にされた。

（4）労働者派遣法の改正

派遣労働者についての同一労働同一賃金の考え方は、派遣先における同種の業務を行う通常労働者と比較して、派遣労働者の賃金等の労働条件を均等・均衡取扱いにするというものである。

基本的な考え方としては、次のⅰ、ⅱである。

ⅰ 派遣労働者については次のア、イのいずれかを確保する。

ア 派遣先の労働者との均等・均衡待遇

イ 一定の要件を満たす労使協定による待遇

同種業務の一般の労働者の平均的な賃金と同等以上の賃金であること等を確保する。

ⅱ 派遣先になろうとする事業主に対し、派遣先労働者の待遇に関する派遣元への情報提供義務を課する。

「派遣先均等・均衡方式」は、派遣労働者の待遇について派遣先の通常の労働者との均等・均衡待遇を図る方式であり、基本給・賞与・手当・福利厚生・安

全管理等の全ての待遇のそれぞれについて、派遣先の通常の労働者との間に、「不合理な待遇差」がないように待遇を決定することが求められる。

　他方、「労使協定方式」は、派遣元事業主において、労働者の過半数で組織する労働組合又は労働者の過半数代表者と一定の要件を満たす労使協定を締結し、その協定に基づいて派遣労働者の待遇を決定する方式である。このうちの「賃金」については、職業安定局長通知で示される。派遣労働者と同種の業務に同一の地域で従事する一般労働者の平均賃金と同等以上になるように決定するとともに、昇給規定等の賃金改善の仕組みを設ける必要がある。また、「賃金以外の待遇」（一部の待遇を除く）については、派遣元の通常の労働者（派遣労働者を除く）と比較して「不合理な待遇差」が生じないようにすることが求められる。この労使協定方式によっても、派遣先が行う一部の教育訓練及び福利厚生施設（給食施設、休憩室、更衣室）の利用については派遣先の通常労働者と均等・均衡が求められる。

　派遣労働と派遣先プロパーの労働者との労働条件についての均等・均衡を求めるという内容を実現するとしても、個別に派遣先プロパーの労働者との労働条件の均等・均衡を実現する（均等均衡方式）ことは大変な労力を必要とすることから、その代替として、その職種についての平均的な賃金を労使協定をもって定めるという労使協定方式を選択することができることとなり、実務上はこの労使協定方式が圧倒的に採用されている。

　法条文は以下のとおりである。

①待遇の確保

> ・改正派遣法30条の3第1項、第2項
> 　派遣元事業主は、派遣労働者の基本給、賞与その他の待遇のそれぞれについて、対応する派遣先の通常労働者との待遇との間で、不合理な相違を設けてはならない（改正派遣法30条の3第1項）。
>
> 　派遣元事業主は、職務の内容が派遣先に雇用される通常労働者と同一の労働者との比較で、正当な理由がなく、基本給、賞与その他の待遇のそれぞれについて、対応する派遣先の通常労働者の待遇に比して不利なものとしてはならない（改正派遣法30条の3第2項）。

・改正派遣法30条の4

　派遣元事業主は、厚生労働省令で定めるところにより、労働者の過半数で組織する労働組合がある場合においてはその労働組合、労働者の過半数で組織する労働組合がない場合においては労働者の過半数を代表する者との書面による協定により、その雇用する派遣労働者の待遇（第40条第2項の教育訓練、同条第3項の福利厚生施設その他の厚生労働省令で定めるものに係るものを除く。以下この項において同じ）について、次に掲げる事項を定めたときは、前条の規定は、第1号に掲げる範囲に属する派遣労働者の待遇については適用しない。ただし、第2号、第4号若しくは第5号に掲げる事項であって当該協定で定めたものを遵守していない場合又は第3号に関する当該協定の定めによる公正な評価に取り組んでいない場合はこの限りではない。

1　その待遇が当該協定で定めるところによることとされる派遣労働者の範囲

2　前号に掲げる範囲に属する派遣労働者の賃金決定の方法（次のイ及びロ（通勤手当その他の厚生労働省令で定めるものにあっては、イ）に該当する者に限る）

　　イ　派遣労働者が従事する業務と同種の業務に従事する一般の労働者の平均的な賃金の額として厚生労働省令で定める者と同等以上の賃金の額となるものであること。

　　ロ　派遣労働者の職務の内容、職務の成果、意欲、能力又は経験その他の就業の実態に関する事項の向上があった場合に賃金が改善されるものであること。

3　派遣元事業主は、前号に掲げ賃金の決定方法により賃金を決定するに当たっては、派遣労働者の職務の内容、職務の成果、意欲、能力又は経験その他の就業実態に関する事項を公正に評価し、その賃金を決定すること。

4　第1号に掲げる範囲に属する派遣労働者の待遇（賃金を除く。以下、この号において同じ）の決定方法（派遣労働者の待遇のそれぞれについて、当該待遇に対応する派遣元事業主に雇用される通常の労働者（派遣労働者を除く）の待遇との間において、当該派遣労働者及び通常の労働者の職務内容、当該職務の内容及び配置の変更の範囲その他の事情のうち、当該待遇の性質及び当該待遇を行う目的に照らして適切と認められるものを考慮して、不合理と認められる相違が生じることとならないものに限る）

5　派遣元事業主は、第1号に掲げる範囲に属する派遣労働者に対して第30条の2第1項の規定による教育訓練を実施すること。

6　前各号に掲げるもののほか、厚生労働省令で定める事項

二　　前項の協定を締結した派遣元事業主は、厚生労働省令で定めるところにより、当該協定をその雇用する労働者に周知しなければならない。

・改正派遣法30条の5

　派遣元事業主は、派遣先に雇用される通常の労働者との均衡を考慮しつつ、その雇用する派遣労働者（第30条の3第2項の派遣労働者及び前条第1項の協定で定めるところによる待遇とされる派遣労働者（以下「協定対象派遣労働者」という）を除く）の職務の内容、職務の成果、意欲、能力又は経験その他の就業の実態に関する事項を勘案し、その賃金（通勤手当その他の厚生労働省令で定めるものを除く）を決定するように努めなければならない。

---

② 情報提供義務

　さらに、改正派遣法26条7項において、派遣先の派遣元事業主に対する比較対象労働者の賃金その他の待遇に関する情報等の提供義務を科する。

ⅰ 情報提供義務の情報とは

　派遣元は、派遣労働者の数、派遣先の数、マージン率、教育訓練に関する事項

の他に、①労使協定を締結しているか否か、②労使協定を締結している場合には、ａ労使協定の対象となる派遣労働者の範囲、ｂ労使協定の有効期間の終期を、関係者（派遣労働者、派遣先等）に情報提供しなければならない。

派遣先から派遣元への「比較対象労働者」の待遇情報の提供（派遣先均等・均衡方式であれ労使協定方式であれ提供が必要）が必要となる。

派遣先からの情報提供がないときは、派遣先との間で労働者派遣契約を締結してはならない。

・**改正法26条**

（7項）

労働者派遣の役務の提供を受けようとする者は、第１項の規定により労働者派遣契約を締結するに当たっては、あらかじめ、派遣元事業主に対し、厚生労働省令で定めるところにより、当該労働者派遣に係る派遣労働者が従事する業務ごとに、比較対象労働者の賃金その他の待遇に関する情報その他の厚生労働省令で定める情報を提供しなければならない。

（8項）

前項の「比較対象労働者」とは、当該労働者派遣の役務の提供を受けようとする者に雇用される通常の労働者であって、その業務の内容及び当該業務に伴う責任の程度（以下「職務の内容」という）並びに当該職務の内容及び配置の変更の範囲が、当該労働者派遣に係る派遣労働者と同一であると見込まれるものその他の当該派遣労働者と待遇を比較すべき労働者として厚生労働省令で定めるものをいう。

（9項）

派遣元事業主は、労働者派遣の役務の提供を受けようとする者から第７項の規定による情報の提供がないときは、当該者との間で、当該労働者派遣に係る派遣労働者が従事する業務に係る労働者派遣契約を締結してはならない。

（10 項）

派遣先は、第7項の情報に変更があったときは、遅滞なく、厚生労働
省令で定めるところにより、派遣元事業主に対し、当該変更の内容に関
する情報を提供しなければならない。

（11 項）

労働者派遣の役務の提供を受けようとする者及び派遣先は、当該労
働者派遣に関する料金の額について、派遣元事業主が、第30条の4第
1項の協定に係る労働者派遣以外の労働者派遣にあっては第30条の3
の規定、同項の協定に係る労働者派遣にあっては同項第2号から5号ま
でに掲げる事項に関する協定の定めを遵守することができるように配
慮しなければならない。

ii 比較対象労働者とは

ここでも、派遣労働者が比較の対象とされる派遣先の労働者を選別しなけれ
ばならないことになるが、次の①〜⑥の順序で選抜することになる。

比較対象労働者とは、次のとおりである。

① 「職務の内容」と「職務の内容及び配置の変更の範囲」が同じ通常
の労働者

② 「職務の内容」が同じ通常の労働者

③ 「業務の内容」又は「責任の程度」が同じ通常の労働者

④ 「職務の内容及び配置の変更の範囲」が同じ通常の労働者

⑤ ①〜④に相当するパート・有期労働者（パート・有期雇用労働法
等に基づき、派遣先の通常の労働者との間で均衡待遇が確保され
ていることが必要）

⑥ 派遣労働者と同一の職務に従事させるために新たに通常の労働者
を雇い入れたと仮定した場合における当該労働者

この比較対象労働者の選定は、派遣元事業主は無論のこと派遣先にとっても相当な負担となる。しばしばその職務については長年派遣労働者を担当することになっており該当する労働者は存在しないこともあり得るために、⑥のような仮定の人選すら求められるのである。

iii 情報として提供しなくてはならないものとは

提供する「待遇に関する情報」とは次のようなものとなる。

派遣先均等・均衡方式の場合

　a　比較対象労働者の職務の内容、職務の内容及び配置の変更の範囲並びに雇用形態

　b　比較対象労働者を選定した理由

　c　比較対象労働者の待遇のそれぞれの内容（昇給、賞与その他の主な待遇がない場合には、その旨を含む）

　d　比較対象労働者の待遇のそれぞれの性質及び当該待遇を行う目的

　e　比較対象労働者の待遇のそれぞれを決定するに当たって考慮した事項

- -

労使協定方式の場合

　a　派遣労働者と同種の業務に従事する派遣先の労働者に対して、業務の遂行に必要な能力を付与するために実施する教育訓練（法40条2項の教育訓練）

　b　給食施設、休憩室、更衣室（法40条3項の福利厚生施設）

---

③ 労使協定で定めるべき事項

労使協定方式を採った場合の労使協定に定める事項は次のとおりである。

① 労使協定の対象となる派遣労働者の範囲

② 賃金の決定方法

ア 派遣労働者が従事する業務と同種の業務に従事する一般労働者の平均的な賃金の額と同等以上の賃金額となるもの＊

　＊派遣先の事業所その他派遣就業の場所の所在地を含む地域において派遣労働者が従事する業務と同種の業務に従事する一般の労働者であって、当該派遣労働者と同程度の能力及び経験を有する者の平均的な賃金の額。

イ 派遣労働者の職務の内容、成果、意欲、能力又は経験の向上があった場合に賃金の改善がされるもの＊＊

　＊＊イについては、職務の内容に密接に関連して支払われる賃金以外の賃金（例えば、通勤手当、家族手当、住宅手当、別居手当、子女教育手当）を除く。

③ 派遣労働者の職務の内容、成果、意欲、能力又は経験等を公正に評価して賃金を決定すること

④ 「労使協定の対象とならない待遇（法40条2項の教育訓練及び法40条3項の福利厚生施設）及び賃金」を除く待遇の決定方法（派遣元事業主に雇用される通常の労働者（派遣労働者を除く）との間で不合理な相違のないものに限る）

⑤ 派遣労働者に対して、段階的・計画的な教育訓練を実施すること

⑥ その他

　・有効期間（2年以内が望ましい）

　・労使協定の対象となる派遣労働者の範囲を派遣労働者の一部に限定する場合は、その理由

　・特段の事情がないときは、一の労働契約の期間中に派遣先の変更を理由として、協定の対象となる派遣労働者であるか否かを変えようとしないこと

④ 労使協定の作成について

　ここで、派遣元事業主が作成する労使協定の作成手順について言及する。労働者派遣事業にも突然同一労働同一賃金の原則の適用がなされることになり、派遣労働者と派遣先におけるプロパーの同種の業務を行う労働者との間の同一労働同一賃金の原則の適用のため、派遣先均等・均衡方式かあるいは労使協定

270

方式を採らなければならないことになったが、前述のとおり、圧倒的多数は後者を採用している。全国で3万2000社のうちの約9割が採用しているという。そこで、後者の労使協定の作成につき、若干検討してみることにする。

当該待遇は、①賃金と②賃金以外の待遇があり、労使協定方式では、①は同種業務従事の一般労働者を対象とし（派遣法30条の4第1項（2））、他方で、②は、派遣元の通常の労働者を対象とする（同法30条の4第1項（4））。なお、教育訓練（業務の遂行に必要な能力を付与するための教育訓練）、福利厚生施設（給食施設、休憩室、更衣室）については、派遣先が派遣先プロパーの労働者に実施又は利用させる場合には派遣労働者にも実施又は利用の機会を与える必要があるので、労使協定の対象にはならないのである。

労使協定方式の場合には、派遣先均等・均衡方式の場合と異なり、派遣先のプロパーの労働者の労働条件を確認する必要はないので、その分は手間が省けるが、他方で、労使協定作成にはかなりの労力を要することになる。

その手順は、厚労省作成の「労使協定方式の実施手順」のとおりである。

（厚生労働省作成）

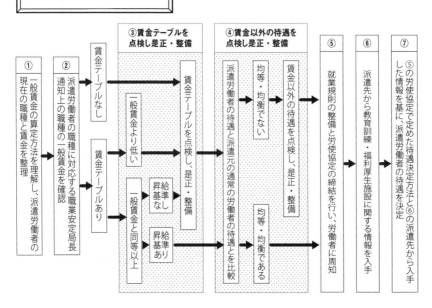

その賃金については、次の①②の２つの要件が定められている。

①派遣労働者が従事する業務と「同種の業務に従事する一般労働者の平均的な賃金額」（一般賃金）と同等以上になること。

②派遣労働者の職務内容、成果、意欲、能力、経験等の向上があった場合には、通勤手当等を除く職務に密接に関連する賃金が改善されること。

この「一般賃金」とは、「同一の地域」、「同種の業務」、「同程度の能力・経験」の３つの要素を加味した一般労働者の賃金のことをいい、具体的な金額は、毎年７〜８月に発出される職業安定局長通知で示されることになっている。その賃金の区分は、a 一般基本給、賞与等（基本給）・賞与・手当等、b 一般通勤手当、c 一般退職金に分かれており、それぞれにつき、同等以上の金額を締結しなければならない。以下、手順の概説をする。

ⅰ 派遣労働者の現在の職種と賃金を整理

a 派遣労働者の整理

派遣労働者の、①職種、②業務の難易度等の等級（経験年数、等級等）、③就業する場所の地域で賃金額が変わってくる。各個人の月例基本給額を時給額に換算する。各個人の賞与額を時給に換算する（賞与の年間支給額を 52 で割り、それを週の所定労働時間で割る）。各個人の手当（通勤手当を除く）を時給額に換算する。

b 派遣労働者の通勤手当の整理

この通勤手当は、定額支給方法か実費支給方法かによる。定額支給の場合には、時給額として、「通勤手当の年間支給額 ÷ 52（週）÷ 週の所定労働時間数」で算出する。

c 派遣労働者の退職金の整理

これまで派遣労働者には退職金がないのが通常であったが、労使協定方式では退職金が支給されることを前提にしなければならないことになった。退職金の支給方法としては、①退職金制度（退職時期の一時金）、②退職金前払制度、③中小企業退職金共済制度への加入の３つの方法から選択することになる。

①の退職金制度は、勤続年数ごとの退職金金額（月数）、②の退職金前払いの方法は、派遣労働者に対する退職金相当の平均額を時給単位で計算する、③は、中小企業退職金共済、確定拠出年金、確定給付企業年金等に加入している場合に、掛金額が局長通知で示される水準以上であることが必要とされる。

ii 派遣労働者の職種に対応する通知上の職種の一般賃金を確保する

a 一般基本給、賞与等

（イ）一般労働者の職種別の勤続年数の基本給・賞与等	×	（ロ）能力・経験調整指数	×	（ハ）地域指数

（ロ）能力・経験調整指数は次のとおりである。

0年	1年	2年	3年	5年	10年	20年
100	115.1 (116.0)	126.2 (124.3)	128.1 (127.0)	134.9 (133.0)	147.0 (149.4)	183.1 (179.3)

なお、令和7年度は（　　　）内の数値である。

（ハ）地域指数

就業の場所に係る地域指数については、都道府県指数とハローワーク管轄指数のどちらを選択するかは基本的に労使の選択に委ねられる。

b 一般通勤手当の確認

一般通勤手当は、（イ）実費支給の場合と（ロ）定額支給の場合とがある。

（イ）は、派遣労働者の通勤手当の実費を一般通勤手当とみなす方法である。

（ロ）は、局長通知で示される該当年度の一般通勤手当の額を使用する。（令和6年度は72円、令和7年度は73円）。

c 一般退職金の確認

(イ) 一般退職金の場合

退職金制度の導入割合、最低勤続年数、支給月数の相場に関する各種調査の結果（局長通知）を踏まえ、一般退職金の水準を計算する。

(ロ) 退職金前払いの場合

局長通知で示される「退職給付金等の費用の割合」を一般基本給・賞与等に乗じた額を一般退職金とする。

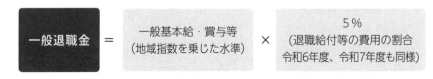

(ハ) 中小企業退職金共済制度への加入の場合
　　(ロ) と同様

d 派遣労働者の賃金テーブルの点検、是正・整備

派遣労働者の賃金は、一般賃金と比較して、同等以上かを点検し、必要があれば修正する。

$$派遣労働者の賃金 \geqq 一般の賃金$$

①基本給、賞与、手当等の比較

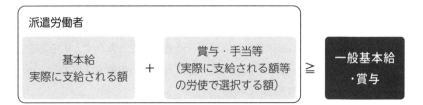

274

②退職金制度の比較

　a　退職金制度の場合

| 自社の退職金 | ≧ | 一般退職金の制度 |

　b　退職金前払い、中小企業退職金共済制度等への加入の場合

| 一般基本給・賞与等 × 退職給付等の費用の割合
（令和6年度は5％、令和7年度も5％） | ≦ | 退職金の前払い額
OR
掛金額 |

③昇給制度の点検

　派遣労働者の職務の内容、成果、意欲、能力、経験等の向上があった場合に、基本給、賞与等が適切に改善されているかを点検し、適切に昇給する基準を立てているか。

〔　例えば　〕

　　① 職務内容の向上があった場合の追加の手当の支給
　　② 職務内容の向上に応じた基本給・手当の改訂
　　③ 職種の変更等の高度な業務への派遣就業機会の提供

e　労使協定の対象となる賃金以外の待遇に係る制度を点検し是正・整備

　賃金以外の待遇としては、福利厚生、教育訓練、安全衛生措置等がある。なお、労使協定の対象外である派遣法40条2項の教育訓練、同条40条の3の福利厚生（給食施設、休憩室、更衣室）は除く。

f　就業規則の整備と労使協定の締結、周知

⑦労使協定の締結当事者

　労使協定は、一般的には事業場単位であるが、この労使協定については、派遣

元事業主単位又は数か所の事業場を一つの単位とすることは可能となっている。

労働者側は、過半数労働組合か、それがなければ、労働者の過半数代表者である。

過半数代表者に対する不利益取扱いの禁止は他の場合と同じであるが、過半数労働者代表の選出は、他の場合のように一つの事業場で就労しているわけではないので、その選出方法も工夫しなければならないし、過半数代表者が他の労働者に対して意見を表明できるような機会が必要であり、その意味では派遣元事業主の方での配慮は必要である。

⑦ 労使協定で定めるべき内容

前述（269頁「③労働協定で定めるべき事項」）のとおりである。

⑰ 労使協定の周知

周知の方法としては、①書面の交付、②ファクシミリの送信、③電子メール，ＳＮＳ、④社内のイントラネット、⑤事業所の見やすい場所での掲示又は備付けの方法があるが、②、③、④は派遣労働者が希望した場合に行うことができるものとされている。

㊀ 労使協定の保存

労使協定の有効期間終了後3年間の保存が必要である。

㊉ 就業規則の整備

労使協定の内容を就業規則に反映するために、就業規則の変更に必要な手続（過半数代表者からの意見聴取、労働基準監督署長への届出）の実施する。

㊖ 事業報告毎年度の事業報告において、労使協定の内容を厚生労働大臣（都道府県労働局）に報告する。

g 労使協定方式についての問題点

この労使協定方式は、働き方改革による同一労働同一賃金の制度の導入とともに導入され、均等均衡方式を選択しない派遣元事業主は労使協定方式を選択せざるを得なくなった事業主が多いと思われるが、改正派遣法に基づき2020（令和2）年4月1日から導入することになった派遣元事業主が多いと思われる。

そして、一般賃金の取り扱いは、「基本給・賞与・手当」、「通勤手当」、「退職金」ごとに算出することになるが、そのうち、「基本給・賞与・手当」については以下のように算出する。

職種別の基準値	×	能力・経験調整指数	×	地域指数

　そして、職種別の基準値は、賃金構造基本統計調査の特別集計により算出した金額、又は、職業安定業務統計による求人賃金（月額）の下限額の平均を基に一定の計算方法により賞与込みの時給に換算した額とする。

　そこで、種々の問題が発生する。

（1）職種別の基準値

　この基準値は、労働者派遣契約、就業の実態等を勘案して職種の基準値のうち、対象労働者が従事する業務と最も近いと考えられるものを選択することになるが、この選択は極めて難しい。

　その職種の選択に当たっては、①「賃金構造基本統計調査」の「役職及び職種解説」、②「第4回改訂　厚労省編職業分類表　改訂の経緯とその内容」を参照にするべきとされている。なお、毎年8月末に厚労省職業安定局長の「労働者派遣事業の適正な運営の確保及び派遣労働者の保護等に関する法律第30条の4第1項第2号イに定める「同種の業務に従事する一般の労働者の平均的な賃金の額」」等についてという通達が出され、令和5年8月29日付職発0829第1号、令和6年8月27日付職発0827等1号が出されている。

　問題は、この職種をどのように選択するかである。例えば、「情報処理・通信技術者」でも、職業安定業務統計によると、令和6年度一般基本給・賞与等の金額（有効期間は令和6年4月1日から令和7年3月31日まで）は、基準値0の場合，システムコンサルタント1,431円、システム設計技術者1,404円、プロジェクトマネージャー1,729円、ソフトウェア開発技術者1,396円、システム運用管理者1,316円、通信ネットワーク技術者1,359円、その他の情報処理技術者1,325円とされており、職種によって時給額に大きな差異があるが、当該派遣労働者がどの職種に該当するのかについて争いが生じる事が多い。その場合には、労働者派遣契約で賃金額を決めることにはなるが、労働者派遣契約は、その担当する職務の内容を決めるものの、仮にその職務の内容が実態に合っていたにしても、

派遣労働者と派遣先・派遣元事業主の間での認識の違いは生じ得るところである。つまり、派遣労働者がシステムエンジニアと認識して就労していたとしても、その就労する業務のすべてがシステムエンジニアにふさわしい業務とは限らず、WEB デザイナーとしての業務、通信機器操作員としての業務も混在している場合もあり、派遣先・派遣元事業主は WEB デザイナーと認識して時給額を決定する事もあり得る。

　このような争いが生じるのは、職種の認定が極めて曖昧であるからであるとともに、その中核とする業務は当該職種にふさわしい場合であってもその職種にふさわしくない（当初より念頭に置いているとはいえない）他の業（雑）務を多く行っている場合にその職種と認定すべきかは定かではないのである。派遣労働者と派遣元事業主・派遣先では意見が一致しないことがままある。この労使協定方式を導入する前は、派遣業務の内容は派遣元事業主と派遣先が協議の上で決定し、その金額を示して派遣労働者本人にも同意を取りそれにふさわしい時給額を定めればそれですんでいたのであるが、労使協定導入後は、その派遣業務の職種を決定し、その職種に指定してある金額の枠の中になければならないという要件が加わってくるのであり、職種の認定を誤れば労使協定の当てはめの失敗という結果になる。

　なお、実際に担当する業務が、多くの業務が混在しており、その職種に該当するのかどうかについては、通達（令和 5 年 8 月 29 日付「令和 6 年度の『労働者派遣事業の適正な運営の確保及び派遣労働者の保護等に関する法律第 30 条の 4 第 1 項第 2 号イに定める『同種の業務に従事する一般労働者の平均的な賃金の額』等』について」職発 0829 第 1 号）の 11 頁では「一般基本給・賞与等の基準値は、労働者派遣契約、就業の実態等を勘案し、別添 1 又は別添 2 の職種の基準値のうち、協定対象派遣労働者が従事する業務と最も近いと考えられるものを選択すること。例えば、協定対象派遣労働者の『中核的業務』をもとに、これらの統計の職種別の賃金を選択することが考えられる。なお、『中核的業務』とは、ある労働者に与えられた職務に伴う個々の業務のうち、当該職務を代表する中核的なものを指し、『与えられた職務に本質的又は不可欠な要素である業務』、「その成果が事業に対して大きな影響を与える業務」及び「労働者本人の職務全体に

占める時間的割合・頻度が大きい業務」の基準にしたがって総合的に判断されるものである。職種の選択に当たっては、職種について解説している「賃金構造基本統計調査の『役職及び職種解説』」又は「第4回改訂　厚生労働省編職業分類　職業分類表　改訂の経緯とその内容」（独立行政法人労務政策研究・研修機構　2011年6月）を参照すること」と述べられている。

（2）能力・経験調整指数

　賃金額は、基準値（0年）に、経験年数等を重ねていくと金額は上がってくる。この「基準値に能力・経験調整指数を乗じた値」として、1年、2年、3年、5年、10年、20年と経験を重ねると賃金額は上がるという基本的構造になっている。無論、実際の勤続年数だけが判断の基準ではなく、一般労働者の勤続何年目相当に該当するかを考慮するというものである。前述の通達では平成6年度では

0年	1年	2年	3年	5年	10年	20年
100	115・1	126・2	128・1	134・9	147・0	183・1

とされている。（令和7年度はこの指数は変更されている）例えば、前述の通達の令和6年度の時給換算だと、システムコンサルタントの基準値（0）は1,431円、1年で1,647円、2年で1,806円、3年で1,833円、5年で1,930円、10年で2,104円、20年で2,620円となる。

　この点は、比較的若手の派遣労働者が、ベテランの派遣労働者と同等か、それ以上の業務を行っているし、実績を積み上げていると主張することもあるが、この点もなかなか悩ましいところであるが、その勤続年数以上の能力経験があるということは派遣労働者の側で立証するべきことであろう。

（3）地域指数

　協定対象の派遣労働者の派遣先の事業所その他派遣就業の場所の所在地を含む都道府県又はハローワークの地域指数を選択して労使協定に定める事になる。この場合、都道府県又はハローワーク別の地域指数のいずれを選択するかは、選択によることになるが、ここでは紛争になることは少ないであろう。

（4）紛争となりえる問題点

この労使協定方式による賃金の決定の場合に紛争として考えられるのは、職種への当てはめについての派遣労働者と派遣元事業主、派遣先との認識の違いであろう。

労使の間で、職種の当てはめについて認識の違いがある場合には、仮に派遣元事業主の当てはめが不適当であった場合に、適当と思われる職種への時給額（一定の幅がある）の差額の請求が認められるであろうか（同様な問題は能力・経験による熟練度に評価についても生じえる）。

また、もし、該当する職種については労使協定で定めていない場合はどのようにすべきであろうか。

さらには、派遣労働契約の中の時給額についての合意がある場合に、当然それは、労使協定で該当する職種・勤続年数等の枠内で決定されているはずであるが、職種や勤続年数等の当てはめが不当である場合に、労働契約で定めた時給額を無効にして適正な職種や勤続年数に応じた時給額（無論枠はあるのでその枠内の最低の金額になろう）になるのであろうか。

いずれも紛争として生じえるものであるが、明快な回答はしづらいであろう。

（5）通達のミスと是正措置

なお、前述の令和6年度適用の一般労働者の平均的な賃金額に係る職業安定局長通達に一部誤りがあったことが判明し、その通達の訂正がなされている。それは公共職業安定所別の地域指数で全国434か所中275か所が誤っていたということである。すでにこの通達に沿って労使協定を締結し、それに基づく賃金が決定された場合、その賃金が、すでに訂正後の指数を踏まえた一般賃金水準に満たない派遣元事業主には引き上げるために協定し、再締結する必要がある。この点は、厚生労働省も再締結と賃金制度の整備にかかる経費を助成する方針である。

⑤ 行政機関への報告

毎年度6月30日までに提出する事業報告書に労使協定を添付しなければな

らない。労使協定方式の対象となる派遣労働者の職種毎の人数、職種毎の賃金の平均額を報告しなければならない。

⑥ 派遣労働者に対する労働条件明示義務

派遣労働者に対しては、雇い入れ時と労働者派遣をしようとする時点での労働条件の明示が必要になる。

ⅰ　雇入時に明示すべき事項

ⅱ　労働者派遣時に明示すべき事項は次のとおりである（法31条の2第3項）。

> ⅰ　賃金の決定等に関する事項
> ⅱ　休暇に関する事項
> ⅲ　昇給の有無、退職手当の有無、賞与の有無
> ⅳ　労使協定の対象となる派遣労働者であるか否か（対象である場合、労使協定の有効期間の終期）
> ⅴ　従来より明示が必要とされている事項
> ・労働者派遣をしようとする旨
> ・派遣労働者が従事しようとする業務の内容、責任の程度
> ・労働に従事する事業所の名称及び所在地等
> ・派遣労働者の指揮命令者
> ・労働者派遣期間、派遣就業日
> ・就業時間、休憩時間
> ・安全及び衛生
> ・苦情処理
> ・派遣労働者の雇用の安定を図るために必要な措置
> ・（紹介予定派遣の場合）紹介予定派遣に関する事項
> ・派遣期間制限の抵触日等

⑦ 説明義務

（ⅰ）派遣労働者に対する雇い入れ時、または、派遣するときの説明義務は次

のとおりである。（法31条の２第２項２号、第３項２号）

> ・派遣先均等・均衡待遇方式により講ずることとしている措置（不合理な待遇の禁止、法30条の３に定める措置）の内容
> ・労使協定方式により講ずることとしている措置の内容（法30条の４第１項）
> ・職務の内容、職務の成果、意欲、能力又は経験その他就業の実態に関する事項を勘案して賃金を決定する措置（法30条の５）

（ⅱ）派遣労働者の求めに応じて比較対象労働者との間の待遇の相違の内容及び理由等の説明を行わなければならない。

説明をする必要がある事項は次のとおりである。

A（派遣先均等・均衡方式の場合）

a 待遇の相違の内容

> ⅰ 派遣労働者及び比較対象労働者の待遇のそれぞれを決定するにあたって考慮した事項の相違の有無
> ⅱ 「派遣労働者及び比較対象労働者の待遇の個別具体的な内容」又は「派遣労働者及び比較対象労働者の待遇の実施基準」

b 待遇の相違の理由

派遣労働者及び比較対象労働者の職務の内容、職務の内容及び配置の変更の範囲その他の事情のうち、待遇の性質及び待遇を行う目的に照らして適切と認められるものに基づいて、待遇の相違の理由を説明しなければならない。

B（労使協定方式の場合）

協定対象労働者の賃金が、次のⅰ、ⅱの内容に基づき決定されていることについて説明しなければならない。

> i　派遣労働者が従事する業務と同種の業務に従事する一般労働者の
> 　平均的な賃金額と同等以上であるものとして労使協定に定めたもの
> ii　労使協定に定めた公正な評価

　協定対象派遣労働者の待遇（賃金、教育訓練、福利厚生施設を除く）が、派遣元事業主に雇用される通常の労働者（派遣労働者を除く）との間で不合理な相違がなく決定されていること等について、「派遣先均等・均衡方式」の場合の説明の内容に準じて説明しなければならない。

　派遣労働者が内容を理解できるように、資料を活用し、口頭により説明することが必要である。

⑧ 不利益取扱いの禁止

・派遣労働者が説明を求めたことにより、解雇その他の不利益取扱いの禁止（31条の2第7項）が定められている。

⑨ 裁判外紛争解決手続（行政ADR）等

　派遣労働者が、より早く救済を求めることができるように、都道府県労働局長による紛争解決援助、調停などの裁判外紛争解決手続（行政ADR）を整備することとされた。

　紛争解決ADR等としては、苦情の自主的解決（改正派遣法47条の4）、都道府県労働局長による紛争解決援助（必要な助言、指導、勧告、同法47条の6）、紛争調整委員会による調停（同法47条の7）がある。

⑩ 苦情の自主的解決（派遣法47条の4）

　自主的解決が求められる事項として次のようなものがある。

i 派遣元事業主の場合（努力義務）

・法30条の3（派遣先均等・均衡方式）

・法30条の4（労使協定方式）

・法31条の2第2項（雇入れ時の説明）

・法31条の2第3項（派遣時の説明）

・法31条の2第4項（派遣労働者から求めがあった場合の説明）

・法31条の2第5項（不利益な取扱いの禁止）

ⅱ 派遣先の場合（努力義務）

・法40条2項（業務の遂行に必要な能力を付与するための教育訓練の実施）

・法40条3項（給食施設、休憩室及び更衣室の利用の機会の付与）

⑪ 紛争解決の援助（同47条の6）

　都道府県労働局長は、上記の事項について、派遣労働者と派遣元事業主との間の紛争又は派遣労働者と派遣先との間の紛争に関し、当事者の一方又は双方からその解決について援助を求められたときは、当事者に対し、必要な助言、指導、勧告をすることができる。

　派遣元事業主又は派遣先は、派遣労働者が都道府県労働局長に紛争の解決の援助を求めたことを理由として、派遣労働者に対して不利益な取扱いをしてはならない。

⑫ 調停（同47条の7、紛争調停委員会）

　都道府県労働局長は、紛争当事者の双方又は一方から調停の申請があった場合には、紛争の解決のために必要があると認めるときは、個別労働関係紛争の解決の促進法に規定する紛争調停委員会において調停が行われる。

　派遣元事業主又は派遣先は、派遣労働者が都道府県労働局長に調停の申請をしたことを理由として、派遣労働者に対して不利益な取扱いをしてはならない。

（5）同一労働・同一賃金ガイドライン

　前述のように、同一労働 同一賃金に関する法改正に際して、2018（平成30）年12月28日に同一労働 同一賃金ガイドラインが設けられたが、その中で、派

遣労働者に関する同一労働 同一賃金の適用については次のように定められている。

i 派遣先均等・均衡方式の場合（指針第4）

A基本給

　基本給が、労働者の能力又は経験に応じて支払うもの、業績又は成果に応じて支払うもの、勤続年数（派遣就業期間）に応じて支払うものなどそれぞれの趣旨・性格に照らして、派遣先の通常の労働者と実態が同一であれば同一の、違いがあれば違いに応じた支給を行わなければならない。

　昇給であって、労働者の勤続（派遣就業の継続）による能力の向上に応じて行うものについては、派遣先の通常の労働者と勤続による能力の向上が同一であれば同一の、違いがあれば違いに応じた昇給を行わなければならない。

B賞　与

　ボーナス（賞与）であって、会社（派遣先）の業績等への労働者の貢献に応じて支給するものについては、派遣先の通常の労働者と会社の業績等への貢献度が同一であれば同一の、違いがあれば違いに応じた支給を行わなければならない。

C各種手当

・役職手当であって、役職の内容に対し支給するものについては、派遣先の通常の労働者と役職の内容が同一であれば同一の、違いがあれば違いに応じた支給を行わなければならない。

・そのほか、派遣先の通常の労働者との間で、業務の危険度又は作業環境が同一の場合の特殊作業手当、交替制勤務等の勤務形態が同一の場合の特殊勤務手当、業務の内容が同一の場合の精皆勤手当、派遣先の通常の所定労働時間を超えて同一の時間外労働を行った場合に支給される時間外労働手当の割増率、同一の深夜・休日労働を行った場合に支給される深夜・休日労働手当の割増率、通勤手当・出張旅費、労働時間の途中に食事のための休憩時間がある際の食事手当、同一の支給要件を満たす場合の単身赴任手当、特定

285

の地域で働く労働者に対する補償として支給する地域手当等については、同一の支給をしなければならない。

D 福利厚生・教育訓練

i 食堂・休憩室・更衣室といった福利厚生施設

派遣先の通常労働者と働く事業所が同一であれば、同一の利用を認めなければならない。

ii 転勤等の場合

派遣先の通常労働者との間で、転勤の有無等の支給要件が同一の場合の転勤者用社宅、慶弔休暇、健康診断に伴う勤務免除・有給保障については、同一の利用・付与を行わなければならない。

iii 病気休職

病気休職については、期間の定めのない労働者派遣に係る派遣労働者には、通常の労働者と同一の、期間の定めのある労働者派遣に係る派遣労働者にも、派遣就業が終了するまでの期間を踏まえて取得を認めなければならない。

iv 法定外の有給休暇その他の休暇

法定外の有給休暇その他の休暇であって、勤続期間（派遣就業期間）に応じて取得を認めているものについては、派遣先の通常の労働者と同一の勤続期間（派遣就業期間）であれば同一の付与を行わなければならない。なお、期間の定めのある労働者派遣契約を更新している場合には、当初の派遣就業の開始日から通算して就業期間を評価することを要する。

E その他−教育訓練、安全管理

i 教育訓練

現在の業務の遂行に必要な技能・知識を習得するために実施するものについては、派遣先の通常労働者と同一の業務内容であれば同一の、違いがあれば違いに応じた実施を行わなければならない。

ⅱ　安全管理に関する措置・給付

　　安全管理に関する措置・給付については、派遣先の通常労働者と同一の勤
　務環境に置かれている場合には同一の措置・給付を行わなければならない。

ⅱ 労使協定方式の場合 − 指針第5

① 賃　金
・同種の業務に従事する一般労働者の平均的な賃金の額と同等以上の賃金の
　額となるものでなければならない。
・職務の内容、職務の成果、意欲、能力又は経験その他の就業実態に関する事
　項の向上があった場合に賃金が改善されるものでなければならない。
・協定対象派遣労働者の職務の内容、職務の成果、意欲、能力又は経験その他
　の就業の実態に関する事項を公正に評価し、賃金を決定しなければならな
　い。

② 福利厚生・教育訓練
・福利厚生施設

　　食堂・休憩室・更衣室といった福利厚生施設については、派遣先の通常の
　労働者と働く事業所が同一であれば同一の利用を認めなければならない。

・転勤者用社宅

　　派遣元の通常の労働者との間で、転勤の有無等の支給要件が同一の場合の
　転勤者用社宅の利用を認めなければならない。

・慶弔休暇、健康診断に伴う勤務免除・有給保障
派遣元事業主の雇用する通常の労働者と同一の利用・付与を行わなければな
らない。

・病気休職
病気休職については、有期雇用でない派遣労働者には派遣元の通常の労働者

6章
同一労働同一賃金の原則

と同一の、有期雇用である派遣労働者にも、労働契約が終了するまでの期間を
踏まえて取得を認めなければならない。

・法定外の有給休暇その他の法定外の休暇

法定外の有給休暇その他の休暇であって、勤続期間に応じて取得を認めてい
るものについては、派遣元の通常の労働者と同一の勤続期間であれば同一の付
与を行わなければならない。なお、期間の定めのある労働契約を更新している
場合には、当初の労働契約の開始時から通算して勤続期間を評価することを要
する。

・その他

ⅰ 教育訓練

教育訓練であって、現在の職務に必要な技能・知識を習得するために実施
するものについては、派遣先の通常の労働者と同一の業務内容であれば同一
の、違いがあれば違いに応じた実施を行わなければならない。

ⅱ 安全管理に関する措置・給付

安全管理に関する措置・給付については、派遣元の通常の労働者と同一の
勤務環境に置かれている場合には同一の措置・給付を行わなければならない。

05 同一労働同一賃金に関する裁判例の検討

（1）旧労働契約法 20 条

同一労働同一賃金と言われ出す前の 2012（平成 24）年に労働契約法が改正
され、2013 年 4 月から施行された条項に労働契約法 20 条があり、その中に、有
期労働契約であることにより、労働条件が不合理な内容のものであることは禁
止された。また、パート労働法では、2007（平成 19）年の改正で「均等待遇」の
規定が定められていたが（「短時間労働者であること」理由とする差別的取扱
いの禁止であったが、期間の定めのない労働契約を締結している場合の規制で
あった）、その場合のパート労働者は、期間の定めがないかそれと同視し得る場

合のパート労働者を対象としていたこともあり、2012（平成 24）年改正において、期間の定めがないかそれと同視できる場合の要件を外した。その状況下で、労働契約法 20 条（有期労働契約を締結している労働者についての「期間の定めがあることによる」相違の禁止の規定である）を中心として、有期労働契約の労働者が正社員との間の労働条件の格差の是正を求める訴えを提起していた。

　その後に、2018（平成 30）年 6 月にパート労働法（改正後パート有期労働法）、労働契約法、派遣法が改正されたという流れになる。そのため、現在までの事案は、殆どが、旧労働契約法 20 条違反を前提とした訴訟であった。

　🔶 ニヤクコーポレーション事件（大分地裁平成 25 年 12 月 10 日判決、労働判例 2202 号 3 頁）を紹介する。これは、働き方改革前の判決であり、根拠条文のパートタイム労働法 8 条 1 項に違反するというものである。事案は、石油等の運送会社における有期又は短時間勤務の運転手について、通常の労働者と同一であるとして、賞与額が大幅に異なる点、週休日の日数が異なる点、退職金の支給の有無が異なる点について、通常の労働者と同視すべき短時間労働者について差別的取扱いをしたものとして、パートタイム労働法 8 条 1 項に違反するとして、それによって被った損害の賠償請求が認められた。

当時の労働契約法20条

> 　有期労働契約を締結している労働者の労働契約の内容である労働条件が期間の定めがあることにより同一の使用者と期間の定めを締結している労働者の労働契約の内容である労働条件と相違する場合においては、当該労働条件の相違は、労働者の業務内容及び当該業務に伴う責任の程度（以下この条において「職務の内容」という）、当該職務の内容及び配慮の変更の範囲その他の事情を考慮して不合理と認められるものであってはならない。

（2）ハマキョウレックス事件・長澤運輸事件

　平成 30 年 6 月 1 日、労働契約法 20 条の解釈を巡って 2 つの最高裁判決が出

された。ハマキョウレックス事件と長澤運輸事件の上告審判決である。事案の内容と、一審、控訴審判決の内容は以下のとおりである。この2つの判決は、最初に出された最高裁判決であって極めて重要であるから、詳しく紹介する。

①ハマキョウレックス事件

（最高裁二小平成30年6月1日判決、判例時報2390号96頁）

　ハマキョウレックス事件の判決は、差戻前一審判決（大津地裁彦根支部平成27年9月16日、労働経済判例速報2292号26頁）と差戻前控訴審判決（大阪高裁平成27年7月31日判決、労働経済判例速報2292号25頁）を受けた上告審判決である。事案は、契約社員である原告6名が、正社員と比較して、各種手当、賞与、退職金、定期昇給など賃金面で大きな差異があることが労働契約法20条の不合理な格差に当たるとして訴えを提起した。原告らは配車ドライバーであるが、6か月毎の契約更新の時給制社員であり、定期昇給、賞与、退職金はいずれもなく、通勤手当はあるものの一律3,000円であり、正社員に比べて安い（正社員は上限5万円で、2キロ以内は一律3,000円）というものであった。各種手当等の認容の可否については、294頁記載の【ハマキョウレックス事件・各種手当等の認容可否】とおりである。

②長澤運輸事件

（最高裁二小平成30年6月1日、判例時報2389号107頁）

　長澤運輸事件の判決は、一審判決（東京地裁平成28年5月13日判決、判例時報2315号119頁）、控訴審（東京高裁平成28年11月2日判決、判例時報2331号106頁）である。事案は、定年後退職して嘱託社員となった運転手らが、定年前の正社員との基本給額と手当の面での格差の是正を求めたものである。

　具体的には、ⅰ定年後嘱託社員には能率給、職務給が支給されず、歩合給が支給されること、ⅱ定年後嘱託社員には精勤手当、住宅手当、家族手当、役付手当が支給されないこと、ⅲ定年後嘱託社員の時間外手当が正社員のそれよりも低く計算されること、ⅳ定年後嘱託社員に対しては賞与が支給されないことが正社員との間で不合理な労働条件の格差であると主張した。

定年前の正社員と定年後嘱託社員とは、いずれもパラセメントタンク車の運転手であり、業務内容は殆ど同じであり、原告らは定年後嘱託社員3名である。なお、定年時に比較して、定年後嘱託の賃金の減額率は21%～24%である。

　一審判決は、職務の内容、職務の内容及び配置変更の範囲その他の事情に照らして、嘱託社員の賃金の額に関する労働条件に相違を設けることを正当化することの特段の事情はなく、労働契約法20条に違反し、正社員の就業規則の賃金に関する部分が定年後嘱託社員にも適用されるとして、原告らの請求をすべて認容した。

　これに対して控訴審判決は、定年後の再雇用の場合に、賃金を定年時に比べて引き下げるということについても、その他の事情に含まれるとして、「…定年退職者の雇用確保措置として、継続雇用制度の導入を選択することは高年齢者雇用安定法が認めているところであり、その場合に職務内容やその変更の範囲等が同一であるとしても、賃金が下がることは、広く行われているところであり、社会的にも容認されていると考えられる。そして、平均して2割強という賃金の減額率が、不合理といえない」と判断して、逆転で原告ら3名の請求を棄却した。各種手当等の認容の可否については294頁記載の【長澤運輸事件・各種手当等の認容可否】のとおりである。

（3）労働契約法20条の解釈

　労働契約法20条は、有期労働契約の労働者の労働条件が、無期契約の労働者の労働条件と格差がある場合に、①職務の内容、②当該職務の内容及び配置変更の範囲、③その他の事情を考慮して、不合理と認められるものであってはならないと定めている。

＜20条の解釈問題＞

①合理性・不合理性の主張立証責任

　この20条の解釈においては、「不合理と認められるものであってはならない」と定められており、合理的でなければならないとは定められていないので、労働者側で不合理であるということの主張立証責任を負うものと解される。

②不合理の場合の効力

格差が不合理である場合には、どのような効力があるのかということについて、民事上の効力を有することは争いはないが、他方で、期間の定めのない労働契約の当事者と同様の労働条件を当然に保障されるのかという点については、議論がある。即ち、無期雇用の労働者に適用される労働条件がそのまま有期労働者に適用されるのか否か（直律的効力の有無）について、これは労基法13条や最低賃金法4条2項のように、無効になった部分については法律の定める基準を適用するというものであるが、このような立法的措置がない以上は、直接的には、無期雇用の労働者の労働条件がそのまま適用されるわけではない。そのため、不合理な格差がある場合には、不法行為による損害賠償請求を行うことが必要となる（なお、長澤運輸事件の第一審判決は、定年後嘱託社員の賃金に関する部分については正社員の就業規則が適用になると判断している）。

③総合的判断か、個別判断か

労働条件が不合理か否かについて、どこまでを一つの労働条件と見るかという問題がある。労働条件の不利益変更論の判例の考え方は、不利益か否かは個別労働条件ごとに把握し、それが有効か否かは合理性の有無で考えることになる。本条の解釈もそのようになるのか否かであるが、賃金について各種の手当については、無期雇用労働者と有期労働者で格差があり不合理であるが、全体の総額から見れば不合理ではないという判断もあり得るかどうかである。

この点、ハマキョウレックス事件の一審判決、控訴審判決は各手当毎に不合理か否かを検討したが、長澤運輸事件の控訴審判決は総額で不合理か否かを判断しているといえる。後述するとおり、最高裁判所は各種手当毎に不合理か否かを判断した。つまり、最高裁は個別判断によるものとした。

（4）最高裁の2つの判決の紹介

2つの最高裁判決は、高裁判決を一部変更して、やや原告側にとって有利な内容に変更した。予想されていたほどの大幅な変更ではなかった。

①ハマキョウレックス事件上告審判決

判決は、正社員と契約社員の比較の上で、両者の職務の内容に違いはないが、配置の点では、正社員は出向を含む全国規模の広域移動の可能性があるほか、等級役職制が設けられており、職務遂行能力に見合う等級役職への格付けをしているのに比して、契約社員は、就業場所の変更や出向は予定されていないという点をとらえて、正社員に住宅手当を支給し、契約社員には支給しないことは不合理とはいえないとし、皆勤手当については、差異を設けることは不合理であるとして、原判決を破棄した。

さらに、無事故手当については不合理であり、作業手当についても不合理である、給食手当についても不合理である、通勤手当についても不合理である旨を判断した。

②長澤運輸事件上告審判決

上告審判決は、定年後再雇用による定年後嘱託社員であることを労働条件の相違が不合理と認められるものであるかの判断において、労働契約法20条によるその他の事情として考慮することができると判断しており、この点は控訴審判決を是認している。

他方で、賃金の各種項目手当毎に不合理か否かを判断するか、それとも賃金総額で判断すれば足りるのかという点については、「賃金項目の趣旨を個別に考慮すべきもの」と個別的に手当の不合理か否かを判断した。

その上で、正社員は基本賃金と能率給、職務給を支給しているが、定年後嘱託社員には基本賃金と歩合給を支給し、能率給、職務給を支給していない点については、不合理であるとは認められないとした。

その他、ⅰ精勤手当については不合理であると認められる、ⅱ住宅手当、家族手当については不合理であると認められない、ⅲ役付手当については不合理であると認められない、ⅳ定年後嘱託社員の超勤手当の計算の基礎に精勤手当が含まれないのは不合理であると認められる、ⅴ賞与については不合理と認められないと、それぞれ判断した。

ハマキョウレックス事件・各種手当等の認容可否

	一審判決	控訴審判決	上告審判決
無事故手当	○	×	×
作業手当	○	×	×
給食手当	○	×	×
住宅手当	○	○	○
皆勤手当	○	○	×
通勤手当	×	×	×
家族手当	○	○	○
賞　　与	○	○	○
退職金	○	○	○
定期昇給	○	○	○

×は不合理として請求が認められた

長澤運輸事件・各種手当等の認容可否

	一審判決	控訴審判決	上告審判決
基本賃金の能率給	×	○	○
基本賃金の職務給	×	○	○
精勤手当	×	○	×
役付手当	×	○	○
住宅手当	×	○	○
無事故手当	×	○	○
家族手当	×	○	○
賞与	×	○	○
超勤手当（精勤手当分を含める）	×	○	×

×は、不合理として請求が認められた

06 その他

⚖ （1）九水運輸商事事件

（福岡高裁平成30年9月20日判決、労働判例1195号88頁）

Y会社と有期契約を締結しているXが、通勤手当が、期間の定めのない労働契約を締結している労働者の半額であることは、労働契約法20条違反であり、さらに、Xらに対する皆勤手当を廃止したことが無効であるとして労働契約に基づき皆勤手当を求めたという事案である。

判決は、通勤手当につき、労働契約に期間の定めがあるか否かによって通勤に要する費用が異なるものではないこと、正社員とパート社員とで通勤に利用する交通手段に相違は認められず、パート社員の通勤時間や通勤経路が正社員のそれに比して短いといった事情は伺われないことを総合考慮すると、本件相違は労働契約法20条に違反するもので通勤手当に差異を設けることは不合理であるとの評価を妨げる事情はないとして不法行為に基づいて損害賠償義務を負うとした。

また、判決は、皆勤手当の廃止につき、合理的な内容ではないとして労働契約法10条にいう合理的なものに当たると認めることはできないとして、皆勤手当額相当の請求も認容した。

⚖ （2）学校法人産業医科大学事件

（福岡高裁平成30年11月29日判決、労働判例1198号63頁）

Y学校法人の臨時職員X（短大卒）が、使用者であるY法人に対して、Xが有期契約であることから、無期契約である正規職員と著しい賃金格差があるとして、労働契約法20条及び公序良俗違反であるとして不法行為に基づき、損害金及び遅延損害金の請求をしたという事案である。対象となる無期職員とXとの間には職務の内容に相違があり、年間の講義時間数はXの担当の約2倍、経理業務の担当となる外部資金管理は約20倍であり、正規職員とXとの間には当該業務に伴う業務の範囲や責任の程度には違いがあった。しかし、Xは30年以上も臨時職員として勤務してきており、労働契約法20条の「その他の事情」とし

6章 同一労働 同一賃金の原則

て考慮されるべきであると判断した。対象となる職員は一般職研究補助員としてXと類似した業務に携わり、採用から6年〜10年で主任として管理業務に携わることになり、また、Y法人においては、短大卒で正規職員として新規採用された場合の賃金モデルでは、採用から8年ないし9年で主任に昇格するものとされていた。他方で、Xは、30年以上の長期にわたって雇用され、業務に対する習熟度を上げており、学歴は短大卒で、Xと学歴が同じ短大卒の正規職員が携わりうる主任昇格前の賃金水準すら満たさず、現在では、同じ頃に採用された正規職員との基本給の額に約2倍の格差が生じているという労働条件の相違は、同学歴の正規職員の主任昇格前の賃金水準を下回る3万円の限度において労働契約法20条にいう不合理であると判断した。

　結論としては、2013(平成25)年4月1日から2015(平成27)年7月30日までの、正規職員であれば支給を受けることができた月額賃金差額3万円及び賞与に相当する損害（合計113万4,000円）の損害賠償を認めた。

♨ （3）日本郵便(非正規格差) 事件

（大阪高裁平成31年1月24日判決、労働判例1197号5頁）

　Y会社と有期の労働契約を締結して郵便配達等の業務に従事しているXらが、無期の労働契約を締結している職員との間で各種手当及び休暇等の労働条件の相違があることは労働契約法20条に違反しているとして訴えを提起したが、一審判決（大阪地裁平成30年2月21日判決、労働判例1180号26頁）とは結論に差異が出た。判決は、比較対象労働者をいわゆる限定正社員である新一般職として、各種の手当等につき次のように判断した。なお、×は不合理と判断したが、契約期間を通算して5年を超えている場合に不合理としたものである。

手当等の種類	控訴審の判断	第一審の判断
扶　養　手　当	○ (不合理と認められない)	×
外務業務手当	○	○
郵　便　外　業 務　精　通　手　当	○	○
早　出　勤　務　等 手　　　　　当	○	○
夏期年末手当	○	○
住　居　手　当	× (不合理・5年を超えた場合)	×
年　末　年　始　勤　務 手　　　　　当	×	×
祝　　日　　給 (年始期間)	×	○
夏期冬期休暇	×	― (判断せず)
病　気　休　暇	×	―

×は、不合理として請求が認められた

（4）学校法人大阪医科薬科大学事件

（大阪高裁平成31年2月15日判決、労働判例1199号5頁）

　後から紹介する上告審判決（最高裁令和2年10月13日判決、判例時報2490号67頁②）の関係で、少し事案を詳しく紹介しよう。原告X1らはアルバイト職員であり、正社員を対象にして賃金等の待遇の不合理であると訴えた事案であるが、労働条件面での差異は次のとおりである。

	正社員	アルバイト職員
基 本 給	月給（初任給19万2,570円）	時給950円
賞 与	年2回	無し
年 次 有 給 休 暇	最初6か月で10日 1年で1日〜14日 2年16日、3年で18日	法定どおり
夏 期 休 暇	5日間	無し
業務外疾病	当初6か月給与支給 6か月経過後は2割支給	補填は無し、 休職制度無し
付属病院の 医療費補助	月額4,000円上限	無し

　Y学校法人と有期のアルバイトとして労働契約を締結していたXが、期間の定めのない契約をしている正職員である労働者との間で、基本給、賞与等の種々の条件面での差異があるのは労働契約法20条に違反すると主張して、不法行為に基づき損害賠償請求をしたという事案である。以下、控訴審判決の内容を紹介する。

　①基本給については、一審判決（大阪地裁平成30年1月24日判決、労働判例1175号5頁）では、不合理ではないと判断された。控訴審判決は「正職員との間で、実際の職務、職務に伴う責任、配転の可能性、採用に際し求められる能力に大きな相違があるし、その相違も約2割程度に止まっていることから、基本給の相違は不合理と認めるに足りない」と判断した。

　②賞与については、一審判決は不合理とはいえないと判断した。控訴審判決は、次のように述べてその判断を一部覆した。
　「Y法人における賞与は、賞与算定期間に就労していたこと自体に対する対価としての性質を有し、そこには賞与算定期間における一律の功労も含まれるとみるのが相当であるとし、そうだとすると、Y法人に在籍し就労していた、とり

わけフルタイムのアルバイト職員に対し、賞与を全く支給しないことに合理的な理由を見いだすことは困難であるとし、正社員と比較して、その者の賞与の支給基準の60％を下回る支給しかしていない場合は不合理である」

　③夏期特別有給休暇については、アルバイト職員に付与しないことは不合理というしかない。

　④私傷病により欠勤時に支給される賃金については、正職員は6か月間は全額支給、6か月経過後は2割支給となっていたので、アルバイトにも私傷病による賃金支給につき1か月分、休職給の支給に月2か月分を下回る支給しかしないのは不合理である。

　⑤年末年始や創立記念日の休日の賃金については、正職員が月給制、アルバイトが時給制を採用していることの帰結であり、不合理とはいえない。

　⑥付属病院受診の際の医療費補助措置については、労働条件に含まれるとはいえず、不合理ではない。

🏃 （5）メトロコマース事件

（東京高裁平成31年2月20日判決、労働判例1198号5頁）

　Y会社の契約社員として有期労働契約を締結して東京メトロ駅構内の売店で販売業務に従事していたX1～X4が無期契約を締結している正社員のうちの売店業務に従事している者とX1らとの間で、諸手当に相違のあることは労働契約法20条又は公序良俗に違反しているとして不法行為または債務不履行としての損害賠償を求めた。

　後から紹介する上告審判決（最高裁令和2年10月13日判決、判例時報2490号67頁①）の関係で、少し事案を詳しく紹介しよう。原告X1らはアルバイト職員であり、正社員を対象にして賃金等の待遇の不合理であると訴えた事案であるが、労働条件面での差異は次のとおりである。

6章

同一労働同一賃金の原則

299

	正社員	契約社員B
基 本 給	月給 （年齢給と職務給）	時給 （業務内容、経験、業務遂行能力等）、入社時1,000円、毎年10円昇給
資格手当 成果手当	L3以上の資格者に 1,000円～7,000円支給	無し
住宅手当	扶養者あり　1万5,900円 扶養者無し　9,200円	無し
早 出 残業手当	所定時間外労働につき、初めの2時間までは賃金の27％増、2時間を超える時間は賃金の35％増	賃金の25％増
代休手当	代休残に数につき、賃金の25％増	無し
早番手当	無し	早番1回につき 150円～300円
皆勤手当	無し	3,000円
賞 与	年2回 本給2ヵ月＋17万6,000円 （平成26～29年度平均）	年2回 1回12万円
退職金	退職時の本給に勤続年数に応じて定められる支給月数を乗じた額	無し
褒 賞	勤続10年、15年、30年、40年定年時に永年勤続褒賞	無し

　控訴審判決の内容は以下のとおりである。

①本給、資格手当

　一審判決（東京地裁平成29年3月23日判決、労働判例1154号5頁）は、不合理ではないと判断した。

控訴審判決では、Ｘ１らの本給は売店業務に従事する正社員の72.6～74.7％と一概に低いとはいえず、正社員と異なり、皆勤手当及び早番手当が支給されているうえ、契約社員Ａ、正社員への各登用制度によってその相違を解消する機会も与えられている。この本給と資格手当の相違は、不合理であるとはいえない。

②住宅手当

一審判決は、不合理ではないと判断した。

控訴審判決は、正社員であっても転居を必然的に伴う配置転換は想定されていないのであるから、住宅手当の相違は不合理であると判断した。

③賞　与

一審判決は不合理ではないと判断した。

控訴審判決は、直ちに不合理であるとはいえないと判断した。

④退職金

一審判決は、不合理ではないと判断した。控訴審判決は以下のとおりである。

「売店業務に従事する正社員は勤続年数等に応じて退職金が支給されていること、契約社員Ｂの有期労働契約は原則として更新され、定年が65歳と定められており、実際にＸ１らは定年まで10年前後の長期間にわたって勤務していたこと、契約社員Ａは職種限定社員（無期労働契約）となった際に、退職金制度が設けられていたことから、少なくとも長年の勤務に対する功労褒賞の性格を有する部分に係る退職金（正社員と同一基準により算定した額の少なくとも４分の１）すら支給しないのは不合理と言わざるを得ない」

⑤褒　賞

一審判決は、不合理ではないと判断した。

控訴審判決は、業務内容に関わらず一定期間勤続した従業員に対する支給となっているので、契約社員に支給しないことは不合理である、と判断した。この点は、控訴審判決で確定した。

⑥早出残業の割増率

　早出残業の割増率については、一審判決は、不合理であると判断した。

　控訴審判決も、時間外労働の抑制という観点から有期契約労働者と無期契約労働者とで割増率に相違を設けるべきではないので、早出残業手当についての割増率の相違は不合理であると判断した。なお、この点は控訴審で確定した。

♨ （6）北日本放送事件

（富山地裁平成30年12月19日判決、労働経済判例速報2374号18頁）

･･
　Ｙ会社を定年退職した後、期間の定めのある労働契約を締結し再雇用されたＸが、期間の定めのない契約を締結している社員との間に、労働契約法20条に違反する労働条件の相違があると主張した事件である。

① 基本給

　再雇用社員と正社員の職務の内容、職務内容及び配置の変更の範囲はいずれも異なり、従業員の基本給の水準は会社と労働組合の十分な労使協議を経たものであり、これを尊重する必要があること、Ｘの再雇用社員時の月収は給付金及び企業年金を加えると正社員時の基本給を上回るから、Ｘについても正社員時の基本給と再雇用社員時の基本給との間に27％の差が生じていることが不合理と認められるものには当たらない。

② 賞　与

　賞与の不支給による差異が相当程度大きいことを踏まえても、賞与に関する労働条件の相違が不合理とはいえない。

　Ｘは退職するときに退職金2,138万円余をもらい、再雇用の生活を保障するために給与と給付金、企業年金を合わせて500万円程度が想定されており、再雇用社員の収入の安定に対する配慮は相当行われていたといえる。

③ 住宅手当

　正社員は、転勤及び関連会社への出向が予定されているのに対し、再雇用社員はいままで配置転換及び転勤をすることとなった者がいないことを踏まえれ

ば、再雇用社員に支給しない相違は、労働契約法20条に定める不合理には当たらない。

④ 裁量手当

裁量手当については、Xが支給を受けていないのは、Xが裁量労働制の対象として会社から指定されていないことによるのであり、期間の定めがあることに関連して生じたものではない。

⑤ 祝　金

専ら会社の裁量に基づき支給されるもので、労働契約法20条にいう「労働契約の内容である労働条件」に当たらない。

（7）学校法人Y事件

（京都地裁平成31年2月28日判決、労働経済判例速報2376号3頁）

Y学校法人で嘱託講師であったXは、夜間の授業を担当したにもかかわらず、専任教員には支給されている「大学夜間担当手当」が支給されないのは労働契約法20条違反であるとして、労働契約に基づき、予備的に不法行為に当たるとして損害賠償を求めたという事案である。

判決は、この大学夜間担当手当は、専任教員が日中に多岐にわたる業務を担当しつつ、さらに夜間の授業を担当することの負担に配慮する趣旨を有している。夜間授業を行う大学や短大では本件手当と同趣旨の手当を支給していない割合が最も高く、支給している大学や短大においても専任教員のみに支給する大学も一定割合存在することも考慮すると、本件手当の差異は、労働契約法20条、パート労働法8条にいう不合理に当たるとまではいえないとした。

（8）日本ビューホテル事件

（東京地裁平成30年11月21日判決、労働判例1197号55頁）

Y会社を定年退職後に、Y会社との間に期間の定めのある労働契約（嘱託社員、臨時社員）を締結していた元従業員のXは、定年退職前の期間の定めのない契約における賃金額との相違は、労働契約法20条に違反するとして、不法行為

による損害賠償請求をしたという事案である。

判決は、Xの定年退職時と嘱託社員及び臨時社員時の業務内容及び当該業務に伴う責任の程度（職務の内容）は大きく異なる上、職務の内容及び配置の変更の範囲にも差異があるから、嘱託社員及び臨時社員の基本給ないし時間給と正社員との年俸の趣旨に照らし、Xの嘱託社員及び臨時社員時の基本給及び時間給が定年退職時の年俸よりも低額（定年退職時の年俸の月額の約54%、Xに支給されるべき高年齢者雇用継続基本給付金3万2,500円前後も考慮に入れると約63%）であること自体は不合理ということはできないとして、月額の差異が不合理と認めることはできないとした。

❖ （9）日本郵便（時給制契約社員ら）事件

（東京地裁平成29年9月14日判決、労働判例1164号5頁）

Y会社との間で期間の定めのある労働契約を締結していたX1〜X3が、Y社の期間の定めのない契約を締結している正社員と同一内容の業務に従事しながら、手当等の労働条件に差異があるとして労働契約法20条違反するとし、契約違反又は不法行為として損害賠償請求した事案である。

人事制度の変更があり、旧人事制度においては、X1ら時給制契約社員と比較すべき正社員は「旧一般職」であり、新人事制度においてはX1ら時給制契約社員と比較すべきは「新一般職」である。

旧一般職及び地域基幹職と時給制契約社員との間には、従事する職務の内容及びその業務に伴う責任の程度に大きな相違がある。また、新一般職と時給制契約社員との間には共通点もあり、旧一般職及び地域基幹職と時給制契約社員との間ほどの大きな差異は見られないものの、勤務時間の指定について大きな相違があるほか、人事制度の評価項目等に照らしても、期待されている業務の内容や果たすべき役割の違いがあることが前提となっており、両者の間には一定の相違がある。正社員と時給制契約社員との労働条件の相違について、不合理性が認められたのは、年末年始勤務手当、住宅手当、夏期冬期休暇、病気休暇である。

不合理性が認められず、請求が棄却されたのは、外務業務手当、早出勤務等手当、祝日給、夏期年末手当、夜間特別勤務手当、郵便外務・内務業務精通手当で

ある。

　控訴審、上告審については後出の「（3）日本郵政事件」（311頁）を参照していただきたい。

（10）ヤマト運輸(賞与)事件

（仙台地裁平成29年3月30日判決、労働判例1158号18頁）

　Y会社には、期間の定めのない雇用契約を締結しているマネージ社員と、1年以内の期間の定めのあるキャリア社員が存在するところ、キャリア社員であるXは、マネージ社員との間で賞与の算定方法が異なるという不合理な差別があり、また、Xの個人評価が不当に低いことが労働契約法20条に反する不法行為であるとして賞与差額の損害賠償請求をしたという事案である。

　マネージ社員とキャリア社員とでは「業務の内容及び責任の程度」は同一であるが、マネージ社員には期待される役割、職務遂行能力の評価や教育訓練を通じた人材育成等による等級・役職への格付け等を踏まえた転勤、職務内容の変更、昇進、人材登用の可能性という人材活用の仕組みの有無に相違があり、「職務の内容及び配置の変更の範囲」には相違がある。

　Y社におけるマネージ社員とキャリア社員の賞与の支給方法の差異は、労働契約法20条に違反する不合理な労働条件の相違であるとは認められないと判断された。

（11）日本郵便(佐賀)事件

（福岡高裁平成30年5月24日判決、労働経済判例速報2352号3頁）

　Y会社で、時給制契約社員として有期労働契約を締結し、郵便局において郵便の集配業務に従事していたXが、正社員との相違（①基本賃金・通勤費、②祝日休、③早出勤務等手当、④夏期・年末手当、⑤作業能率評価手当、⑥外務業務手当、⑦特別休暇（夏季休暇・冬期休暇）の付与）につき、労働契約法20条に反し不法行為が成立するとして損害賠償請求訴訟を起こした事案である。

　なお、新一般職（郵便外業務に従事し、昇給、昇任、転居を伴う転勤がない）は、Xの在職時には存在していない。

　Xらの期間雇用正社員は、所定業務に継続して従事するのに対し、正社員は、

6章　同一労働 同一賃金の原則

配置替えが予定され多様な業務に従事しているうえ、ミーティングの出席・代理出席、班長や郵便認証司への登用、勤務時間帯、初期対応で対処しきれないクレーム対応、人事評価といった点で両者に差異が認められる。また、両者には、採用方法に加えて、研修や昇任・昇格、局をまたいでの人事異動でも差異が認められる。

控訴審の判決は、次の①～④の判断をした。

① 時給制契約社員と正社員とでは、勤務体制が明らかに異なっており、それを前提にして給与体系に時給制や月給制の相違が設けられており、基本賃金・通勤費の相違が不合理であるとは認められない。

② 祝日休について、不合理であるとは認められない。

③ 勤務体制や給与体系も異なっているから、手当の支給につき、相違があっても不合理とは認められない。

④ 特別休暇（夏期・冬期休暇）は、不合理な相違である。この点についてのみは労働契約法20条違反である。

上告審については、後出の「（3）日本郵便事件」（311頁）を参照していただきたい。

♨ （12）井関松山ファクトリー事件

（松山地裁平成30年4月24日判決、労働判例1182号5頁）

Y社に勤務している、期間の定めのある労働契約を締結しているXと、期間の定めのない契約を締結している従業員との間で、賞与、物価手当の支給に関して不合理な相違があると主張して、労働契約法20条違反であり、主位的に賃金請求、予備的に不法行為に基づく損害賠償請求をしたという事案である。

業務内容については、Xらと無期雇用の労働者とは、同一の製造ラインに配属され、定常業務については全く同じであるが、新機種関連業務の一部のみ異なるに過ぎない。

職務内容及び配置の変更の相違については、有期雇用労働者については、将来職制である組長に就任したり、組長を補佐する立場にある者として育成され

ることはない。したがって、職務内容及び配置の変更の相違はある。しかし、部署間異動については大きな相違はない。

判決は①②の判断を下した。

①賞　与

賞与は、無期雇用労働者については一季平均35万円以上、有期雇用労働者については寸志として一季10万円以内であった。

将来、職制である組長に就任する等の可能性がある者として育成されるべき立場にある無期契約労働者に対してより高額な賞与を支給することで有為な人材の獲得とその定着を図ることにも一定の合理性が認められること、Xらにも夏季及び冬季に各10万円程度の寸志が支給されていること、Y社の無期契約労働者は基本的に中途採用制度により採用されており、無期契約労働者と有期契約労働者の地位にはある程度流動性があることを総合して勘案すると、一季25万円以上の差が生じている点を考慮しても、賞与における相違が不合理なものとは認められない。

② 物価手当

物価手当については、職務内容とは無関係に労働者の年齢に応じて支給されることから、物価手当が、無期契約労働者の職務内容等に対応して設定された手当と認めることは困難であり、有期契約労働者に物価手当を一切支給しないことは、不合理である。

（13）五島育英会事件

（東京地裁平成30年4月11日判決、労働経済判例速報2355号3頁）

Y学校法人を定年退職後にY法人との間で有期労働契約を締結したXは、定年前の期間の定めのない労働契約に基づく賃金の約6割程度しかないのは、期間の定めがあることによる不合理な労働条件の相違であり労働契約法20条違反であると主張して、主位的には未払い賃金の請求、予備的には不法行為に基づく損害賠償請求をした事案である。判決は次のように述べてXの請求を棄却した。

退職前の専任教諭と退職後の嘱託教諭に、①職務の内容に差がない、②職務の内容及び配置の変更についても、ほとんど差異はなく、「その他の事情」として労働条件の相違の不合理性を否定する方向で考慮すべき事情に当たるかということが問題である。

年功的要素を含む賃金体系においては就業開始から定年退職に至るまでの全期間を通じて賃金の均衡が図られていることの関係上、定年退職を迎えていったんこのような無期労働契約が解消された後に新たに締結された労働契約における賃金が定年退職直前の賃金と比較して低額になることは、それ自体が不合理ということはできない。

嘱託教諭の基本給等を退職前の約6割に相当する額とする旨を定めた本件定年規定は、Xも加入する労働組合とY法人との合意により導入されたものであり、労使間の交渉、労使間の利害調整を経た結果として、その内容の合理性を相当程度裏付けるものとして考慮するのが相当であり、労働契約法20条に違反するとはいえない。

07 最高裁の7つの判決

このような多くの労働契約法20条違反と主張される非正規社員の待遇をめぐる損害賠償請求事件が出されている中で、最高裁は、令和2年10月13日に大阪医科薬科大学事件とメトロコマース事件の2つの上告審の判決を出した。特に、大阪医科薬科大学事件ではアルバイト職員に賞与を60％支給せよという判断がなされていたこと、メトロコマース事件では契約社員Bに退職金の4分の1を支給せよという判断が下されていたことが注目されていたが、最高裁がその判断をどうするのかが注目されていたところである。

さらに、2日後の令和2年10月15日には日本郵便の東京事件、大阪事件、佐賀事件に関する上告審判決が出された。

以下、事案は既に紹介しているものであるので、それぞれにつき概略で紹介するが、事案がかなり複雑であり、契約類型や職位制度、賃金制度自体がかなり各社各様で異なるために事案を正確に理解することが困難であること（われわ

れ第三者は、判決文や判例集における若干の解説しか検討の対象とできない状況にあり、当事者の主張や証拠は当該当事者の協力がないと容易には知り得ない状況にある）から、どうしても理解することが難しいことは否めず、また、判決自体が事例判決であって、要は社会の同種の紛争について判断基準となるような共通項の判断を示しているわけではなく、その事例についての判断であると解されるので、必ずしも他の紛争や裁判にそれ程影響力を有するものとはいえないように思われる。そのため、紹介はどうしても限定的となることを承知していただきたい。

（1）学校法人大阪医科薬科大学事件

（最高裁令和2年10月13日判決、判例時報2490号67頁③）

　既に、控訴審判決は紹介している（297頁）ので、事案は省略するが、本判決は、控訴審はアルバイトに対して賞与の60％を支給すべきと判断した点が争点とされた。

前提事実（争点）

> 　正社員に対する賞与の支給額は通念で基本給の4.6か月、労務の対価の後払いや一律の功労報奨の趣旨が含まれる。正社員に準じる者とされる契約社員に対して正社員の約80％に相当する賞与が支給されていた。原告に対する年間の支給額は正社員の基本給及び賞与の合計額と比較しても55％程度の水準にとどまる。

結　論

　判決は次のとおりである。

　「大学の教室事務員である正社員に対して賞与を支給する一方で、アルバイト職員である原告には支給しないという労働条件の相違は、労働契約法20条にいう不合理と認められるものに当たらないと解するのが相当である」

大阪医科薬科大学の待遇差合理性

	一審判決	控訴審判決	上告審判決
基 本 給	○	○ （確定）	－
賞 与	○	× 正社員の60%	○
年 休	○	○ （確定）	－
夏 期 休 暇	○	× （確定）	－
業 務 外 疾 病	○	×	○
付 属 病 院 の 医療費補助措置	○	○	－

×は不合理として請求が認められた

（2）メトロコマース事件

（最高裁令和2年10月13日判決、判例時報2490号67頁①）

　既に、控訴審判決は紹介している（297頁）ので、事案は省略するが、本判決は、控訴審は契約社員Bに対して退職金の4分の1を支給すべきと判断した点が争点とされた。

前提事実（争点）

> 　売店業務に従事する正社員と契約社員Bの職務の内容を考慮すれば、①契約社員Bの有期労働契約が原則として更新されるものとされ、定年が65歳に定められ必ずしも短期雇用を前提していたものとはいえない、②原告らがいずれも10年前後の勤続期間を有していることを斟酌した。

結　論

　上告審は、次のように判断した。

「売店業務に従事する正社員に対して退職金を支給する一方で、契約社員Bである原告らに対して支給しないという労働条件の相違は、労働契約法20条にいう不合理と認められるものに当たらないと解するのが相当である」

メトロコマース事件の待遇差合理性

	一審判決	控訴審判決	最高最判決
基 本 給	○	○（確定）	－
資 格 手 当 成 果 手 当	○	○（確定）	－
住 宅 手 当	○	×（確定）	－
早 出 残 業 手 当	×	×（確定）	－
賞 与	○	○（確定）	－
退 職 金	○	× 正社員の4分の1	○
褒 賞	○	×（確定）	－

×は不合理として請求が認められた

♞（3）日本郵便事件

（最高裁令和2年10月15日判決、判例時報2494号70頁）
・・・
日本郵便事件には、①東京事件（東京地裁平成29年9月14日判決 判例時報2368号32頁（313頁参照）、東京高裁平成30年12月13日判決 判例時報2426号77頁）、②大阪事件（大阪地裁平成30年2月21日判決 労働判例1180号26頁、大阪高裁平成31年1月24日判決 労働判例1197号5頁）、③佐賀事件（佐賀地裁平成29年6月30日判決 労働経済判例速報2323号30頁、福岡高裁平成30年5月24日判決 労働経済判例速報2352号3頁（315頁参照））の3つがある。この3つの事件について、最高裁は、令和2年10月15日にまとめて判決を下した。

まず、正社員と契約社員（時給制契約社員、月給制契約社員）との待遇についてであるが、3つの事件ではそれぞれ若干の差異はあるものの次のようにまとめることができる。

	正社員 （旧人事制度・新人事制度）	契約社員 （時給制契約社員・ 月給制契約社員）
祝　日　給	祝日に、正規の勤務時間中に勤務したときに、1時間当たりの給与×135%を支給	祝日に勤務することを配慮する観点から35%の割増賃金を支給
夏期年末手　　当	（基本給＋扶養手当＋調整手当）×在職期間割合（0.3～1.0）×支給の都度定める割合	（対象期間の基本給の合計）÷6×0.3×（1.0～1.8）
住　居　手　当	賃貸・新築購入・単身赴任等の一定の場合に家賃額等に応じて支給	無し
扶　養　手　当	配偶者1万2,000円、その他の扶養家族1人につき一定額を支給	無し
夏期冬期休　　暇	夏期休暇6月1日～9月30日までに付与（1日～3日）冬期休暇10月1日～3月31日までに付与（1日～3日）	無し
病　気　休　暇	有給の病気休暇90日	無給の病気休暇10日
夜間特別勤務手当	新夜勤・調整新夜勤・深夜勤のいずれか、かつ、夜間（午後10時～午前6時）の全時間にわたって勤務したときに勤務時間や勤務回数に応じて支給	無し
郵便区分能率向上手当	新規採用後6か月以降、1か月につき13日を上限として、基準以上の郵便物を結束した場合に、1日ごとに180円～830円を支給	・スキル評価がAランクでかつ基礎評価結果がすべてできていると評価された者に作業能率評価手当を支給 ・スキル評価に応じた資格給を基本給に加算
郵　便　物配達能率向上手当	新規採用後6か月以降、1か月につき13日を上限として、基準以上の郵便物を誤配無く配達した場合に、1日ごとに240円～880円を支給	同上
郵便外業務精通手当	手当額（4,000円～1万6,500円）に調整率を乗じて算出した金額を支給	同上

その上で、それぞれの事件について、結論は、次の表のようになった。

東京事件

	一審判決	控訴審判決	上告審判決
外務業務手当	○	○	－
年末年始勤務手当	×	×	×
早出勤務手当	○	○	
祝　日　給	○	○	
夏期年末手当	○	○	
住　居　手　当	× (新一般職との 関係では不合理)	× (新一般職との 関係では不合理)	－
夏期冬期休暇	×	×	× (勤務をしたことによる 損害についての判断)
病　気　休　暇	×	×	×
夜間特別勤務手当	○	○	－
郵便外務・内務業務精通手当	○	○	－

×は不合理として請求が認められた

6章

同一労働 同一賃金の原則

大阪事件

	一審判決	控訴審判決	上告審判決
外務業務手当	○	○	－
年末年始勤務手当	×	× （契約期間が5年を超えている者については不合理）	×
早出勤務手当	○	○	－
祝日給	○	× （契約期間が5年を超えている者については不合理）	×
夏期年末手当	○	○	－
住居手当	× （新一般職との関係では不合理）	× （新一般職との関係では不合理）	－
夏期冬期休暇	請求無く判断せず	× （契約期間が5年を超えている者については不合理）	× （勤務したことによる損害についての判断）
病気休暇	請求無く判断せず	× （契約期間が5年を超えている者については不合理）	－
扶養手当	×	○	×
郵便外業務精通手当	○	○	－

×は不合理として請求が認められた

佐賀事件

	一審判決	控訴審判決	上告審判決
基本給・通勤手当	○	○	－
外務業務手当	○	○	－
早出勤務手当	○	○	
祝日給	○	○	
夏期年末手当	○	○	
夏期冬期休暇	○	×	×
夜間特別勤務手当	○	○	
郵便外務・内務業務精通手当	○	○	
郵便物区分能率向上手当	○	○	
郵便物配達能率向上手当	○	○	
非番日の勤務	○	○	

×は不合理として請求が認められた

以上のとおり、日本郵便事件で不合理とされた手当は、次のとおりである。

① 東京事件（全部又は一部が不合理とされたもの）

住宅手当、夏期冬期休暇、病気休暇手当、年末年始勤務手当

② 大阪事件（全部又は一部が不合理とされたもの）

住宅手当、夏期冬期休暇、病気休暇、年末年始勤務手当、祝日給、扶養手当

③ 佐賀事件

夏期冬期休暇

08 その他の裁判

（1）トーカロ事件

（東京高裁令和3年2月25日判決、労働経済判例速報2445号3頁

　一審：東京地裁令和2年5月20日判決、労働経済判例速報2429号26頁）

　有期雇用契約を締結している4名が、Aコース正社員との労働条件面での格差につき旧労働契約法20条に違反するとして不法行為に基づく損害賠償請求をしたという事件である。会社には、業務の範囲に限定がなく、製造、品質管理、研究開発、営業など広範囲の業務を担当するDコース正社員と，Dコース正社員の補助的業務を担当するAコース正社員より限定された範囲で正社員の補助をする有期契約の嘱託がいたが、基本給、賞与が低いこと、地域手当が支給されていないことを理由に訴訟を提起し、一審判決は、原告らの請求を棄却した。

　控訴審判決は、職務内容の相違を理由に、基本給、賞与の支給額、地域手当についても不合理であると評価することはできないとして、請求を棄却した。

（2）科学飼料研究所事件

（神戸地裁姫路支部令和3年3月22日判決、労働経済判例速報2452号18頁）

　原告ら15名は、定年後再雇用の有期労働契約を締結した嘱託社員または無期の年俸社員であるが、年俸社員以外の一般職コース社員（無期契約労働者）との間で、賞与、家族手当、住宅手当、昼食手当に相違があることが当時の労働契約法20条違反ないし民法90条違反と主張して損害賠償請求をした。

　判決は、嘱託社員につき、①賞与について相違があることが不合理であるとまでは評価することはできない、②家族手当・住宅手当については、全く支給しないことは不合理である、③昼食手当については、不合理であるとはいえないと判断した。また判決は、年俸制の無期社員との関係では、このような条件面での差異のあることが公序良俗に反するということはできないと判断した。

（3）名古屋自動車学校事件

（一審：名古屋地裁令和 2 年10月28日判決、労働判例1233号 5 頁）

（控訴審：名古屋高裁令和 4 年 3 月25日判決、労判1292号23頁）

（上告審：最高裁令和 5 年 7 月20日判決、判例時報2579号91頁）

　定年退職後、Y 社と有期労働契約を締結した教習指導員らが、嘱託として嘱託規程を適用されたが、嘱託規程は、賃金体系は勤務形態等によりその都度定めるとされていた。停年退職前の X らの基本給は月額 17 万円前後であったが、再雇用後は 1 年目は月額 8 万円台、その後は 7 万円台であった。賞与は定年前 1 回平均 23 万円くらいであったが、嘱託になってからは 1 回 7 ～ 10 万円程度であった。

　一審判決、控訴審判決は、いずれも、X らは定年退職において主任の役職を退任した点を除き、業務の内容及び責任の程度並びに職務内容及び配置の変更の範囲に相違がなかったにもかかわらず、正社員との基本給・賞与の格差が大きいとして、基本給については停年退職時の基本給の 60％を下回る部分が、賞与（一時金）については定年退職時の基本給の 60％に所定の掛け率を乗じて得た額を下回る部分は、労働契約法 20 条にいう不合理と認められるものに当たるとして基本給・賞与の一部につき損害賠償請求を認めた。

　最高裁は、基本給の性格論を持ち出して、次のように述べて原判決を破棄して差し戻した。

　「…管理職以外の正職員のうち所定の資格の取得から 1 年以上勤務した者の基本給の額について、勤続年数による差異が大きいとまではいえないことからすると、正職員の基本給は、勤続年数に応じて額が定められる勤続給としての性質のみを有するということはできず、職務の内容に応じて額が定められる職務給としての性質を有するものとみる余地もある。他方で、正職員については、長期雇用を前提として、役職に就き、昇進することが想定されていたところ、一部の正職員には役付手当が別途支給されていたものの、その支給額は明らかでないこと、正職員の基本給には功績給も含まれていることなどに照らすと、その基本給は、職務遂行能力に応じて額が定められる職能給としての性質を有するものとみる余地もある。そして、前記事実関係からすれば、正職員に対して、上

記のように様々な性格を有する可能性がある基本給を支給することとされた目的を確定することもできない」

「嘱託職員は定年退職後再雇用された者であって、役職に就くことが想定されていないことに加え、その基本給が正職員の基本給とは異なる基準の下で支給され、Xらの嘱託職員として基本給が勤続年数に応じて増額されることもなかったこと等からすると、嘱託職員の基本給は、正職員の基本給とは異なる性質や支給の目的を有するものとみるべきである」「しかるに原審は、正職員の基本給につき、一部の者の勤続年数に応じた金額の推移から年功的性格を有するものであったとするにとどまり、他の性質の有無及び内容並びに支給の目的を検討せず、また、嘱託職員の基本給についても、その性格及び支給の目的を何ら検討していない」

「また、労使交渉に関する事情を労働契約法20条にいう「その他の事情」として考慮するに当たっては、労働条件に係る合意の有無や内容といった労使交渉の結果のみならず、その具体的な経験をも勘案すべきものと解される」

「以上によれば、正職員と嘱託職員であるXらとの間で基本給の金額が異なるという労働条件の相違について各基本給の性格やこれを支給することとされた目的を十分踏まえることなく、また労使交渉に関する事情を適切に考慮しないまま、その一部が労働契約法20条にいう不合理と認められるものに当たるとした原審の判断には、同条の解釈適用を誤った違法がある」

この判決で疑問なのは、基本給の性格につき、「勤続給」「職務給」「功績給」という認定がなされ、その性格によって結論が変わりうるという趣旨の判断がなされている点である。

🏃 (4) 日東電工事件

（津地裁令和5年3月16日判決、判例時報2586号73頁）

電気機器用品等の製造、加工及び販売等を行う会社で、期間の定めのない正社員と、有期労働契約の契約社員と準社員がいたが、日系ブラジル人を中心とするその有期契約の契約社員と準社員ら60名らが、正社員との労働条件の格差につき損害賠償請求をした。その労働条件面での格差としては、①通勤手当、②

扶養手当、③リフレッシュ手当、④賞与及び基本給、⑤年次有給休暇の半日単位の取得、⑥年次有給休暇の日数、⑦特別休暇、⑧福利厚生につき主張した。

判決は、①通勤手当、②扶養手当、③リフレッシュ手当、⑤年次有給休暇の半日単位の取得、⑦特別休暇についてはその相違は不合理とした。

その他、④賞与及び基本給については、正社員と原告らの職務の内容及び配置の変更の範囲の違いが大きく不合理ではないと判断した。

⑥の年次有給休暇の日数であるが、原告らの休暇日数は労基法とおりであり、正規社員が若干プラスされているが、それは勤続が6年になる前までの差異であり、勤続6年に到達すれば正社員と同じになる扱いであるが、この点は期間雇用の社員は採用から5年以内においては未だ長期にわたって働き続けることが明らかとはいえない一方で、正社員については長期にわたって働き続けることが想定されるので当初から手厚く付与されるのであって、1年目から5年目までの有期雇用社員らと正社員との日数差は不合理とはいえないとした。

⑧福利厚生については、別組織であるY社において設立されたQ基金が実施しており、Y社が直接の権限を有していないとして労働契約法20条の問題とは捉えなかった。

♠（5）日本空調衛生工事業協会事件

（東京地裁令和5年5月16日判決、労働経済判例速報27頁）

原告Xは、平成30年3月に63歳で定年退職し、その後、同年4月から1年間の嘱託職員として再雇用されて65歳まで一度契約を更新した後、令和2年3月末に期間満了で退職した。

嘱託時の労働条件であるが、定年前の基本給は月額32万4,200円、年収628万3,020円であったが、再雇用後は年間総額が退職前賃金6割で377万600円、月額基本給は22万500円であった。

判決は、

・有期労働契約が定年後に再雇用されたものであることは、「その他の事情」として考慮されるべきである。
・職務の内容に関しては配置部署、勤務時間等の変化はないこと。

319

・主任の肩書は、再雇用に当たり外されたものの、責任の範囲についても変化はうかがわれない。

・業務の量ないし範囲については、従前はA課長と2人で担当していた業務を、Dを含む3名で担当し、Xが担当していた相当範囲の業務はDに引き継がれ、再雇用後はXが単独で行っていた業務も、A課長と分担することになり、Xの業務は相当程度軽減された。

・定年退職金が1,400万円を超えて出ていること、再雇用後は特別支給の老齢厚生年金(報酬比例部分)は受給可能であったこと、Xの退職時点でXとほぼ同じ業務を分担することになった他の従業員の月給額は、再雇用後のXの基本給と同水準であったこと等は「その他の事情」として考慮することが相当である。

　以上を総合勘案すれば、Xの定年後再雇用に当たり、賃金を定年前の6割にしたことが不合理であるとは認められず、旧労働契約法20条に違反しない。

09　裁判例の影響は

　これまで、旧労働契約法20条の適用における同一労働同一賃金の裁判例を見てきたが、これらの裁判例を見て、正規労働者と非正規労働者の賃金等の労働条件の格差が不合理として認められたのはほとんどが各種手当についてであり、基本給、賞与、退職金の格差・有無については不合理として是正の対象には殆ど問題とされなかたっということができる。

　その理由は、各種手当の場合には手当の目的や支給の要件が明確になっており（少なくともどういう趣旨でこの手当が支給されるのかについて容易に推測がつくであろう）、そのために非正規労働者に支給しないことの不合理性が明確になるからである。

　それに比べて、基本給、賞与、退職金については、支給の要件は定められているものの、どのくらいの金額が適正・妥当であるかについては定められていないし、ましてや支給目的の性格についても明確には定められておらず、第三者が判断するのは非常に困難であって、そもそも非正規労働者の賞与や退職金を出

さないのは不合理であるとか、非正規労働者にどのくらいを支給すれば不合理ではないのかは容易に判断できるものではないのである。その意味では、一時期、旧労働契約法20条の均衡待遇違反について不合理であるとして非正規労働者からの訴訟や労働審判の提起が多くなされていたが、現時点では、意外に訴訟等で不合理であるとして是正を求めても各種手当しか是正は求めることはできないということで、訴えの提起を行っても効果は得られないということから、現在は小康状態となっているようである。

6章

同一労働同一賃金の原則

7

ジョブ型人事制度・ジョブ型賃金

最後に、現在も議論を呼んでいる職務給ジョブ型賃金について、若干意見を述べたい。

1 職務給が叫ばれている背景

この数年、ジョブ型雇用、ジョブ型人事、ジョブ型賃金という言葉が頻繁に使われだした。無論定義は定かではないが、多くは日本式の伝統的な雇用管理方法を対極において、それとの対比でジョブ型といっているように思われる。日本の伝統的な雇用管理は、論者によると「メンバーシップ型雇用」、「メンバーシップ型人事制度」ということになる。そのメンバーシップ型の雇用の特徴としては、長期間の雇用（終身雇用）、包括的雇用、年功序列賃金、年功昇進、企業内組合ということであると思われる。無論、ジョブ型雇用、ジョブ型人事、ジョブ型賃金が正しく、日本伝統的なメンバーシップ型の雇用管理がそれに劣っているというわけではない。

それでは何故にジョブ型雇用等が叫ばれるのかということであるが、おそらくそれはジョブ型が優れているということではなくて、この30年間低迷してきた日本経済の原因の一つに企業活動の低迷と労働者の低賃金があり、それから脱却していくためにはジョブ型人事制度、ジョブ型賃金であることが必要であるとの一種の提言であると思われる。

私見ではあるが、ジョブ型人事制度になったからといって企業活動が上向くとか、労働者の賃金が上がるわけではないと思う。確かに、これまで安定的に過ごしてきたと見られてきた日本の伝統的な雇用管理自体があまりに矛盾が多く一部破綻に瀕していることから、これを変えなければならないという趣旨からのジョブ型雇用等の提言であろうが、あまりに飛躍があるように思われる。

今までいわれ続けてきた日本型のメンバーシップ雇用制度は確かにある程度は崩れているであろう。定年までの長期雇用・終身雇用は転職、副業、兼業の増加により、かなり崩れている。包括的雇用は就業規則による労働条件の画一的な決定や配転・転勤、出向等の人事異動についても勤務形態や職種の多様化等により個別の契約や個別の協議によりケースバイケースで判断するということが増えてきている。また、年功序列賃金、年功昇進も企業次第ではあるが、か

なり年功にとらわれずに実力主義・実績主義で昇進し、昇給する傾向は強くなってきた。

　また労働組合については、ここ30年〜40年くらい労働組合の活動は極めて停滞しており、労働者全体の組織率は15、6％くらいであるが、相変わらず企業内組合に止まってはいるものの、労働者の中で個別に会社に対して労働条件や待遇の不満の解消を求める場合には企業内の労働組合ではなく、外部の1名でも加入できる労働組合、地区別労働組合、ネットワークユニオンに加入して支援を受ける事が増えているので、一部の労働者については企業内労働組合による利益の代弁は行われないようになってきており、企業内組合との対応ですませるという、その意味の安心感・安定感はなくなってきている。

　このようにかなりの部分とみるか、一部とみるかは見解が分かれようが、日本型のメンバーシップ型の伝統的な雇用管理はやはり部分的には変更されているとみてよいと思われる。即ち、働き方改革の中でも指摘されているように、それぞれの事情に応じた多様な働き方を選択できるようになり、雇用形態に関わらない公正な待遇の確保等が求められるようになってきたといえる。

　このジョブ型雇用が叫ばれるきっかけとなったのは、まず、2019（令和元）年に日本経団連の中西宏明元会長が「1つの会社でキャリアを積んでいく日本型の雇用を見直すべき」である旨の発言をし、日本経団連が2020（令和2）年の「2020版経営労務政策特別委員会報告」の中で「メンバーシップ型のメリットを活かしながら、適切な形でジョブ型を組み合わせた『自社型』雇用システムを確立することが求められている…」等という報告をしたこと、2021（令和3）年には、日立製作所、富士通、ＫＤＤＩ、カゴメ、資生堂等がジョブ型人事制度を導入・拡大したと報じられたことが挙げられる。そして、ジョブ型雇用の帰結となる職務給制度につき、2022（令和4）年、岸田政権が「新しい資本主義」を提唱し、その新しい資本主義においては、働きたい人が希望する働き方で働ける働き方の改革を知ることが重要とされ、また、骨太の方針（経済財政運営と改革の方針）においても多様な働き方を支えるものとして、ジョブ型雇用、テレワーク、副業・兼業の促進、フリーランスの保護などが挙げられている。

　このジョブ型人事制度によると、その賃金制度は「職務給」となるはずであ

る。さらに政府は、「日本型の職務給の確立」の方針を打ち出し、職務給を前提とした職務評価についてもマニュアルを提言した。賃金額は担当する職務内容によって増減することになる。他方で、正規労働者の場合、伝統的なメンバーシップ型人事制度での賃金は職能給であり、年功的に上昇することになる。

　そういう状況の中で、働き方改革関連法が2018（平成30）年に成立し、正規労働者と非正規労働者との不合理な待遇差が禁止さることになったが、賃金の格差が不合理といえるか否かについては必ずしも明確な基準でなく、賃金についていえば、基本給、賞与、退職金における正規労働者と不正規労働者の格差が不合理といえるかはこれまでの裁判例にみるとおり、制度自体が不透明であるため、不合理であると断定することはかなり困難であるといえる。そのような背景事情もあってか、厚生労働省は「職務給」を中心とした賃金制度を模索しているように見え、2019（平成31）年３月には「職務評価を用いた基本給の点検・検討マニュアル」を策定して、正規労働者と非正規労働者との「職務内容を点数化して職務の大きさを評価することにより、支払われている賃金（基本給）との均等・均衡待遇を客観的に確認することができる手法であり、公正な待遇を確保するため、等級制度、賃金制度を検討する際に有効」と述べている。このように厚生労働省も目標としては職務給の普及を意図していると思われる。

　同一労働同一賃金の関係で正規労働者と非正規労働者との賃金の格差を是正するためには、賃金とりわけ基本給の職務評価をすることが重要と考えているのである。

　他方で、2022（令和４）年６月７日に「経済財政運営と改革の基本方針2022 新しい資本主義へ課題解決のためを成長のエンジンに変え、持続可能な経済の実現〜」（骨太の方針）を閣議決定し、その第２章では「新しい資本主義に向けた改革」では新しい資本主義に向けた重点投資分野の一つである「多様な働き方の推進」では、「働く個々のニーズに基づいてジョブ型の雇用形態をはじめ多様な働き方を選択でき活躍できる環境の整備」や「就労場所、業務の変更」の範囲の明示など、労働契約関係の明確化」などに取り組むものとしている。その意味では労働者の多様な働き方を保障するためには「職務給」が望ましいと述べている。

このように、働き方改革、多様な働き方を推進していく政府にとっては、職務給が好ましいと考えていると思われる。ただし、このように短絡的に職務給が正しい、望ましいと述べてよいものであろうか。

2　職務給にするにはどうするか

では、企業内で職務給を作るとすればどうすればよいのかということになるが、各企業が早々に職務給制度に移行するということはできないであろう。

当然、職務給を作るには、まず職務分析（職務評価）から入ることになる。前述の「職務評価を用いた基本給の点検・検討マニュアル」（以下、たんに「マニュアル」という）によれば、職務評価は、「社内の職務（役割）の大きさを測定する手法」であり、このマニュアルは、「要素別点数法」を採用し、評価表を用いて職務（役割）評価ポイントを算出して行い、評価表は、評価項目、ウェイト、スケールで構成され、職務についているパートタイム労働者、有期雇用労働者、正社員それぞれについて評価し、ポイントを総計して、賃金とのバランスを検討するという方法である。

確かに、同一労働同一賃金における均衡待遇を検討するに当たっては、職務を分析してそれに見合う賃金かどうかを比較しながら検討するのは合理的であろう。そして、その賃金が職務給であれば、パートタイム労働者、有期労働者と正規労働者は職務評価という共通の基準で測られているので比較は可能ということになる。しかしながら、職務給以外の賃金であれば、容易には比較することはできないであろう。

3　基本給の性格

既に検討したように、裁判例でも正規労働者と非正規労働者の賃金面での格差を比較して、その格差は不合理であるかを検討した場合、各種手当についてはかなりの裁判例が不合理としてその同額の損害賠償を認めている反面、基本給及び基本給を基礎として算定されている賞与、退職金については不合理として違法としたものは殆どない。それだけ、基本給についての正規労働者と非正規労働者との格差が不合理と言い切れるだけの理論的根拠がないということである。それは、この業務内容からして基本給が何故この金額になるのかという

基準がないからである。一般の民間企業であれば、これまでは入社時の初任給がいくら、勤続1年につき定期昇給いくら、昇進または昇格していくらという基準はあっても、それは仕事内容とは細かくはリンクしていない。公務員であっても、初任給、勤続年数による昇給、昇格による等級の上昇による昇給は定められているが、民間企業よりはやや限定されてはいるものの、その公務内容を細かく分析して、この業務はいくらという基準があるわけではない。

　要は、多くの企業や公務員の場合であっても、労働者の基本給につき、勤続年数や特定の職種、昇進・昇格による賃金の基準はあるものの、職務内容による賃金の基準はない。ましてや基本給の性格によって賃金の基準が認められるわけでもないと思う。

　ところが、前述のように、名古屋自動車学校事件の最高裁判決（令和5年7月20日判決、判例時報2579号91頁）は、基本給の性格が基本給についての格差の不合理性を判断するのに必要であるとして、名古屋高裁判決（令和4年3月25日判決、労働判例1292号23頁）が審理をしていないので判断できないとして、原判決を破棄差し戻した。これが、どのような意味なのか、私としては理解に苦しんでいる。

　元々、基本給については、それが職務給なのか、職能給なのか、年齢給なのか、勤続給なのか、功績給なのか、他の性格の給与なのかということはこれまで法的にはほとんど議論しておらず、あくまでそれは財務的な、経営的な、管理的な意味の性格であって、賃金額の紛争で意味のある指標とは考えられてこなかったものと思われる。労働組合との間の団体交渉時や賃金制度の策定・変更の際の経営コンサルタント、賃金コンサルタントの専門家が賃金制度の設計をする際に基本給の性格論を検討することはあったといえるが、法的な問題として基本給の性格は問題になったことはなかったと思う。ところが、名古屋自動車学校事件の最高裁判決（最高裁一小令和5年7月20日判決、判例時報2579号91頁）では、定年後の1年間の有期労働契約を締結した際に同じ教員としての業務を行っているにもかかわらず、半額以下の基本給と賞与しか支給されていないことにつき、一審名古屋地裁、控訴審名古屋高裁で、基本給、賞与が60%を下回る部分についてはいずれも旧労働契約法20条違反になるとして不法行為の責任

を認めるという判断に対して、最高裁は、基本給の性格論について言及して、次のように述べて、高裁判決を破棄し差し戻したのである。

「…管理職以外の正職員のうち所定の資格の取得から1年以上勤務した者の基本給の額について、勤務年数による差異が大きいとまではいえないことからすると、正職員の基本給は、勤続年数に応じて額が定められる勤続給としての性質のみを有するということはできず、職務の内容に応じて額が定められる職務給としての性質をも有するものとみる余地がある。他方で、正職員については、長期雇用を前提として、役職に就き、昇進することが想定されていたところ、一部の正職員には役付手当が別途支給されていたものの、その支給額は明らかでないこと、正職員の基本給には業績給も含まれていることに照らすと、その基本給は、職務遂行能力に応じて額が定められる職務給としての性質も有する者とみる余地もある。そして、…正職員に対して上記のように様々な性質を有する可能性がある基本給を支給することとされた目的を確定することもできない」

「…嘱託職員は定年退職後再雇用された者であって、役職に就くことが想定されていないことに加え、その基本給が正職員の基本給とは異なる基準の下で支給され、被上告人らの嘱託職員の基本給が勤続年数に応じて増額されることもなかったこと等からすると、嘱託職員の基本給は、正職員の基本給とは異なる性質や支給の目的を有するものとみるべきである」

「…正職員と嘱託職員である被上告人らとの間で基本給の金額が異なるという労働条件の相違について、各基本給の性質やこれを支給することとされた目的を十分に踏まえる事なく、また、労使交渉に関する事情を適切に考慮しないまま、その一部が労働契約法20条にいう不合理と認められるものに当たるとした原審の判断には、同条の解釈適用を誤った違法がある」

このように、基本給の性格が勤続給か、職務給か、功績給か、職能給かという性質があり得るとした上での判断であり、差し戻された控訴審では、基本給の性格論が問題になることになる。基本給の性格論に踏み込んでいかないと同一労働同一賃金についての不合理性の判断ができない事になるが、果たしてそのような性格論を認定することが可能であろうか大いに疑問である。

4　職務給制度の作り方の例

　前述のとおり、厚生労働省の「職務評価を用いた基本給の点検・検討マニュアル」では基本給について職務評価イコール役割評価として、種々の仕事の大きさを「ポイント」に表わし比べるという方法を提言している。そして、その仕事に見合うポイントで評価をしてそれに見合う待遇にするということである。

　この検討マニュアルでは、職務（役割）評価とは、社内の職務（役割）の大きさを測定する手法であり、その中の「要素別点数法」に基づいて説明している。それによると、「評価項目」は、職務内容の構成要素であり、「ウェイト」とは構成要素の重要度、「スケール」とは構成要素別にポイントを付けるための尺度をいう。

　評価項目のポイントは、「「ウェイト」×「スケール」で計算され、すべての評価項目のポイントを総計した物が当該職務の大きさである。

評価項目	定義	ウェイト	スケール	ポイント
①人材代替性		1	2	2
②革新性		1	1	1
③専門性		2	2	4
④裁量性		1	1	1
⑤対人関係の複雑さ（部門外、社外）	（略）	2	2	4
⑥対人関係の複雑さ（部門内）		1	3	3
⑦問題解決の困難度		2	1	2
⑧経営への影響度		1	1	1
				18

　これらの職務評価をパートタイマー、有期雇用労働者、正規労働者で比較する。

評価項目	ウェイト	パートタイム労働者		有期雇用労働者		正規労働者	
		スケール	ポイント	スケール	ポイント	スケール	ポイント
① 人材代替性	1	2	2	2	2	2	2
② 革新性	1	1	1	1	1	2	2
③ 専門性	2	2	4	3	6	2	4
④ 裁量性	1	1	1	1	1	2	2
⑤ 対人関係の複雑さ（部門外、社外）	2	2	4	2	4	2	4
⑥ 対人関係の複雑さ（部門内）	1	3	3	3	2	3	3
⑦ 問題解決の困難度	2	1	2	2	4	2	4
⑧ 経営への影響度	1	1	1	1	1	1	1
			18		22		22

　このポイントに応じて、このケースでは有期雇用労働者と正規労働者とが同じポイントであったので、均衡待遇が求められ、有期雇用労働者には正規労働者と同じ労働条件の処遇をすべきことになる（マニュアルでは、時給が有期雇用労働者は時給 800 円、正規雇用労働者は時給 1,200 円の場合に有期雇用労働者の時給額を 400 円アップして 1,200 円にするという例が挙げられている）。

5 結 論

　ジョブ型賃金あるいは職務給は賃金の形態の一つであることは間違いないものの、それが望ましい賃金形態であるわけでもなく、また、その策定のための必要な要素や手順も確立しているわけでもない。

　要は、これまで野放図に自由に決定されてきた賃金制度について、公平公正な賃金制度の一つとして格差を是正しようとするための一手段として導入しようという提言であって、それが正しい、または望ましい賃金形態であるという証明もない現時点で、このジョブ型賃金、職務給を推進していくような提言は未だ時期尚早である。

　そもそも労使で自由に決められてきた賃金制度に一つの規制を加えようという考えであれば、それは、ジョブ型賃金、職務給制度が望ましい賃金制度であるという証明が必要であり、現在は到底そのような状況ではないといえるであろう。

　ところで、令和6年5月9日に国家公務員の人事制度を協議する人事院の「人事行政諮問会議」は中間報告を川本裕子総裁に手渡したという報道があり（日本経済新聞令和6年5月10日付）、それによると人材確保のため職務内容で報酬を定める「ジョブ型」を拡大する案を提起したということである。
　その報道によると「年功序列型の硬直的な制度を改め、専門能力を持つ民間人材の中途採用などを進めやすくする」ということであるが、一部分で試験的に実施するというのであれば反対しないが、中間報告だと「これに限らず無期雇用を含めて様々な分野に順次広げる方向性を打ち出した」とあるのは、大いに疑問である。

　その答申を受けた人事院は、令和6年8月8日に人事院勧告を出したが、中間報告で提言した、ジョブ型につき直接的な回答はなく、「中間報告で課題とされた採用年次にとらわれない人事制度、運用の規定に向け昇格要件の一

332

つである在職期間の廃止を含めた見直しを早急に検討します」と述べるに留めている。

7章 ジョブ型人事制度・ジョブ型賃金

〔略　　歴〕

外井　浩志 (とい　ひろし)

昭和 30 年 6 月 9 日生

昭和 56 年 3 月　　東京大学法学部公法学科　卒業
　同 57 年 4 月　　東京労働基準局大田労働基準監督署に労働基準監督官と
　　　　　　　　　　して勤務
　同 57 年 10 月　　司法試験合格
　同 58 年 4 月　　司法研修所入所
　同 60 年 3 月　　同所　修了
　同 60 年 4 月　　安西法律事務所入所
　　　　　　　　　　弁護士登録（第一東京弁護士会）
平成 14 年 4 月　　安西・外井法律事務所に名称変更
　同 18 年 3 月　　外井（TOI）法律事務所開設　現在に至る

〔他の職歴〕

・学校法人アテネフランセ評議員・理事（平成 24 年～）
・厚労省「経営課題と労務管理のワンストップ相談マニュアル」
　執筆委員（平成 23 年～ 24 年）
・（全基連）労働条件相談ダイヤル事業推進委員会検討委員会委員
　（平成 26 年）
・（全基連）労働条件ポータブルサイトコンテンツ制作編集委員会委員
　（平成 26 年）
・人材コンプライアンス推進協議会理事長（平成 25 年～令和 3 年）
・公益社団法人日本ボート協会監事（令和 2 年 7 月～）

〔主な著書〕

「身近な事例でわかりやすい独占禁止法の概説 Q&A【2022 年度版】」
「アスベスト (石綿) 裁判と損害賠償の判例集成」
「企業不祥事と公益通報者保護法の研究と分析【新版】」
「2020 年度改正法対応 企業不祥事と公益通報者保護法の研究と分析」
　（とりい書房）
「パワーハラスメントに関する法律実務 」
「労働者派遣法 100 問 100 答」
「Q&A65 歳雇用延長の法律実務」
「会話で学ぶこれからの労務管理口座」
　（税務研究会）
「就業規則の知識」
　（日本経済新聞社）
「労働時間・休日・休暇の実務 Q&A120」
　（三協法規）

ほか多数

労働関係法令と判例からみる
賃金決定の実務と法的研究

2025 年 3 月 15 日　初版発行

著　者　外井浩志
　　　　<ruby>外井<rt>とい</rt></ruby><ruby>浩志<rt>ひろし</rt></ruby>

発行人　大西強司

発売所　とりい書房
　　　　〒 164-0013　東京都中野区弥生町 2 － 13 － 9
　　　　TEL 03-5351-5990
　　　　ホームページ　https://www.toriishobo.co.jp

印刷所　日本ハイコム株式会社

本書は著作権法上の保護を受けています。本書の一部あるいは全部について（ソフトウェア及びプログラムを含む）、とりい書房から文書による許諾を得ずに、いかなる方法においても無断で複写、複製することは禁じられています。

Copyright © 2025Hiroshi Toi. All rights reserved.

ISBN978-4-86334-149-4
Printed in Japan